Knowledge House Walnut Tree

Knowledge House Walnut Tree

影子銀行

Shadow Banking

【原推薦序】
唯有瞭解才能監控的金融產物

中國人民大學校長 陳雨露

國際金融危機以來，「影子銀行系統」（Shadow Banking system，以下簡稱影子銀行）開始成為國內外金融界關注的焦點。於特定環境、特定時期因應而生的中國影子銀行，與西方國家的影子銀行則存在著較大區別，而在中國引起了廣泛討論。各方對中國影子銀行的界定可說是眾說紛紜，對其規模也有了不同版本的預測，更有觀點認為，「影子銀行」是潛藏在中國經濟背後的巨大風險。不可否認，影子銀行如果運作不規範、管理不到位確實會有風險，但也應當看到，影子銀行是客觀條件下金融創新的產物，在拓寬投融資管道、提升金融效率方面發揮著積極的促進作用。

當前中國正處於經濟轉型的關鍵時期，面臨著經濟週期下行❶、金融脫媒（Financial

❶經濟下行意指衡量經濟成長的各項指標都在不斷的降低，如GDP、PPI、CPI等等。

Disintermediation）❷、利率市場化和互聯網金融（The Internet Finance）❸的興起等一系列挑戰，而需要以改革創新的眼光來看待發展中出現的新問題、新情況。為此，應當客觀地以發展的視野來看待影子銀行，不應否認其對中國金融市場發展的積極作用，如果一味強調、誇大影子銀行的風險，就容易一葉障目，甚至阻礙金融創新與發展。同時，也不應迴避影子銀行可能累積的潛在風險，而應從改革的角度出發，採取疏堵結合、分類監管的方式，給予影子銀行應有的規範，防範和減輕所可能對中國金融乃至經濟體系產生的風險衝擊。

慶民與建華所著的《影子銀行》一書，正是以這樣一種客觀的態度，對影子銀行進行系統研究，提出了完善影子銀行監管的政策建議。

本書透過對影子銀行基礎理論的梳理，將影子銀行界定為中性的概念，並結合中國非銀行金融機構體系的現狀，客觀界定影子銀行範圍，區分了廣義的影子銀行和狹義的影子銀行，認為狹義的影子銀行才可能會引發系統性風險，需要密切監管，加強風險防範，並進一步提出了狹義的影子銀行的定義認定步驟，此乃本書的貢獻和亮點之一。

在此基礎上，作者尚對近年中國不斷擴大的影子銀行規模嘗試進行量化分析，對目前中國的各類非銀行金融機構和業務是否屬於狹義的影子銀行逐一進行甄別，特別是對當前主要的金融資管業務風險進行深入分析，可謂本書的第二大亮點。

提出問題和分析問題的最終目的是解決問題。在深入研究全球金融穩定委員會有關影子銀行監管政策的基礎上，結合中國影子銀行的特殊性，提出了各類非銀行金融機構業務的監管政策和完善法律框架的建議，這是本書的第三大貢獻與亮點。

本書對中國影子銀行現狀、產生原因、監管情況，以及對宏觀經濟和金融體系的影響，進行了詳盡的分析，並以此為基礎提出了監管政策建議。透過比較分析，本書認為影子銀行在歐美已開發國家多表現為資產證券化及回購等（在全球二十個主要國家和地區以及歐元區中，歐美日影子銀行占比由二〇〇五年的百分之九十一回落至二〇一一年的百分之八十七），在中國大多數本質上仍然是信貸和類貸款業務，而這些銀行理財產品、信託產品等業務均已被納入監管之列，不屬於狹義的影子銀行。

從「大金融」理論看，投資銀行、對沖基金、影子銀行等規模較大的非銀行金融機構及各類金融產品都應納入監管範疇。在經歷了二〇〇七年金融危機後，全球金融監管改革的新趨勢是宏觀審慎監管改革，動態均衡地對整個金融體系實施「全口徑監管」（即全面性監管）。這主要體現在兩個維

❷是一種資金融通去中介化的過程，在中國被稱為「金融脫媒」，指資金的供給係透過一些新的機構或新的手段，不藉由傳統的商業銀行這個媒介體系，直接輸送到需求單位，也稱為「資金的體外迴圈」，實際上就是資金融通的去中介化，包括存款的去中介化和貸款的去中介化。

❸互聯網金融是指借助於互聯網技術、移動通信技術，實現資金融通、支付和資訊中介等業務的新興金融模式。互聯網金融包括三種基本的企業組織形式：網路小貸公司、第三方支付公司以及金融中介公司，例如電子銀行、網上銀行、手機銀行等等。

度上：一是在「時間維度」上減緩順週期性，採取的措施包括設置逆週期資本要求、改革現行的按市值計價會計準則（**mark-to-market accounting rules**）等；二是在「空間維度」上監管覆蓋更為廣泛的金融領域，尤其是加強對影子銀行的監管。經歷百年不遇的金融危機後，美國加大了金融監管改革力度，並於二〇一〇年通過《多德─弗蘭克華爾街改革與消費者保護法案》（**Dodd–Frank Wall Street Reform and Consumer Protection Act**）❹，核心內容包括完善金融監管體制，強化系統性風險的應對能力，更為重要的是填補監管漏洞，加強對「影子銀行」的監管；實施「沃爾克法則」（**Volcker rule**），明確銀行不得直接或以自有資金從事對沖基金等高風險投機交易。

金融必須服務於實體經濟，由於我國經濟尚處於發展的初級階段，金融抑制推動了我國影子銀行的擴張，這要求我們透過積極創新來優化金融資源配置方式，協調金融業內部結構為傳統產業轉型升級提供金融服務，而影子銀行在其中可以起到重要作用。但與此同時，影子銀行與傳統金融業務交織增大了風險傳染的可能性也需予以關注。本書結合影子銀行在我國的具體情況，提出了疏堵結合，以疏為主、分類監管以及微觀審慎和宏觀審慎相結合等監管政策，發揮影子銀行的正面積極作用，有效管控影子銀行的規模和風險。

人類對客觀事物的認識是一個不斷反覆、無限發展的過程，我們對包括影子銀行在內的金融創新的認識和理解也在不斷深化發展中。從本質上看，影子銀行即是越過金融監管政策制度，迎合市場需求、追求利潤最大化應運而生的，其對傳統金融體系和市場的衝擊不容小覷。

有擔憂，才有防範風險的動力；有信心，才有繼續前行的勇氣。過去三十多年，中國金融業的改革有了舉世矚目的成就，而在當前全面深化改革的新時期，更要不斷完善金融市場體系，鼓勵金融創新；同時落實金融監管改革措施，完善監管協調機制；透過實踐經驗和理論研究的反復印證、相互補充，規範影子銀行的發展，保障經濟金融體系的穩健運行！

二〇一四年三月十二日

陳雨露

❹即《二〇一〇年華爾街改革和消費者保護法》，因以參議院銀行委員會主席克里斯托弗·多德和眾院金融委員會主席巴尼·弗蘭克命名，又簡稱為《多德－弗蘭克法案》（全書簡稱為《多德－弗蘭克法案》）。它號稱是自「大蕭條」以來改革力度最大、影響最深遠的美國金融監管改革法案。

【原序】

客觀條件下的金融產物——影子銀行

二〇〇七年的美國次貸危機不僅給美國資本市場帶來了沉重打擊，而且對實體經濟產生了一定的影響。隨後，歐盟諸國也紛紛被捲入了金融危機。新興市場國家的資本市場所受影響雖然不大，但也面臨了出口停滯、外資紛紛撤離等問題，從而對經濟、政治產生了一定的影響。總的來看，這次危機對全球金融體系產生了重大影響。隨後，各國專家對次貸危機的產生和發展過程進行深入研究，以探尋此次危機的根源。在諸多分析結論中，有一種觀點認為，「影子銀行體系」是危機的根源之一。「影子銀行體系」或「影子銀行」隨之成為一個新的備受關注的金融術語。❶

從二十世紀七、八〇年代開始，為了保持經濟增長率，發達國家逐漸放鬆了對金融的管制，全球金融體系開始了一場劇烈的革命。到了九〇年代，傳統銀行體系之外的非銀行金融體系逐步得到發展和繁榮，這一方面增強了資本的流動性、提高了資源的配置效率，進而促進了金融市場的繁榮；另一方面，由於監管的缺失，其風險迅速積累，成為整個金融業的一大隱患。在反思金融危機的原因

❶影子銀行一詞出自於美國太平洋投資管理公司（PIMCO）執行董事Paul McCulley，他於二〇〇七年八月聯準會年度研討會上提出。影子銀行泛指對沖基金、投資銀行、貨幣市場基金、保險公司等等。

時，非銀行金融體系以被作為「影子銀行體系」的概念提了出來。如何判斷影子銀行體系對傳統銀行體系乃至於整個金融體系的影響、如何對影子銀行進行監管是當前國際金融界最為重要的議題之一，各國也紛紛祭出了金融改革方案，試圖將影子銀行體系納入監管範圍，重塑金融體系，防範金融危機的擴大。

在美國，眾參兩院於二〇〇九年以後陸續公佈了金融改革方案，二〇一〇年七月二十一日，彌合兩院主要分歧並具有妥協色彩的金融改革法案——《多德—弗蘭克法案》經歐巴馬總統簽署生效。該法案以提高金融市場的透明度、限制銀行的高槓桿經營、保護金融市場上消費者的利益、維護金融市場的穩定為宗旨，致力於解決金融危機顯現出來的問題，防範類似危機再度發生。歐盟也加緊推進金融監管體系的建立，「三局一會」❷的設立，標誌著泛歐金融監管體系的啟動。

由於中國資本市場受到嚴格管制，並未完全對外開放，此次金融危機對國內金融市場的影響並不是太大，金融危機的傳導效應主要表現為對中國外貿出口的衝擊。但中國國內也開始關注和討論影子銀行的問題。與其密切相關的是非銀行金融體系的發展壯大和社會融資結構的變化。近年來中國的非銀行金融體系發展迅速，包括信託公司、私募股權基金、金融租賃公司、財務公司、小額貸款公司等。從融資方面看，銀行貸款以外的融資規模和比例呈擴大和上升趨勢。中國人民銀行公佈的數據顯示，二〇一三年上半年社會融資規模達十・十五萬億元，較上年同期增加二・三十八萬億元，創歷史同期最高水準；其中，人民幣貸款占比不斷下降，人民幣貸款占同期社會融資規模從二〇〇八年的百分之七十降至二〇一三年上半年的百分之五十。目前，國內理論界和實務界對影子銀行的關注是愈來愈多了，對影子銀行也給出了不同的定義，做出了不同的評價。

究竟應如何定義「影子銀行」？「中國影子銀行」的規模又有多大？它們對傳統銀行體系的影響有多大？中國整個金融體系目前的運行狀態如何？影子銀行與整個金融體系穩定性之間是否存在必然聯繫？而從監管角度來看，又應採取哪些監管措施，以應對日益突出的影子銀行問題？一系列問題亟待解決。本書擬在對影子銀行基礎理論，以及中國非銀行金融體系現狀進行研究的基礎上，對中國的信用中介機構和業務進行深入分析，判斷它們是否屬於影子銀行，並研究它們對中國宏觀經濟調控、貨幣政策和整個金融市場體系的影響，同時借鑒其他國家以及國際組織對影子銀行的監管經驗，結合中國的國情與現狀，提出中國影子銀行的監管框架和監管建議。希望透過對影子銀行深入系統的研究，對中國金融體系的穩健運行乃至整個國民經濟的平穩快速發展提出有所裨益的建議。

中國的金融市場還處於起步階段，金融市場的逐步完善和健康發展有助於推動整個社會經濟的發展。儘管這次金融危機使影子銀行遭受了沉重打擊，但並不意味著影子銀行一無是處。我們應該把握這次機遇，在借鑒歐美和國際組織規制與監管影子銀行經驗的基礎上，結合中國國情，研究中國影子銀行的監管框架與具體的監管工具。本書對下列二點提出了有力的說明：

❷「三局一會」是指歐洲銀行業監管局（EBA）、歐洲證券和市場監管局（ESMA）、歐洲保險與職業養老金局（EIOPA）和歐洲系統風險委員會（ESRB）等機構。

第一，有利於客觀地認識中國影子銀行的含義及其規模。近年來出現的非銀行金融機構和業務，日益成為我國金融體系中不可忽視的一股重要力量。影子銀行、影子銀行體系日益成為社會各界廣泛討論的新名詞，但究竟何謂「影子銀行」，現有的非銀行金融機構和業務哪些屬於真正意義上的影子銀行，這些學界並沒有達成共識。作為分析引發金融危機原因時提出的一個新名詞，「影子銀行」常常被視為貶義詞，再加上媒體的大肆渲染，影子銀行幾乎被視為洪水猛獸。因此，恰當地界定中國影子銀行的含義，分析中國目前影子銀行的規模及其對宏觀經濟和整個金融體系的影響，有助於社會各界更準確地認識影子銀行體系，以及整個中國金融體系的運行情況。

第二，影子銀行體系的研究有利於加強金融監管和防範金融風險。從我國金融體系目前的發展情況來看，雖說中國影子銀行的影響還不是很大，但它仍在逐步發展，隨著我國金融創新的逐步推進，新的金融產品也在不斷湧現，隨之而引發風險事件的概率會增大。因此，我國應當充分汲取歐美等國在影子銀行問題上的教訓，結合中國國情，建立影子銀行的監管體系，強化影子銀行監管，促進金融體系穩健運行。透過對影子銀行的系統研究，確立中國影子銀行的監管框架和具體監管工具，對於推進中國影子銀行體系的健康發展有著重要意義。總之，中國的影子銀行才剛剛起步，透過研究影子銀行體系的運作和監管，可以做到未雨綢繆，在合理監管的同時推進影子銀行的發展，為中國金融體系的穩健運行和整個國民經濟的平穩增長，提供堅實有力的保障。

閻慶民、李建華

目錄 Contents

唯有瞭解才能監控的金融產物……003
客觀條件下的金融產物——影子銀行……009
導讀　為何要談「影子銀行」……017

CHAPTER 1
影子銀行　029

何謂影子銀行？……030
影子銀行的表現與分類……047
影子銀行的歷史沿革與發展……056
世界各主要國家影子銀行的比較……058
為什麼要對影子銀行加以監管……065

Contents

CHAPTER 2
中國的影子銀行 069
中國對影子銀行的看法 070
中國影子銀行的內涵 077
中國影子銀行的判斷標準 082
中國廣義影子銀行體系分析 089
中國廣義影子銀行的發展動因、作用及其影響 102

CHAPTER 3
「三會」監管下的金融產業 111
銀行理財業務 112
信託理財業務 131
證券理財業務 147
基金理財業務 157
保險理財業務 169
金融公司業務 183
結語 208

目錄

CHAPTER 4 類金融機構及其業務的監管 211
典當公司 212
擔保公司 222
融資租賃公司 233
私募股權公司 245
小額貸款公司 253
金融資產交易所 256
結語 260

CHAPTER 5 不受監管的機構及其新型的金融業務 261
當前不受監管的機構 262
金融市場上的新型業務 279
結語 304

Contents

CHAPTER 6
中國影子銀行對中國經濟政策面的影響 305
中國影子銀行經濟規模的分析 306
中國影子銀行對財政政策和產業政策的影響 314
中國影子銀行對貨幣政策的影響 317
中國影子銀行對金融體系的影響 325
廣義影子銀行的計量分析 329

CHAPTER 7
中國影子銀行監管政策建議 335
影子銀行的國際監管 336
中國影子銀行監管的思路、範圍與原則 358
各類機構和業務的監管導向與框架 361
各類機構和業務的具體監管建議 373

CHAPTER 8
結語 391

導讀　為何要談「影子銀行」

財經作家　唐祖蔭（唐傑克）

中國影子銀行的問題已經被提出許久，直到近兩年受到廣泛的關注。原因無他，中國經濟在經歷二〇〇八年全球金融海嘯的洗禮下顯得屹立不搖，當年經濟成長率是百分之九．六，而在政府四兆人民幣的財政刺激方案的推升下，GDP思維發揮到極致，二〇〇九、二〇一〇、二〇一一年的經濟成長率分別為百分之九．二、百分之十．四，以及百分之九．三。大規模的刺激計劃，推動經濟增長迅速反彈。

不過自二〇一二年起，大量投資挺住經濟成長的方式受到了嚴重挑戰。四兆人民幣的新增信貸當初大量流向地方政府及國企，用以進行公共建設投資、製造、生產，以穩住出口大幅下滑後的就業和成長。不過這些貸款很快開始拖累銀行的資產負債表，並不是貸款本身出了問題，而是貸款融資後的收入與當初融資規模出現極不相稱的現象，違約和逾放的風險開始增加。銀行除了受到人民銀行存貸比和貸款規模總量的控制外，也受到資本要求的限制，使得中國對地方政府的融資不得不開始收手。同時，房地產價格在二〇一三年初達到高峰後開始走緩，中央政府多次出手壓抑房貸成數和貸款利率以回應高漲的民怨。地方政府在土地開發和抵押收入下降的情形下，必須再開拓收入來源因應。因此，在中國政府默許和有意無意間的放手之下，其他形式的信貸開始快速成長。這些其他融資的型式由於大多可以避開現行金融監理機構的監管，又可以達到實質上融資的目的，成為了極具特色的「中國式的影子銀行」。

影子銀行不是中國獨有的產物，在二〇〇八年美國次級貸款風暴中，影子銀行扮演著「熱傳導」的角色，將高風險貸款風險經由商品化包裝分散給全世界的投資人，在「龐氏騙局」的遊戲引導下，當最後一根稻草出現資金斷裂時，風險迅速感染到信用市場、貨幣市場、銀行拆款市場、衍生性商品市場，以及債券和股票市場。目前外界更是用放大鏡來看中國影子銀行的風險，擔心其感染力有過之而無不及；只不過，中國式的影子銀行體系是少見的，來源和歐美大不相同。歐美房地產危機大多來自於民間房地產供需和金融機構、投資銀行、證券化商品、以及投資人之間的投資借貸關係，政府的介入往往是在挽救受到衝擊的金融體系，確保經濟體不致崩潰；而在中國，促成影子銀行大行其道的竟然是地方政府本身。

根據《中華人民共和國預算法》第二十八條，中國「**地方各級預算按照量入為出、收支平衡的原則編制，不列赤字。除法律和國務院另有規定外，地方政府不得發行地方政府債券。**」意思是地方政府不得發行地方政府公債或市政債券，也不得出現赤字。然而實際情況卻是，中國各級地方政府繞過預算編列的「正規」方式，透過各種變相的管道舉債，在缺乏監督、維持政績、另闢財源的壓力下，地方政府債務目前已經達到了驚人的規模，根據中國官方審計署的統計，截至二〇一三年六月底，地方政府（省、市、縣）的債務，包括直接債務、擔保債務，以及其他或有債務總額已達十七．九兆人民幣，占中國全年GDP的百分之三十一．四；而中央政府債務總額為十二．四兆，占GDP的百分之二十一．七。雖然依照過去的經驗，官方統計往往是實際情形的「最低值」，但也不盡然全無參考價值。例如同時公佈的資料中，銀行信貸占地方政府債務比重，由二〇一〇年的百分之七十九降至百分之五十七，但「非銀行信貸融資管道」的比重卻從百分之二十一急升至百分之四十三。中國銀監會自二〇一一年起，大幅收緊銀行對地方政府新設投資項目的貸款，卻沒有使得地方政府因此勒緊褲帶過日子，反而轉向債券市場、表外融資（off-balance-sheet financing），以及其他信託融資管道取得資金。直接促成了影子銀行的空前盛行。成為中國經濟安全與社會穩定的最大隱憂。

從結果論看來，影子銀行——存在融資借貸的事實，但游離於金融監理灰色地帶的金融營運模式——似乎背負著負面的形象。但這個名詞是對照傳統商業銀行模式而產生的，多少帶有「高度監管」的先入為主印象。如果所有未經存款保險、準備金提列、貸款成數限制、資本適足率規範，具有高槓桿、風險移轉特性，可能引發期間錯置、流動性風險的金融中介均可稱為「影子銀行」。那麼普遍存在於金融市場的商品，像是信託、證券、保險、基金、私募股權，甚至民間跟會、小額貸款、租賃公司、當舖，還有日漸興盛，引發眾多討論的網路金融，或多或少都帶有前述影子銀行的標準，這似乎又讓影子銀行這個名詞少了些原罪。從這個角度來看，我們似乎應該用一種中性的眼光來看待所謂的「影子銀行」。

在眾多國內外媒體和輿論一片看衰中國地方政府債務問題，和影子銀行的高風險的既定印象下，這本《影子銀行》沒有跟著多數人的腳步，嚴詞批判地方政府的不負責任或中央監理機關的執行不力，反而帶著大家回到中性的立場，以更開闊的角度來看中國的影子銀行問題。

至今全世界都沒有對影子銀行一詞有一致性的定義，不同的機構因其角色不同，例如前任美國聯準會主席柏南克、銀行巨擘摩根大通、國際貨幣基金等，分別從監管覆蓋、風險衍生、廣義信貸的角度給予定義。本書引用的則是二〇一一年十一月「金融穩定委員會」（Financial Stability Board, FSB）提交給G20大會的報告中，對影子銀行的定義。根據這個定義，所有傳統銀行體系之外的信用中介機構及業務，均屬影子銀行的範疇。因此，美國的包括二房在內的資產證券化市場，歐洲資產抵押債和商業本票（ABCP），還有數量龐大的附買回（回購），都算是廣義的影子銀行。全球的總規模約六十兆美元，占傳統商業銀行的二分之一，全體金融體系的四分之一左右。本書第一章便對影子銀行作了如此的基礎性定義說明。

回到中國的影子銀行體系，也出現各自定義的現象。有以借貸關係和銀行表外業與否為標準（易憲容），有以銀行產品線和業務來認定（袁增霆），有以是否受到監管劃分（劉煜輝），有以是否向央行繳納存款準備金為依據（張孝君、錢瑤）等等，不一而足。而本書第二章依循著前述FSB對廣義影子銀行的定義，從信用中介的角色入手，將狹義的影子銀行界定為：具有期限轉換、流動性轉換、高槓桿、信用風險轉移四個特點（具備一個以上），且目前不受監管，或監管程度低，可能引發系統性風險和監管套利的非銀行信用中介機構或業務。在本書的第三章至第五章中，作者將中國所有非銀行信用中介機構和業務，分成「『三會』（指銀監會、證監會與保監會）監管」、「各部委及地方政府監管」、「當前不受監管及新興的類銀行業務」三類，分別依照「是否從事信用中介」、「是否具備四個特點」、「是否可能引發系統性風險或監管套利」三項標準，逐一檢視各項金融業務應否視為廣義或狹義的影子銀行。我認為這是目前所見到，對中國金融體系作的最為完整分類和整理。

中國的信用中介長期仰賴傳統銀行的人民幣貸款，二〇〇二年以前大致占全社會融資的九成以上。二〇〇三年金融市場開放後，股票、債券的業務逐漸受到重視，但人民幣貸款依然占有最重要的地位，至金融海嘯前二〇〇六年的景氣最高點還有百分之七十三．八。但在二〇〇九年以後，人民幣貸款的比重降到百分之六十以下，二〇一三年最低達到百分之五十一．四，取而代之的是委託貸款和信託貸款這種類影子銀行的業務，自二〇〇九年至二〇一三年的五年間，年複合成長率分別為百分之二十和百分之四十四；二〇一三年底總和已占全社會融資的百分之二十三。直到二〇一四年第一季，在中央強力約束信託貸款業務下才呈現衰退，人民幣貸款的比重也略回升至百分之五十三．八。不過，傳統商業銀行貸款模式的重要性下降是不爭的事實，如果加計外匯占款、信託管理資產、財政存款、跨業的銀銀合作、銀證合作、銀信合作等非社會融資計算部分，人民幣貸款的比重應該已降到百分之四十左右。

影子銀行的重要性在中國金融業已不言可喻。地方政府需要融通、國營企業、民間的中小企業、微型企業需要資金；手頭上有多餘資金的企業和一般民眾需要投資管道。在傳統商業銀行的貸款受到限制，存款利率過低無法抵禦高漲的物價，其他可籌資及投資的工具就無可避免地應運而生。作者認為，中國金融機構面臨的問題是金融商品創新不足、獲利模式單一，中間業務和表外業務存在較大發展空間。當體系膨脹到「大到不能倒」時，政府的財政政策、央行的貨幣政策都會受到干擾。二〇一二年下半年以來，中國消費者物價指數年增率鮮少高於百分之三（二十四個月中僅三個月份），今（二〇一四）年以來更是在百分之二附近徘徊。官方的經濟成長雖維持百分之七．五，但一般機構的預測早已下修。即便如此，人行的利率政策仍不動如山，連過去經常使用的存款準備率也僅採取特定範圍的「定向降準」，不輕易釋放出寬鬆資金的訊號，以免資金成本的下降促使從地方政府到民間投機之風再起。在本書的第六章，作者花了相當的篇幅說明了影子銀行對中國財政、貨幣、產業政策，以及對金融體系安全性、傳統銀行業、資本市場、金融監管的影響，說明影子銀行的存在已經是一股不可忽視的力量，立論可謂相當持平。

在本書最末章，作者對中國當前影子銀行監管提出了政策建議。包括架構上：第一，規範影子銀行的訊息披露機制，降低訊息不對稱；第二，建立商業銀行和影子銀行間的防火牆；第三，強化影子銀行的預警機制；第四，強化流動性監管；第五，加強投資者教育。同時也針對各類型的非銀行金融機構做出個別監管的建議，算是為全書花了多數篇幅強調影子銀行問題所在和潛在威脅後，提出了建設性的建議。

筆者長期從事全球股票市場投資及總體經濟研究，過去十多年來世界各地的金融危機，從一九九七年亞洲金融風暴、一九九八年俄羅斯及LTCM、二〇〇〇年的網路泡沫、二〇〇七年的美國次貸、二〇一〇年歐債問題、二〇一一年美國信評調降。匯率禿鷹放空有之、金融操作過當有之、龐氏騙局遊戲有之、新興產業成長初期過度膨脹有之、政府挽救經濟過度舉債有之，但尚未出現由（地方）政府帶頭繞道監管限制、大玩金融操作、以債養債、以短支長，造成債務高脹及違約風險。中國目前的影子銀行盛行，背後相當程度是地方政府毫無節制的資金需求所導致，可謂為奇觀。

從歐美等健全的市場角度來看，中國這個大泡沫遲早要破滅。許多外國投資人及研究機構極力看空中國，認為中國高度失控的信用擴張，將導致房地產崩盤、金融體系潰散、地方政府破產、經濟硬著陸，例如著名人口統計論者哈利．鄧特二世（Henry Dent Jr.），北京大學光華管理學院教授，也是知名中國經濟觀察者麥可．派提斯（Michael Pettis），著名資產管理業者吉姆．查諾斯（Jim Chanos）、派崔克．奇帆克（Patrick Chovanec）都持類似的觀點。大名鼎鼎的避險基金公司支點投資（Pivot Capital）更出版過一份名為〈中國投資榮景：大步邁向未知的未來〉（"China's Investment Boom: the Great Leap into the Unknown"）的報告，直指「**中國的成長極為誇張並且失衡，更糟的是，**

這是由大規模的債務泡沫所堆砌起來。」不過更有趣的是，如果問問中國當地的分析師和經濟學者，絕大多數的看法是，中國當然有信用擴張過快的問題、地方政府融資平台問題很嚴重、影子銀行要加以監管，但談到金融危機和經濟硬著陸，普遍的回應都是「不可能」。筆者曾在二〇一四年初參與香港一場由高盛（Goldman Sachs）主辦的研討會中，聽到曾任世界銀行高級副行長、首席經濟學家的林毅夫先生，對著全球重要的投資人，大膽預測中國在未來十五至二十年間，仍會維持百分之七至八的年成長，二〇三〇年的經濟規模將超越美國。

為何同一件事，中外的認知會有如此大落差？

歐美產官學界眼中看到的中國是，銀行信用持續擴張；全社會融資餘額已超過GDP的百分之二百（金融海嘯前約百分之一百三十）；地方政府債務超過了中央政府（而且地方政府依法還不得舉債！）；理財商品大行其道，至二〇一四年四月底餘額已達十三兆人民幣（二〇一一年底不過四．六兆）。太多的債務擴張是暗藏在未受監管的影子銀行體系中，更別說官方長期以來給與的擦脂抹粉印象，其中不知道還有多少「貓膩」。

另一方面，中國從官方到民間，比較把這些看似恐怖的數字視為「已發生的現象」，地方政府規避法令變相舉債，那就讓地方政府擁有發債權；影子銀行無法可管，就立法加以監管限制；房地產價格搖搖欲墜，就稍稍放鬆一下限購令。過去三十年從改革開放、確定市場經濟、匯改、國企改革造成大量下崗、銀行業大量逾期放款，哪一件事不是「動搖國本」？後來不也是「船過水無痕」？

本書對中國影子銀行在短時間內如此盛行的原因下了這樣的註解：「**中國影子銀行的盛行，與其說是缺乏監管的金融創新，不如說是對傳統融資管道和監管政策的規避。**」當中的「規避」二字道破了過去三十年間改革開放過程中，為了追求擴張和成長所埋下的未爆彈引信。

中國有著超乎常理的高儲蓄率（百分之五十），這些存款必須要有出路。中國直接金融和資本市場不算成熟，股市長期低迷，吸引不了資金；人民幣連年升值，貿易順差下降，資金出海的意願也降低；房地產市場受到政府接連重手打壓，除了一線城市外已難獲青睞。這些游離在金融體系的資金總得找尋出路，於是原本存在但無人聞問的投資管道，因為不在監管者的眼皮底下，像是信託產品、理財產品、城投債❶、地方政府融資平台等就突然成為投資者的寵兒。

像是山西省運城縣的運城城市建設投資開發有限公司（簡稱運城城投）就是個典型的例子。運城城投成立於二〇〇三年，比大多數的地方政府融資平台都來得早，但當時地方政府可以輕易取得中央借款和金融機構融資，這種類似白手套的融資平台幾乎沒有發揮空間。直到二〇〇九年四兆救市方案，由中央帶頭啟動一輪瘋狂的借貸和投資，以修建道路、博物館和政府補貼住房，運城城投也就從乏人問津突然變成擁有數十名工作人員的重要單位。

二〇一一年起中央政府切斷了從國有銀行到地方政府融資平台的資金鏈，運城城投轉向企業債

❶城投債，又稱「准市政債」，是以地方投融資平台作為發行主體，公開發行企業債和中期票據，其主業多為地方基礎設施建設或公益性項目。特殊的是，從承銷商到投資者，參與債券發行環節的人，多將之視為是地方政府債。

券市場募資。二〇一二年發行了八億元人民幣的企業債，年利率百分之七．五。但好景不常，二〇一三年中央再度限制地方政府運用企業債券市場融資的能力，運城城投再轉而發行一款信託產品，利率更高達百分之九．七，所得資金將用於運城市的一個大型公共供暖項目。但因房市不佳，土地出讓收入有限，山西長期賴以為生的煤鋼業營運也不看好，這個信託產品並未受到投資人追捧，運城市的資金鏈產生了斷裂之虞。

看到了嗎？地方政府當拿不到中央借款和銀行直接融資時，便「規避」到政府融資平台；融資平台走不下去就「規避」到企業債或城投債；遇到困難再「規避」到信託產品和理財產品。二〇一四年第一季末，中國銀行業理財產品餘額已達十三兆人民幣（本書引用二〇一三年六月底資料為九．〇八兆），這一步再跨不過去呢？

運城縣的情況在當下的中國絕非特例。許多地方政府、地產商、煤鐵業者在無法取得傳統管道的融資後，信託產品就成為主要的融資管道。當房屋銷售不佳、原物料需求下降，融資方無法在信託期限內回收資金，或是找到再融資管道，就會面臨違約風險。根據中國信託協會的統計，二〇一三年底中國信託資產總規模高達十．九十一兆人民幣，年增百分之四十六，而二〇一二年底時「僅」四．八兆人民幣。多數信託產品期間為十八至三十個月，二〇一四至二〇一五年正是此類商品的還款高峰期。其中，地產信託二〇一四年到期的金額約為一千一百億人民幣，二〇一五年則有二千零三十五億。金額乍看之下比重不大，但別忘了當年美國次貸最高峰時，占整體房屋貸款市場也不過百分之十二。資金鏈有其傳染性，連鎖加乘數效應會以等比級數的速度蔓延。二〇一四年六月二十三日，廣東省發行了五年、七年、十年，總額一百四十八億人民幣的「廣東省政府債券」，是中國首批自主發行的地方債。利率分別為百分之三．八四、百分之三．九七、百分之四．〇五，比起融資平台和城投債，資金成本大幅降低。這是健全地方政府財政、提高地方債務透明度、亦或是另一種「規避」，值得密切關注。

本書對中國非傳統商業銀行的模式作了總整理，也對所謂廣義和狹義的影子銀行作出定義。對每一項金融業務均作了歷史沿革、規模、運作方式、風險特徵及未來發展趨勢，對有意瞭解中國金融業過去和未來的讀者來說，是相當好的參考資料。不過，也因為其分類和界定相當嚴謹，部分客群和範圍相對較小的典當業、私募股權（private equity）、汽車融資等被認定為影子銀行；許多一般認知中早已屬於中國影子銀行的模式，如銀行理財業務、信託理財業務，書中反而不認為屬於影子銀行，因為「有獨立的監管政策框架」、「法律關係明確」、「流動性風險可控」、「不涉及高槓桿操作」、「沒有信用衍生品等信用轉移工具」。但這些對銀行理財和信託理財的標準模式認定並不會改變其吸收大眾存款，提供明顯較高的報酬率，投資透明度低的事實。尤有甚者，這些經由銀行渠道銷售的商品，給予一般大眾的印象有如銀行存款般的安全，而不會考慮高預期報酬率背後的高投資風險。一旦出現違約，投資人首先上門找的不會是地產商、企業主、地方融資平台，而是銀行。今年三月和四月中國建設銀行已有多次被吉林信託產品逾期支付的投資人包圍總行大門就是一例。過去臺灣曾經歷過的連動債、結構債風暴，二〇一四年發生的人民幣目標可贖回遠期契約（TRF）巨額虧損，哪一項在投資之初沒有簽訂合約，風險自負，銀行在架構上不負投資虧損責任？主管機關動輒以「不當銷售」作為懲罰銷售部門的依據，恐怕只做了一半，並無助於投資人教育以及可能因此衍生的道德風險。銀行的金融商品行銷部門（TMU）是否屬於影子銀行，如何管理，是個相當值得討論的課題。

認識中國的金融業，等於認識中國的未來。藉由本書可以瞭解更多，同時也思考更多。

唐祖蔭
於臺北
二〇一四年十二月

CHAPTER 1
影子銀行

影子銀行的結構及其理論基礎乃至於它的運作，是本書所要介紹給讀者的議題。

第一章主要有以下內容：影子銀行的定義、影子銀行的表現與分類、影子銀行與傳統銀行的關係、影子銀行的歷史沿革與發展、美國與歐盟的影子銀行，以及為什麼要對影子銀行進行監管。

何謂影子銀行？

目前一般認為，「影子銀行」（Shadow Banking）一詞最早是由太平洋投資管理公司（Pacific Investment Management Company, PIMC）執行董事保羅・麥考利（Paul McCulley）提出來的。在二〇〇七年美國堪薩斯聯邦準備銀行（Federal Reserve Bank of Kansas City）年度研討會上討論初露端倪的次貸危機之時，麥考利用「影子銀行體系」概括那些有銀行之實卻無銀行之名等種類繁雜的機構和業務。游離在監管之外的「影子銀行」以發行無保險的、沒有真正傳統銀行流動性支援的商業票據來投融資，因此結構較傳統銀行脆弱，容易出現擠兌和流動性危機。

從其提出過程來看，「影子銀行」是美國次貸危機爆發之後出現的一個重要金融學概念。從某種意義上講，「影子銀行」的概念是社會各界反思次貸危機的產物，是對金融體系中存在已久的——類金融機構和業務的概括或通稱。簡單來說，它是傳統銀行體系之外的一種信用擴張方式，其核心是將傳統信貸關係轉化為隱藏在證券化之中的信貸關係。行使這種被隱藏的信貸關係的機構具備了某些傳統銀行的功能，是一種表面上像傳統銀行，卻不是傳統銀行的組織機構，它類似銀行的影子一樣存在著，故被貼切地稱為「影子銀行」。

如何為影子銀行下定義

長時間以來，國際上對影子銀行並沒有統一明確的定義，主要原因在於：影子銀行是在美國次貸危機產生後才開始被廣泛使用的一個術語，理論界和實務界對其都沒有充分、深入的研究；各國在銀行業的架構和監督管理上都有差異，所使用的術語自然不盡相同。

▼國際上的說法

二〇〇七年美國堪薩斯聯邦準備銀行在懷俄明州傑克遜霍爾市舉辦的年度經濟研討會上，麥考利將影子銀行定義為「吸納未獲保險的短期資金的非銀行投資中介、工具和機構」。他認為影子銀行體系的產生與二十世紀七〇年代貨幣市場基金（money market fund, MMF）的發展有密切相關，貨幣市場基金帳戶與銀行存款帳戶有類似的功能，但貨幣市場基金帳戶不受與銀行存款帳戶同樣的監督管理。根據麥考利的說法，影子銀行是指游離於監管體系之外、吸納未獲保險的短期資金而進行經營運作的非銀行機構，包括投資銀行（investment banks）、對沖基金（hedge funds）、貨幣市場基金、債券保險商（monolines）和結構型投資工具（structured investment vehicles, SIVs）等。

二〇〇八年三月，在東南亞中央銀行組織（South East Asian Central Banks, SEACEN）的第四十三屆會議上，國際清算銀行（Bank for International Settlements, BIS）的副總經理赫維・漢努恩（Hervé Hannoun）對影子銀行體系的結構進行了詳細分析和描述。他講到「隨著收入和分配結構的發展，銀行和其他放貸人能夠向借款人發放貸款，然後將這些貸款打包成資產擔保證券（**asset-backed securities, ABS**）、擔保債權憑證（**collateralized debt obligations, CDO**）、資產擔保商業本票（**asset-backed commercial paper, ABCP**）及結構型投資工具」。根據證券信用評級，這些被打包的證券又被切割成不同的組合，信用評級高的組合最後流入選擇規避風險的投資者手中，信用評級低的組合則流入愛冒險的投資者手中。影子銀行體系帶來了整個金融體系的高槓桿，而結構型投資工具、資產擔保商業本票、擔保債權憑證等新的金融中介和新的業務模式下開發的金融工具槓桿率很高；例如，以虧損率為百分之三的股權設立的擔保債權憑證，其槓桿率可以達到約三十倍。正是這些新型金融工具帶來了影子銀行體系的擴張。

除了「影子銀行體系」之外，人們還用其他一些概念來指稱同樣的事物。例如，二〇〇八年六月，時任紐約聯邦準備銀行❶行長的蓋特納在美國參議院「銀行、住房和都市發展委員會」上為紐約聯邦準備銀行的救市活動做證時指出，金融體系結構發生了根本性的變化，傳統銀行系統之外的資產所占比重愈來愈大，並大篇幅分析了那些透過「非銀行」的融資安排，即利用期限短的負債得來資金，購買大量風險高、流動性差的長期資產，但又缺少類似銀行的存款保險等保護機制的機構和業務。他將這些「非銀行」運營的金融機構與融資安排稱為「平行銀行系統」（**parallel banking system**）。

二〇〇八年十月，國際貨幣基金組織（**International Monetary Fund, IMF**）在「全球金融穩定報告」中首次使用「準銀行」（**near-bank**）一詞，該報告聲稱，準銀行體系近年來在發達經濟體系中獲得了長足發展，其融資規模已超過傳統銀行體系。儘管此類機構的職能與銀行類似，但卻不受政府監管，也不在國家金融安全網的保護之下，故其槓桿率很高，經營風險巨大，成為引致危機並使危機惡化的關鍵因素。

紐約經濟學博士魯里埃爾·羅比尼（Nouriel Roubini）將「影子銀行體系」擴展為「影子金融體系」，他認為「影子銀行體系就是現代金融體系，因為它幾乎囊括了二戰結束後商業銀行以外的所有金融創新。」

二〇〇九年之後，不同的概念基本歸於統一，「平行銀行系統」、「準銀行體系」、「影子金融體系」的概念統一為「影子銀行體系」。影子銀行體系被正式且大規模地在各類學術會議上討論，而且成為貨幣當局和金融監管當局文件中的正式概念。

二〇一〇年十一月在韓國首爾召開的G20峰會上，與會領導對新的銀行資本監管標準達成了協議，但認為在金融監管方面仍有一些問題值得關注，「加強影子銀行的規制與監管」就是遺留的問題之一。同時，要求金融穩定委員會（Financial Stability Board, FSB）與其他的國際標準委員會合作，在二〇一一年中期提出加強影子銀行監管與調整的政策建議。

根據G20的要求，金融穩定委員會於二〇一〇年十二月六日在倫敦舉辦了一個關於影子銀行體系

---

❶即美國聯邦儲備銀行（Federal Reserve Bank），於一九一四年十一月由美國眾議院所通過成立，是美國的中央銀行體系，共十二個，每個銀行分管自己的聯邦準備轄區。

的專家研討會，就影子銀行的問題交換意見。會上成立了專責小組，提出了一些初步的討論建議：一、澄清影子銀行體系的含義；二、提出監管影子銀行體系的措施；三、探索可行的監管工具，解決影子銀行可能帶來的系統性風險和監管套利問題。

金融穩定委員會在二〇一一年十一月提交給G20的報告中，初步提出了監管影子銀行的建議。根據該報告的計畫，金融穩定委員會將以二〇一一年底的資料為基礎，於二〇一二年開展全球影子銀行的第二次監測工作。二〇一一年的監測僅覆蓋了十一個經濟區和歐盟，二〇一二年的監測將範圍擴大到了二十五個經濟區和歐盟。這意味著占全球GDP百分之八十六和全球金融體系總資產百分之九十的區域，都被納入了金融穩定委員會的監測範圍。

▼其它的說法

由於缺乏監管、資訊不透明，影子銀行在二〇〇七年國際金融危機中扮演了重要角色，是系統性風險的重要來源，成為國際監管、危機反思和公眾熱議的焦點，國際上關於影子銀行的認知眾說紛紜。目前，各界觀點大致可分為以下三種類型：

1. **監管覆蓋論的觀點**：這個觀點的核心訴求是：「金融機構或業務是否應被納入傳統監管體系，以及是否存在監管缺失或監管不足是判斷影子銀行的首要標準。」最早提出影子銀行概念的麥考利認為，影子銀行是指游離於監管體系外，吸納短期資金的非銀行機構。美聯儲主席柏南克認為，影子銀行是指除那些受到監管的存款機構以外，將儲蓄轉化為投資且未受到監管的金融中介機構。

2.風險衍生論的觀點：認為影子銀行是指可能導致系統性風險的非銀行機構和業務。摩根大通認為中國的理財和信託等金融產品，雖在監管體系內，但未參照銀行表內資產進行管理，容易引發系統性風險，應劃歸影子銀行範圍。

3.廣義信貸論的觀點：認為銀行存貸業務以外的所有信用活動都屬廣義的影子銀行。如不受監管的金融機構和受監管的金融機構同業代付、銀行所持企業債、未貼現銀行承兌票據的轉讓等業務，都屬於廣義的影子銀行範疇。

▼金融穩定委員會的定義與說法

截至目前為止，金融穩定委員會對影子銀行的定義是較為普及且具權威性的說法。

二〇一一年三月，金融穩定委員會下設的監管合作常設委員會（SRC）對影子銀行的定義提出了「兩步式方法」的邏輯概念（類似題與題相連的邏輯概念）。廣義層面上，是指傳統銀行體系之外的信用中介體系（包括信用中介機構和業務），強調的重點是「信用中介」。狹義層面主要從政策目的出發，重點關注那些可能引起系統性風險和監管套利的信用中介體系。換言之，狹義的影子銀行是指，正規銀行體系之外，易引發系統性風險和監管套利的信用中介機構與業務，特別是那些包含期限或流動性轉換，容易引發不完善的信用風險轉移和一定程度槓桿累積的信用中介機構和業務。當然，金融穩定委員會也提出，何種具體的企業組織和業務才算是影子銀行，可能並不存在國際通行口徑（指國際通行的各項規格與標準），要視不同經濟體的金融體系和監管體系的具體情況而定。

根據金融穩定委員會的定義，影子銀行本質上是一種「**類銀行機構和業務**」，它們平行於傳統的銀行體系，同樣從事信用中介活動，**並具有類似商業銀行的業務模式和風險特徵，但沒有受到監管或監管不充分，容易導致系統性風險和監管套利**。具體而言，影子銀行可以從以下三個方面來理解：

1.「影子銀行」屬於非銀行信用中介（non-bank credit intermediation），這意味著這些信用中介機構和業務不適用審慎監管標準，或者說與從事類似業務的傳統銀行比較起來，它們所適用的審慎監管標準要輕得多或完全不同。

2.「影子銀行」能透過期限轉換、流動性轉換、不完善的信用風險轉移，以及高槓桿帶來系統性風險和監管套利；而從事上述業務，可使得非銀行信用中介成為類銀行，帶來系統性風險。同時，影子銀行體系又與傳統銀行不同，它沒有官方流動性支援，沒有存款保險，不接受銀行業監管。如果影子銀行體系的運作無須消化其風險的真實成本，那麼這種相對於銀行的優勢（監管者通常要求銀行消化其真實成本）則會帶來監管套利，損害銀行監管，積聚額外的槓桿和風險。傳統銀行還可以利用影子銀行來提高槓桿率，規避資本要求或流動性要求。

3.在影子銀行體系中，一些機構（企業）期限轉換、流動性轉換、信用風險轉移以及高槓桿提供便利。這些機構以提供顯性或隱性的支持（例如流動性便利以及財務擔保）降低影子銀行體系中的融資成本。其中承受風險敞口（risk exposure）[2]的機構包括：銀行、金融擔保公司、不動產抵押貸款保險人，以及其他信用違約風險保護的賣方；不承受風險敞口的機構包括：信用評級機構。儘管這些機構作為信用中介，降低了信用發放的成本，但也會在影子銀行體系中積聚高槓桿，增加傳統銀行體系的風險敞口。這些風險隱憂缺乏透明度，通常只有在出現系統性困難時才會顯現。

影子銀行的兩種視角分析

由於影子銀行是金融中介體系的一部分，所以，要從上面的一般性定義中精確描述影子銀行需要採用分析金融中介的方式，而不能僅僅依據當前的金融中介機構來直接界定哪些機構和業務是影子銀行，否則就會喪失前瞻性。同時，在具體定義影子銀行的時候需要考慮到它是金融市場和金融中介的結合，而這種結合在不同國家和地區是由不同的法律和會計環境塑造的；因此，需要儘量避免按具體的形式就事論事。

從金融中介的角度，當前國際上對影子銀行的分析可以分為風險觀和功能觀兩個方面。

▼從中介角度的功能觀

從金融中介的功能出發，影子銀行是在傳統銀行體系之外具備銀行職能的相關金融機構和業務。利用這種方法分析，影子銀行一般會遵循如下步驟：

1. 根據傳統商業銀行的功能定義影子銀行。

❷即風險暴露，指因債務人的違約行為導致的可能承受風險的信貸餘額。

2.列出相關業務。

3.測度影子銀行規模。

▼從監管角度的風險觀

監管機構基於對金融穩定的考慮，關注的核心是金融活動具有的系統性風險等帶來的監管要求。因此，影子銀行是可能產生系統性金融風險，和（或）監管套利的非銀行金融中介機構與業務，需要利用宏觀審慎管理方法，將這些風險合併進當前的系統風險進行研究。利用這種方法分析，影子銀行主要遵循從一般到特殊、從大到小的分析步驟：

1.識別所有的非銀行金融中介活動。

2.在所有的非銀行金融中介活動中，評估哪些業務會產生系統性金融風險和（或）監管套利，成為潛在的影子銀行業務。

3.如果具有系統性金融風險和（或）監管套利，應確定適當的監管措施和風險管理工具。

風險觀認為，系統性金融風險主要產生於金融活動具有的期限轉換、流動性轉換、信用風險轉移和高槓桿四個特徵，而這正是傳統銀行業具備的核心特徵。傳統銀行業吸收短期存款，發放長期貸款，產生了期限轉換。同時，貸款資產相對來說流動性較差，而存款資產具有很強的流動性，完成了流動性轉換。如果負債與所有者權益之比代表槓桿率，銀行就是一個高槓桿的管理信用風險的行業。

因此，以銀行的功能為基礎，利用功能觀定義的影子銀行就和利用風險觀定義的影子銀行基本類似。不過，在如何統計影子銀行規模的時候，這兩種思路產生了較大分別。例如，影子銀行規模是計算影子銀行業務鏈條中某起點或者終點的淨值，還是計算所有鏈條的總和？如果要分析影子銀行對於經濟的功能，那麼應該計算影子銀行業務鏈條的最終資產或者最終負債的淨值；如果從風險角度考慮，由於所有鏈條環節都會產生系統性風險，雖然在規模計算上存在重複的問題，但仍應該涵蓋全部鏈條的資產或負債。

此外，不同機構對於影子銀行的定義，其側重的視角也會不同，分析如**表一**。

影子銀行的判斷標準

由以上的論述可知，各機構和學者對影子銀行的定義不盡相同，有的僅從組織機構角度定義，認為影子銀行是「涉及多領域的非銀行金融中介體系，重新分配銀行三個功能（信用、期限和流動性轉換），其中每個金融中介都有獨特的比較優勢」；有的學者從企業組織、工具、市場、結構等多個角度，更廣泛地界定影子銀行體系。金融穩定委員會則從企業組織機構和業務角度來定義影子銀行。

根據金融穩定委員會的報告，判斷非銀行信用中介體系是否屬於影子銀行的關鍵在於，能否引發系統性風險和監管套利，而期限錯配、流動性風險、不完善的信用風險轉移和高槓桿是系統性風險

表一　影子銀行定義簡表

提出者	定義視角	具體定義
金融穩定委員會	風險觀（金融穩定和監管）	廣義：傳統銀行系統以外的信用中介系統。 狹義：引起期限轉換、流動性轉換、高槓桿和監管套利之類的系統性金融風險的機構和業務。
歐洲中央銀行	風險觀（金融穩定和監管）	在傳統銀行體系之外的所有金融中介，從事流動性轉換和期限轉換相關的業務。
美聯儲	金融中介功能	影子銀行系統是一個信用中介體系，這個體系通過資產證券化和抵押中介將資金從儲蓄者引導到投資者手中，但是這些業務沒有受到政府直接的流動性和信用增強支持。
國際貨幣基金組織	金融中介功能	類似銀行的活動：主要是為了減少風險，尤其是交易對手風險。主要形式為證券化和抵押中介。
荷蘭中央銀行	風險觀	未受到金融監管的金融中介。
德勤會計師事務所*	金融中介功能	通過證券化和證券融資機制從事期限和流動性轉換的市場融資型信用中介體系。它至少部分存在於傳統的銀行體系之外，無法受到政府的保險擔保和中央銀行支持。

註：*德勤會計師事務所（Deloitte & Touche）是世界四大國際會計師事務所 之一。臺灣稱為勤業眾信，香港稱為德勤—關黃陳方，目前全球品牌名稱為「德勤」（Deloitte）。

的主要來源；因而也就成為國際間和／或中國對影子銀行的主要判斷標準：

1. **期限錯配**：是指影子銀行機構將期限較短的客戶資金，投資於期限較長的資產，導致客戶資金期限和資產運用期限的不匹配，而產生資金緊張的風險。

2. **流動性風險**：是指影子銀行機構投資於缺乏流動性的產品和工具，導致無法及時變現滿足投資者贖回資金的需求，從而導致類似銀行的「擠兌」風險。

3. **不完善的信用風險轉移**：是指銀行系統和影子銀行系統之間透過衍生性信用金融商品工具

等方式轉移信貸資產，但沒有將信用風險完全轉移。如銀行在向影子銀行轉移信貸資產時仍保留了資產的部分風險，或提供了隱性擔保支援等，隱藏了信用風險。

4.高槓桿：高槓桿是影子銀行極為重要的特徵，雖然影子銀行不吸收存款，但會透過發行債券或其他的融資工具，積累大量的負債，而具有類似銀行的高槓桿特徵。

此外，在判斷影子銀行時，應注意以下幾點：一、影子銀行體系存在於傳統銀行體系之外；二、影子銀行體系實質上具有類似傳統銀行體系的特徵，如期限轉換、流動性轉換、高槓桿等，是金融體系不可或缺的組成部分；三、金融危機之前，比起傳統銀行體系，影子銀行體系受政府監管較少或沒有，甚至游離於監管體系之外；四、影子銀行體系沒有獲得中央銀行的流動性支持或公共部門的信用保證。

影子銀行的特徵

廣義的影子銀行是在傳統的銀行體系之外從事類似銀行的信用活動的中介，主要具有以下三個特徵：

▼信用活動

所謂信用活動是從金融工具的角度對金融產品進行的分類。金融產品可以分為信用與權益兩種。信用產品是指特定日期（即到期日）之前，借方依照約定的時間間隔，償付給債務工具持有人

（貸方）固定的金額（利息和本金）；具體的信用類工具包括貸款和債券等。權益類資產是指對企業的資產和淨收入（減去利息費用的稅後淨利）的索取權，是一個企業剩餘所有權❸的對應物，股權便是權益類工具的典型代表。

▼信用中介

企業發行信用類和權益類金融產品，既可以直接在金融市場完成，也可以透過金融中介完成。這是影子銀行的第二個特徵，即強調信用產品的發行管道是金融中介。金融中介透過向貸方借款，然後把這些資金貸給借方來完成資金的流動。關於金融中介的類型，依據不同的標準可以有不同的分類。聯合國統計處按經濟活動類型將信用中介分為：不包含保險與養老基金的金融中介、保險與養老基金（不包含強制性社會保障）型金融中介和輔助金融中介三大類。

米什金（Frederic Mishkin）❹按不同的資金來源（負債）和資金運用（資產），將金融機構分為三類（如**表二**）：

1. **存款型金融機構**：是指接受個人和機構的存款，並發放貸款的金融中介機構，主要包括商業銀行，及被稱為儲蓄機構的儲蓄貸款協會、互助儲蓄銀行以及信用合作社等。這些機構以經營存貸業務為主，並為顧客提供多種金融服務，創造存款貨幣❺並受嚴格監管。

2. **契約型儲蓄機構**：是以合約方式定期、定量地從持有人手中收取資金（如保險費和養老金預付款），然後依照合約規定向持有人提供保險服務或養老金，資金主要投資於長期公司債券、股票和抵押貸款。此類機構包括保險公司和養老基金等。

3.投資型中介機構：主要包括金融公司、共同基金、對沖基金等，這些機構通過發行股票、商業票據、債券、受益憑證等方式籌集資金，資金主要用來購買多樣化的股票和債券等投資組合或貨幣市場工具以及發放商業貸款。

▼非銀行金融機構

透過金融中介，影子銀行完成了傳統商業銀行的信用中介職能，即影子銀行是在傳統銀行（傳統的存款類金融機構）以外從事信用活動。這裡所謂的「傳統銀行以外」實際上是指會計和法律意義上的「以外」，即在銀行的資產負債表以外，並存在破產隔離（bankruptcy remote）。這就意味著：第一，對於商業銀行的各種支持和監管都不存

❸剩餘所有權是一項索取剩餘（總收益減去合約報酬）的權力，也就是對資本剩餘的索取。簡單地說就是對利潤的索取，與經營者分享利潤，例如股權的買賣。

❹米什金為美國著名經濟學家、哥倫比亞大學商學院教授、前美聯儲理事。

❺指以銀行裡的活期存款為基礎，簽發支票流通使用，作為交易媒介的活期存款稱之，與紙幣同樣具有一般貨幣功能。在臺灣是由銀行採「部分準備制」下所創造出來之貨幣，故又稱為「銀行貨」；存款貨幣可說是商業銀行的負債，且為銀行資金的主要來源。

表二　金融中介分類

中介類型	金融機構	主要負債	主要資產
存款型金融機構	商業銀行、儲蓄貸款協會、互助儲蓄銀行、信用合作社等	存款	貸款、債券
契約型儲蓄機構	保險公司	保險單的保費	債券、股票
	養老基金	企業和員工的繳費	債券、股票
投資型中介機構	金融公司	商業票據、股票	貸款
	共同基金	股票	股票、債券等
	對沖基金	股票	股票、債券等

在；第二，契約型儲蓄機構、投資中介和金融市場將會是影子銀行系統中非常重要的環節，從而能夠繞開傳統的銀行體系。因此，影子銀行實際上並不是一個單一主體，而是多個金融中介藉由金融市場連接構成的業務鏈條，是一個金融市場和金融中介的交叉領域。只有眾多的影子銀行連接成一個網路，形成影子銀行體系，才能擔任類似於傳統銀行信用中介的經濟角色。傳統的信用活動不是涉及直接融資的金融市場，就是涉及間接融資的金融中介。影子銀行實際上是透過金融中介和金融市場的結合，繞開傳統銀行機構，在其外從事信用活動。所謂從事信用活動既可以是直接參與，也可以是藉由幫助潤滑交易過程，從而間接介入。

影子銀行體系就是由各種影子銀行機構互相聯繫而構成的一個有機整體，只有影子銀行體系才能履行類似傳統銀行體系的功能。

影子銀行與傳統銀行

▼影子銀行與傳統銀行的密切聯繫

影子銀行的存在與發展擴大了「銀行」的範疇，模糊了銀行體系的概念，兩種體系密切聯繫，相互競爭又密切合作，共同推動著金融體系的演進與發展。影子銀行與傳統銀行的聯繫主要體現在以下三個方面：

1. 功能類似：從前面的定義中不難看出，影子銀行與傳統銀行都履行信用中介職能，保證資金從最終儲蓄者流向最終貸款者。

2. 業務上聯繫緊密：因為影子銀行和傳統銀行在功能上類似，因此，二者的業務具有很大的交叉性。傳統銀行提供給影子銀行最初產品，即各種抵押貸款；為影子銀行提供了流動性支援和信用支援。實際上，由於很多影子銀行背後就是傳統銀行，為傳統銀行為了降低成本和監管套利而產生的產物，可以說整個影子銀行的產業鏈中，各部分都受到了傳統銀行的業務支持，二者緊密交叉。正因為二者的業務高度交織，導致了影子銀行的風險會向傳統銀行業轉移，出現大規模的傳染。

3. 最終負債都可以看成個人資產：傳統銀行的負債是儲蓄，是貨幣的一種形式；影子銀行最終的端點是個人持有的貨幣市場基金等資產；廣義上來看，貨幣市場基金份額也是一種個人資產。這正是影子銀行在最近這些年高度發展的一個誘因。

影子銀行體系依附於傳統銀行體系，或者附屬在傳統銀行表外從事類似業務，或者購買傳統銀行體系的貸款作為證券化基礎資產等，二者相互滲透、高度關聯，在融資結構、資金流向與資產運用方面不斷趨同。

▼影子銀行與傳統銀行的不同

1. 傳統銀行是在一張資產負債表中完成信用中介功能，影子銀行是在一個業務鏈條中完成：這個業務鏈條是由其他金融機構在金融市場的連接下完成的。從經濟學的角度，中介的功能是代替市場，其原因是市場交易存在資訊不對稱所帶來的交易成本較高，而這在一個企業體內是可以避免的。影子銀行則是這個過程的反向，是用市場工具代替傳統銀行，因而不是在一個縱向一體化的企業內完成期限轉換、流動性轉換和風險轉移等職能，而是將傳統銀行垂直分解，由市場代替了中介。傳統銀行是一個單純的金融中介，而影子銀行是金融中介和金融市場的交叉，它的出現模糊了金融中介的邊界。

2.**二者所受到的政府支持與監管不同**：傳統銀行業是一個受到高度管制的行業。各國政府對於銀行業的進入和退出有嚴格規定，《巴塞爾協議》從微觀審慎管理的角度限制了銀行的某些行為。而影子銀行在一定程度上正是對於這種高度監管的規避，是從法律和會計角度繞開了傳統銀行的業務，從而無須負擔監管成本。也正由於二者監管的不同，導致了監管套利的出現。

3.**操作模式不同**：在操作模式上，影子銀行在經營的各個方面都顯示出與傳統銀行不同的特點（如表三）：一、傳統銀行為提高償付能力，會預留一部分存款作為儲備，而且可以向中央銀行借款來解決流動性不足的問題，而影子銀行則預留一部分的頭寸；二、在存款保險方面，傳統銀行如果因為某種原因出現無力償付的情

表三　傳統銀行與影子銀行的區別

差異點	儲備／預留頭寸方面	存款保險／抵押方面	利率方面	資產負債表方面
傳統銀行	1.由監管者設定最低水平流動性 2.短缺時可向中央銀行借款	有政府保障	流動性不足時，可提高利率以吸引存款	貸款記於資產負債表
影子銀行	1.最低水平由雙方協定 2.不能從中央銀行借款	有現金、資產抵押證券、貸款等	資金不足時，經雙方協商可提高	部分證券化的資產可以用抵押物的形式記於資產負債表

況，政府會予以救濟，影子銀行則沒有這種待遇，它能做的就是進行抵押；三、為了吸引資金，傳統銀行要做的是提高存款利率，而影子銀行則是由雙方協商提高回購利率；四、傳統銀行吸收存款用來發放貸款的資金會全部反映在資產負債表上，對於影子銀行，由於資金的借出只是暫時的，貸款會以資產證券化的形式再被買回來，這時資產負債表就不能反映出影子銀行的真實資產負債情況。

影子銀行的表現與分類

影子銀行的典型表現

從前述定義出發，影子銀行實質上植基於金融市場的融資型金融創新工具，進行專業化分工，將商業銀行的單張資產負債表垂直分解，完成信用中介功能、期限轉換和流動性轉換。這個業務鏈條一端是貸款，另一端是一美元淨資產（$1 NAV）等金融產品。這就在功能上構成了銀行資產負債表的資產和負債兩端。

綜合美聯儲、金融穩定委員會和國際貨幣基金組織等機構的相關研究，西方國家完成上述分解的方式主要有下列兩種：

▼資產證券化

在資產證券化（securitization）的過程中（如圖一），長期的非流動性貸款，在特殊目的載體中首先轉換為同等期限的資產擔保證券，之後轉換為期限較短的資產擔保商業本票，如此一來就完成了期限轉換。資產擔保商業本票銷售給貨幣市場基金，由於其負債方是流動性更強的金融產品，從而完成了流動性轉換。整個流程就完成了從儲蓄者到貸款人的信用中介職能。由於傳統商業銀行在這個過程中的信用增強，信用風險也發生了相應的轉移。在整個過程中，我們發現商業銀行與影子銀行的業務廣泛交織，從而具備了傳染性。❻

▼抵押中介

所謂的抵押中介（collateral intermediation）即是利用證券化的方式，進行抵押物的反覆利用。自營商銀行（dealer bank）從那些需要資金，或者想要透過「出租資產」作為抵押物的方式提高回報率，自客戶那裡取得

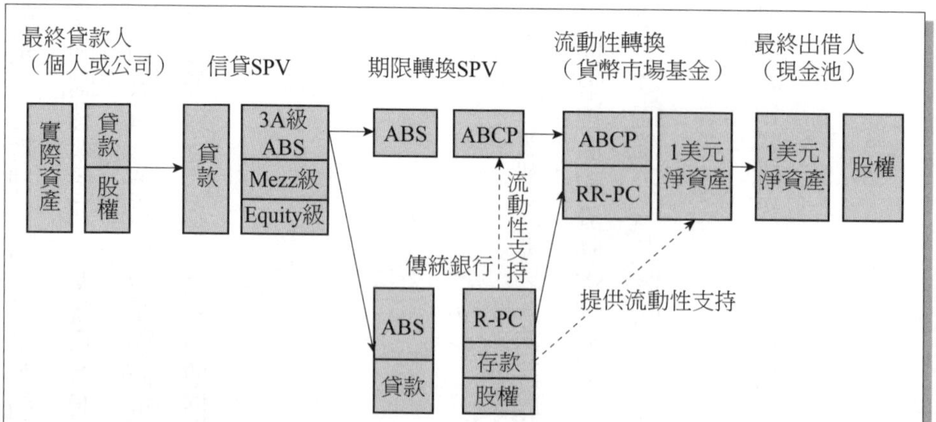

圖一　資產證券化流程

說明：PC=私人抵押物，包括資產擔保證券、公司債券和股權；R=回購；RR=反向回購。

抵押物；抵押物又被作為自營商銀行取得資金的擔保，或是為其他合約（合約）提供擔保。這個方式開啟了抵押物反覆再利用的過程，這個流程開始於對沖基金之類的策略型投資者，透過抵押物的反覆使用，最終銷售給貨幣市場基金。我們不難看出，在西方已開發國家，影子銀行最後的負債都是透過貨幣市場基金完成的。這是因為貨幣市場基金具有很強的流動性和較短的期限，從而可以完成流動性和期限轉換。❼

抵押物最常見的來源是對沖基金和其他需要借人現金或證券的投資者。**圖二**以美國公債為例，說明抵押中介的運作流程。美國公債可以作為抵押物，以對沖基金的方式從經紀商（例如高盛投資公司）處融得資金；高盛投資公司以同樣的抵押物（美國公債）做擔保從瑞士信貸公司融資，瑞士信貸公司將該債券投放到貨幣市場基金，貨幣市場基金可以短期持有也可以持有至到期日。可以發現，在整個過程中，政府債券被作為抵押物用了三次，從最初的對沖基金持有者，一直到貨幣市場基金。❽

❻ See Stijn Claessens, Zoltan Pozsar, Lev Ratnovski, and Manmohan Singh, "Shadow Banking: Economics and Policy". *International Monetary Fund*, December 4, 2012, p. 8.

❼❽ 同註❻，頁十四至十五。

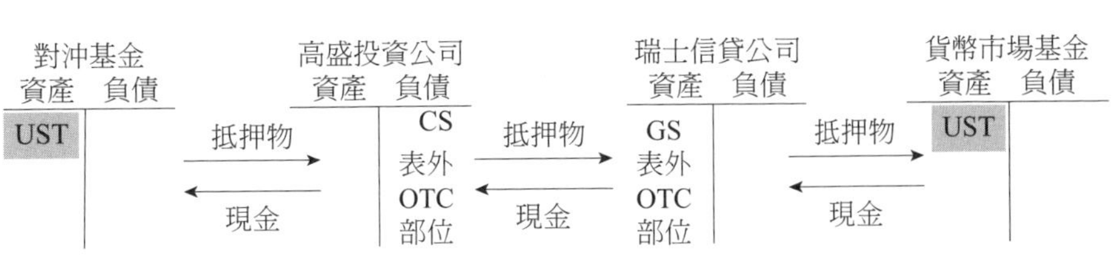

圖二　舉例說明抵押中介運作流程

說明：UST=美國公債；CS=瑞士信貸公司；GS=高盛投資公司；OTC=場外交易。

如果將這兩種方式放到整個金融中介系統中，可以整合表示為**圖三**。

總的來看，影子銀行系統的金融機構涉及前述所有的金融中介。在金融市場上，其主要產品是資產證券化和抵押中介。因此，影子銀行在形式上就是各類金融中介圍繞資產證券化和抵押中介組合起來的業務鏈條。

金融穩定委員會對影子銀行的分類

▼影子銀行的五個組成部分

二〇一〇年在韓國首爾召開的G20峰會上，與會領導認為，新的《巴塞爾協議》對近年出現的影子銀行系統的監管存在漏洞，因此要求國際金融穩定委員會同其他國際標準委員會一起研究影子銀行的監管政策。根據G20的要求，金融穩定委員會成立了特別工作組，主要工作目標包括：一、澄清什麼是影子銀行以及其在廣義的金融系統中的作用和風險；二、制定有效的監管影子銀行的辦

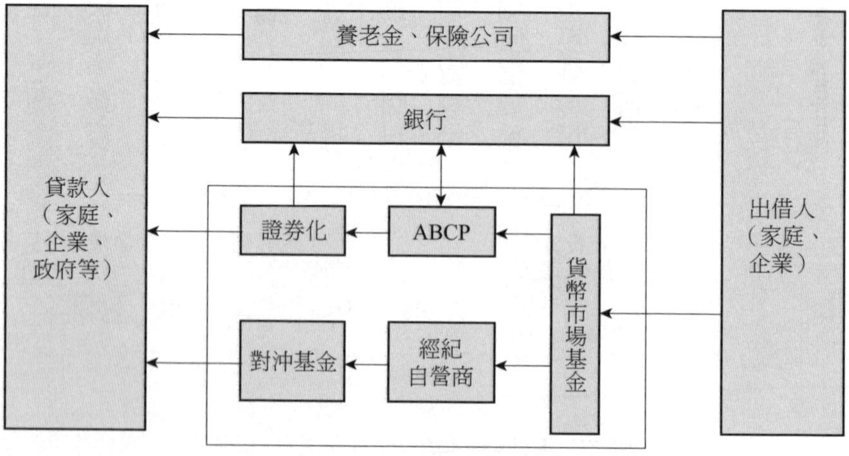

圖三　中介金融中介系統

法；三、針對影子銀行帶來的系統性風險和監管套利的影響，考慮採取特別的監管措施。根據上述目標，金融穩定委員會成立了五個工作小組對影子銀行涉及的領域進行研究，具體如下：

1.關於銀行和影子銀行之間相互聯繫的監管（間接監管）研究工作小組。該項工作由巴塞爾銀行監理委員會（BCBS）負責，督促銀行提高並表監管能力，重點監管銀行對影子銀行的大額（高風險暴露（集中度限制）、風險權重和隱性支持等方面。

2.關於貨幣市場基金監管改革工作小組。該項工作由國際證監會組織（IOSCO）負責，主要研究關於證券業務的監管。

3.關於其他類型影子銀行的監管研究工作小組。該工作小組將負責研究除貨幣市場基金之外的影子銀行機構的監管。中國銀監會加入了該工作小組。

4.關於資產證券化的監管研究工作小組。國際證監會組織和巴塞爾銀行監理委員會將對資產證券化中發起人保留金額的比例和資訊披露進行研究。

5.關於融券業務和回購市場的監管研究工作小組。該工作小組將負責對融券業務和回購市場的監管進行研究，也包括關於保證金比例和抵押比例等監管措施的研究。

二〇一三年八月二十九日，金融穩定委員會發佈了《加強影子銀行監督和管理》報告，報告指出，需要藉由政策在五個領域中降低與影子銀行有關的系統性風險：

1.減輕傳統銀行系統和影子銀行體系之間的「溢出」效應。雖然非銀行金融中介在為實體經濟提供信貸方面，是對傳統銀行的有效補充和替代，但金融危機表明，在某些情況下，傳統銀行體系的風險在影子銀行體系中顯現了出來。

2.控制貨幣市場基金的傳染性蔓延。貨幣市場基金為投資者提供了一種類似於存款的工具，特別是當他們在短時期內可以按票面價值贖回的情況下。這種情況下，投資者之間具有極強的傳染性。

3.評估和調整與資產證券化相關的激勵措施。資產證券化使得風險轉移遠離傳統的銀行部門，並為銀行提供了資金來源，但在金融危機之前，一些資產證券化產品複雜的結構，促使放貸標準降低，並產生了一個未被察覺的高槓桿。

4.抑制金融穩定風險和與證券金融交易相關的順週期性激勵，如回購和證券借貸（securities lending），在市場資金緊張時會加劇融資壓力。證券融資交易支援市場上很多種類的證券，但它們也可被非銀行機構用於開展「類銀行」活動，引發長期借出和短期借入之間的槓桿和期限錯配。金融危機期間，支撐交易的證券實際價值的降低使市場急劇萎縮，從而產生資產的大量出售。

5.評估和降低其他影子銀行機構和業務所引發的系統性風險。金融穩定委員會發佈的《加強影子銀行實體監管政策框架》中對其他影子銀行機構和業務進行了詳細的分析。

▼根據經濟功能對其他影子銀行機構和業務的分類

金融穩定委員會發現世界各國的非銀行金融機構在經營模式和風險結構等方面，都具有高度的異質性和多樣性。這種異質性和多樣性，不僅存在於不同的非銀行金融機構行業之間，而且也存在於同一行業內部。因此，從經濟功能的角度而非僅從機構名稱的角度來處理非銀行金融機構中的影子銀行問題會更有效。

金融穩定委員會認為監管當局應參考下列五個經濟功能來測評涉及影子銀行的非銀行金融機構和業務。[9]

○經濟功能一　管理客戶資金池可能招致擠兌風險的機構

集合投資者的資金並將這些資金自主投資到金融產品中（包括公開交易產品或私募產品）。從事這種融資活動的非銀行金融機構可能會遭受擠兌風險，這主要取決於它們參與流動性和期限轉換的程度。如果它們使用槓桿，則風險會被進一步強化。可能涉及這些活動的機構類型主要包括：

1. 進行現金管理或低風險標的的信貸投資基金（共同基金／信託），包括不受監管的流動性基金、超短期債券基金、短期交易所上市基金，以及銀行背景的短期投資基金。

2. 依賴外部融資或交易集中度較高的信貸投資基金（共同基金／信託）。那些對投資基金的直接融資（如主經紀商貸款）或間接融資（如衍生品），容易導致該類基金遭受擠兌的風險，特別是當投資基金將資金投向長期或複雜的金融工具時。比如利用銀行的短期投資或融券業務與回購業務放大槓桿比例的信貸對沖基金就屬於這一類型。

---

[9] See FSB, "Strengthening Oversight and Regulation of Shadow Banking: Policy Framework for Strengthening Oversight and Regulation of Shadow Banking Entities", http://www.financialstabilityboard.org/publications/r_130829c.pdf

3.在信貸市場或其中某個部分持有大量債權頭寸的信貸投資基金（共同基金／信託）。這些基金具有隨時贖回或短期內即可贖回的特點，容易遭受擠兌的風險。

○經濟功能二　依賴短期資金提供信用（或發放貸款）的機構

銀行體系外的信用供給，包括為零售和機構客戶提供的各種目的的有抵押或無抵押貸款（如車貸、個人住房抵押貸款、商業物業貸款和設備融資等），會導致流動性和期限轉換。機構類型如下：

1.沒有受到類似銀行審慎監管的吸收存款的機構。

2.透過大額融資市場或銀行授信來融資的金融公司，其資金主要來源為資產擔保商業本票、商業票據（CPs）、回購協定。

3.高度依賴母公司融資的金融公司，他們的母公司所屬行業為週期性行業。

4.主要為銀行融資並成為銀行繞開監管工具的金融公司。

○經濟功能三　市場活動的中介服務機構

市場活動中依賴於短期融資或者依賴客戶資產的抵押，進行融資的中介服務機構。市場參與者之間的中介業務包括證券經紀服務（例如，場內場外的證券交易和衍生品交易中的買賣中介服務，包括做市商⑩等）和對沖基金的主經紀代理服務等。機構類型如下：

1.透過批發融資市場或銀行短期授信方式大量融資的券商，指資金來源於資產擔保商業本票、商業票據、回購協定或短期銀行授信的證券經紀商。

2.證券經紀商（包括主經紀人），他們依賴以客戶的資產進行融資，或者以客戶的資產為其自身業務進行融資。

◯經濟功能四　信用供給的輔助機構

提供信用增級（提高信用評等，如擔保）或者資產負債表支持，促進銀行及非銀行發放信用。開展該業務的非銀行金融機構或許就是信用中介鏈中的一部分，並且可能帶來不完全信用風險轉移的風險，同時還會導致金融系統中的過度槓桿。機構類型如下：

1.金融擔保保險公司：這類公司為結構化金融產品提供保險服務，潛在地導致了承受過多風險的後果，或者導致不恰當的風險定價，降低發行方的資金成本，造成成本與風險不相匹配。

2.透過批發融資市場或銀行短期授信方式大量融資的金融擔保公司：金融擔保公司向銀行或非銀行機構的貸款業務（如信用卡貸款、企業貸款）提供信用增信業務。

3.按揭保險公司：按揭（即抵押）保險公司為按揭貸款人提供增信業務，致使借款人的整體情況得不到真實反映，風險無法被準確提示，貸款利率不合理，使得系統承受了更多的風險。

◯經濟功能五　證券化及為金融機構提供融資

為關聯銀行和非銀行金融機構提供融資，伴有或不伴有銀行資產和風險的轉移，這種行為是中

---

⑩做市商（market maker），又稱造市者，指金融市場上的一些獨立的證券交易商，為投資者承擔某支證券的買進和賣出，市場以造市者提供的價格來進行買賣。

介信用中介鏈（並且常常是銀行系統）的有機組成部分。在某些情況下，也可能導致過度的期限／流動性轉換、過度槓桿化或監管套利。

例如，將短期融得的資金用於流動性低的長期投資的證券化機構。證券化機構可能購買銀行（或非銀行金融機構）的貸款資產池，或對其提供信用增級（提高信用評等），然後以該資產池做抵押，發行資產擔保商業本票或其他證券產品。

影子銀行的歷史沿革與發展

傳統銀行之外存在的信用中介體系並不是什麼新的事物，從銀行誕生之日起，這些信用中介體系就一直與之相伴，而它們也就是影子銀行的雛形。在不同的歷史階段，影子銀行有不同的表現形式。例如，在美國，出於防止高息攬儲導致的惡性競爭，和濫用存款保險制度的考慮，一九三三年起執行的Q條例⑪規定了存款利率的上限。為了追求高收益，在銀行之外的存款形式就誕生了，例如歐洲美元、貨幣市場基金等。又如，二戰之後，很多國家為了控制貨幣供給量的增長速度，對於貸款增加速度進行調控，導致許多貸款轉移到了表外。在《巴塞爾協議》第一版出現後，很多結構型金融產品紛紛出現，以規避該協議的監管。這些結構型金融產品就構成了今天影子銀行的雛形。

從上面這些例子可以看出，影子銀行體系實際上是市場規避各種管制的產物。具體化到現代影子銀行的產生原因，可以從需求和供給兩個方面分析。

首先，從需求方面看，影子銀行是為了滿足投資者對高收益，同時具有較低風險的投資管道的需求。二〇〇〇年以來，貨幣需求方面的一個顯著變化是機構對於安全的、短期流動性工具的需求急劇增加。這裡所指的機構包括各大企業和投資中介，例如公募基金、養老金。**圖四**是美國企業持有現金等價物的情況，可以看出，在一九八〇年之後，現金等價物持有量急劇增加。同時，公募基金等為了管理日益龐大的資產，需要充分的流動性準備，以防止意外的現金流失。

這些新增的對於短期流動性的需求，不能透過銀行儲蓄的形式得到滿足，因為目前歐美國家的存款保險是有上限的，基本上是對於小額存款的保險，而大額存款相應的風險就會較高。為此，機構投資者就需要新的、安全的短期

⓫ 所謂Q條例，是指美聯儲按字母順序排列的一系列金融條例中的第Q項規定。後來，Q條例變成對存款利率進行管制的代名詞。

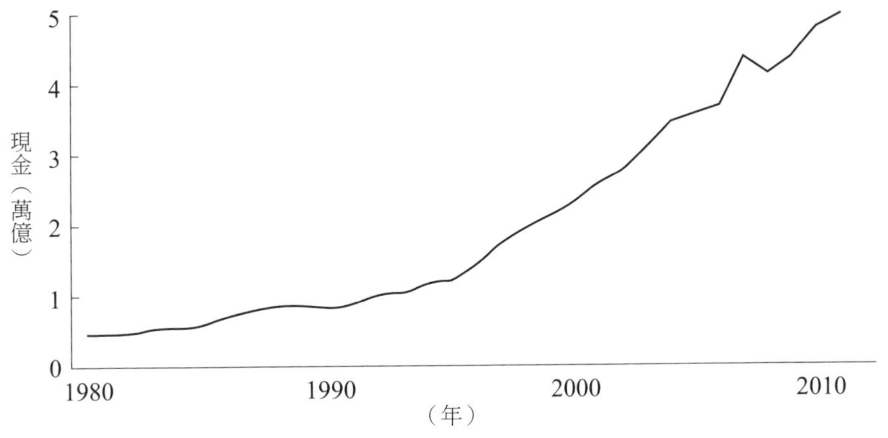

圖四　美國企業現金等價物持有量（一九八〇至二〇一〇年）

流動性工具。為了滿足這種需求，以資產證券化和抵押中介為典型表現的影子銀行融資模式應運而生。這兩種形式的一個共同點就是，提供了具有抵押物的短期融資工具。由於抵押物的存在，高品質的抵押物就意味著低風險，這就導致大量機構投資者爭相追逐這些產品。

其次，從供給的角度看，影子銀行相對於傳統的銀行模式具有一定的成本優勢。第一，影子銀行規避了對於傳統銀行的監管，因而不必像傳統銀行那樣關注資本金（即資本額）和槓桿率，從而降低了管制成本。第二，近年來的金融創新使得新型的結構型融資工具更有效率，降低了融資成本。例如，影子銀行透過結構化債務工具將信用風險在更大範圍內轉移，提高了效率，降低了成本。

世界各主要國家影子銀行的比較

主要國家的總體狀況

金融穩定委員會將廣義的影子銀行體系界定為，傳統銀行體系之外的信用中介體系（包括信用中介機構和業務）。據此估算，金融危機爆發的前幾年，全球影子銀行體系的規模急劇增長。二〇〇二年，全球二十個國家和地區，以及歐元區影子銀行體系的規模估計為二十六萬億美元，二〇〇七年達到六十二萬億美元，二〇〇八年略有下降，但到了二〇一一年又升至六十七萬億美元。[12] 圖五反

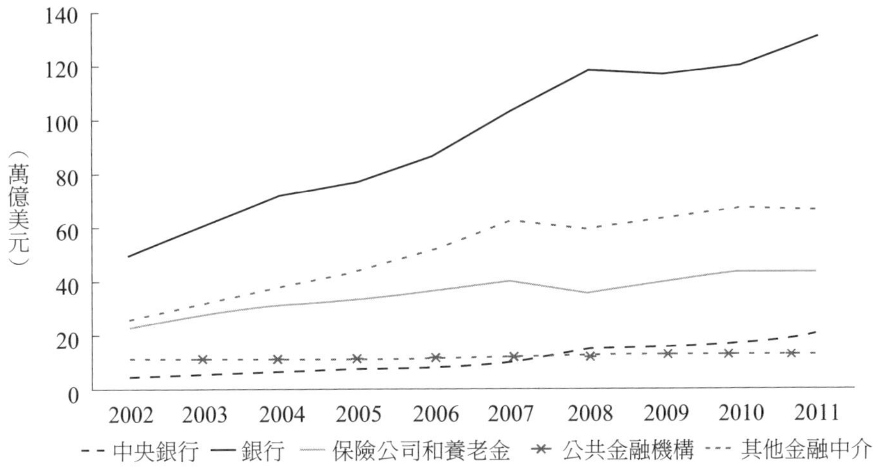

圖五　金融機構規模

映了二〇〇二至二〇一一年不同金融機構的相對規模與增長速度，其中的「其他金融中介」就是廣義的影子銀行。

圖六反映了不同金融產品在金融總資產中的比例，我們同樣發現，影子銀行的規模在二〇〇七年達到了一個高點，占了總資產的百分之二十七。但是總的來看，影子銀行的規模還是遠遠小於傳統銀行，大約是傳統銀行規模的二分之一。

圖七和**圖八**顯示出二〇〇五年和二〇一一年二十個國家和地區以及歐元區影子銀行所占比重。總的來看，影子銀行所占比重較大的是美國、歐元區、英國和日本，二〇〇五年所占比重是百分之九十一，二〇一一年是百分之八十七，略有下降。其中，美國影子銀行所占

⓬參見Global Shadow Banking Monitoring Report 2012，取自金融穩定委員會官網。

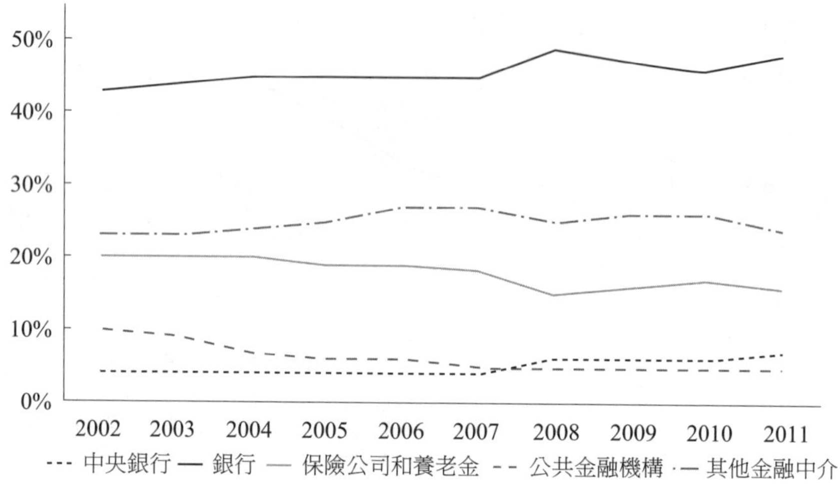

圖六　不同金融產品在金融總資產中的比例

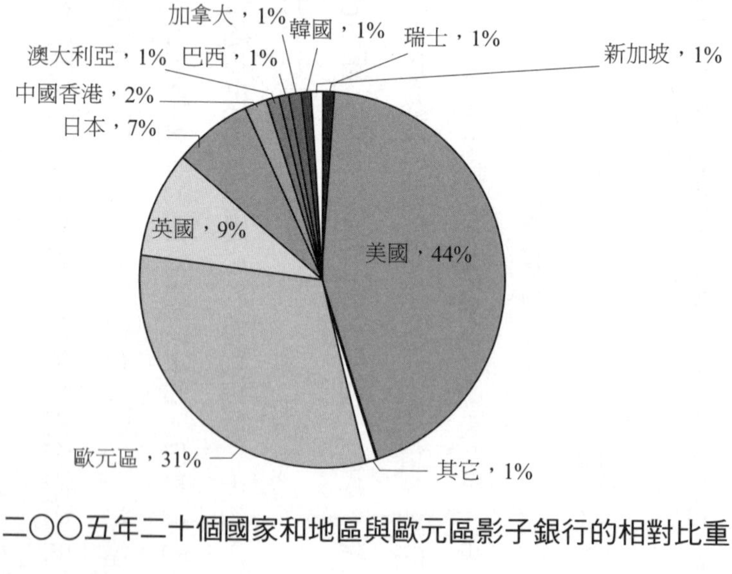

圖七　二〇〇五年二十個國家和地區與歐元區影子銀行的相對比重

資料來源：參見Global Shadow Banking Monitoring Report 2012，引自National ‡ow of funds data. http://www.financialstabilityboard.org/publications/r_121118c.pdf

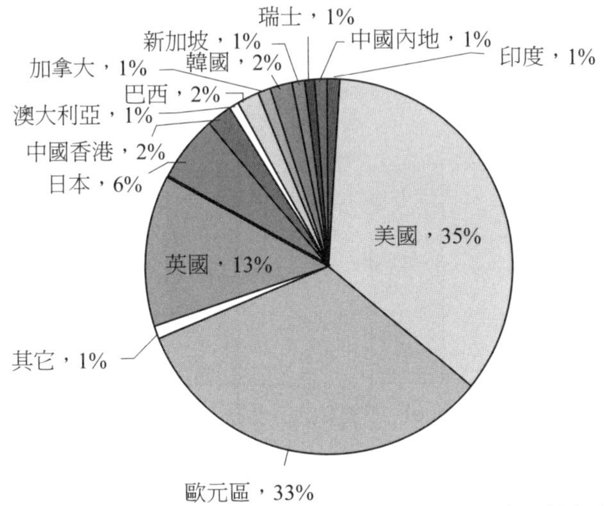

圖八　二〇一一年二十個國家和地區與歐元區影子銀行的相對比重

資料來源：參見Global Shadow Banking Monitoring Report 2012，引自National ‡ow of funds data. http://www.flnancialstabilityboard.org/publications/r_121118c.pdf

比重最大，在二〇〇五年占到了二十個國家和地區以及歐元區影子銀行總規模的百分之四十四；二〇一一年降至百分之三十五。二〇一一年歐元區和英國影子銀行所占比重較二〇〇五年有所上升。

由於美國和歐元區影子銀行所占的比重最大，以下就這兩個地區的情況進行詳細分析。

▼案例一　次貸危機重災國之一——美國

在美國，危機之前影子銀行的主要模式是資產證券化。由於不同的研究對影子銀行給出的定義不同，導致所估計的影子銀行規模有較大的差異（如**圖九**）。

為了進一步看清美國影子銀行的結構，可以利用美國的資金流量表得到各種負債產品占總體的比重（如**圖十**）。傳統的信用中介占總負債的比重在一九四五年之後就大致呈現出下降趨勢，

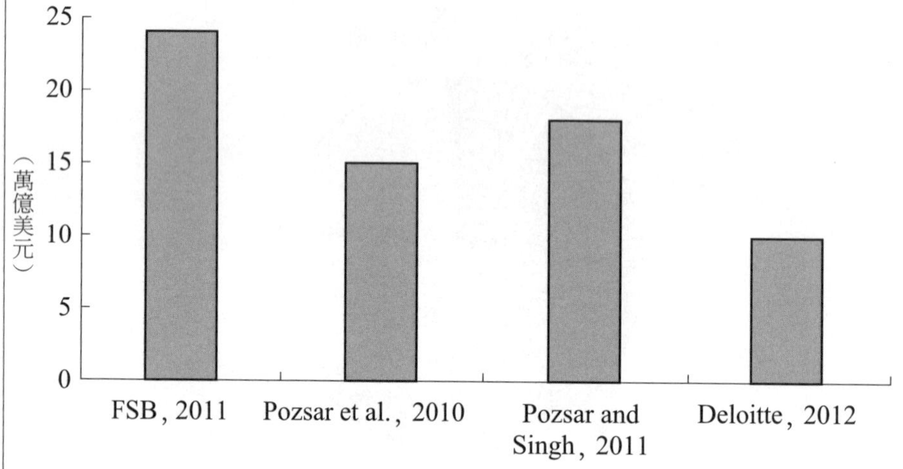

圖九　不同研究對於美國影子銀行規模的估計

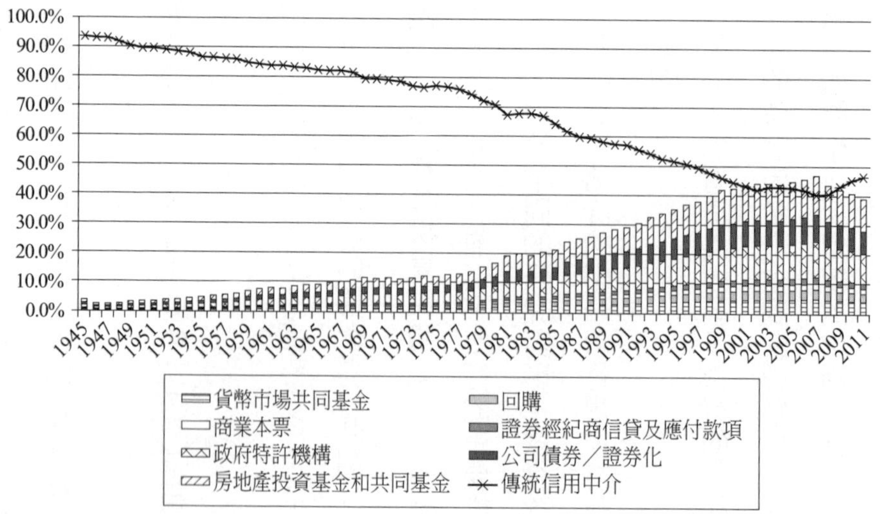

圖十　美國影子銀行結構

而影子銀行中的貨幣市場共同基金、回購和資產證券化所占比重不斷上升。當然，這次危機之後資產證券化所占比重開始下降，而回購基本保持不變。

▼案例二　次貸危機重災國之二——歐元區

歐元區在資產證券化方面最為重要的產品就是，資產支援債券和期限較短的資產擔保商業本票。同時，資產擔保證券也是抵押物迴圈（循環）利用貸款（抵押中介）中使用最多的抵押物。

由**圖十一**可以看出，資產擔保證券在此次金融危機之前占比較高，在這之後，幾乎完全消失了。從**圖十二**可以看出，資產擔保證券中主要的支援資產是貸款。這些貸款中百分之七十二發放給了家庭，只有百分之二十四是由企業承擔的。

融資方面的貨幣市場基金也是歐元區影子銀行的一個主要管道。**圖十三**表明，雖然歐元區貨

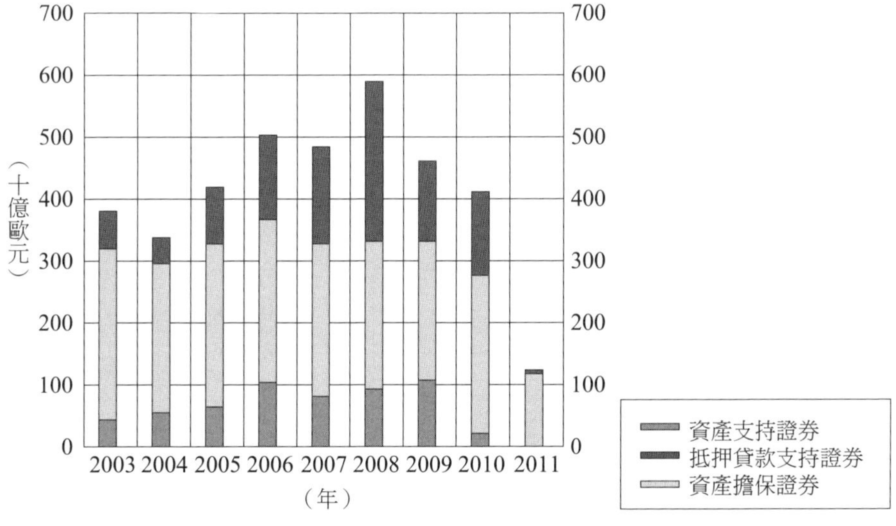

圖十一　歐元區抵押證券

資料來源：歐洲中央銀行（The European Central Bank）。

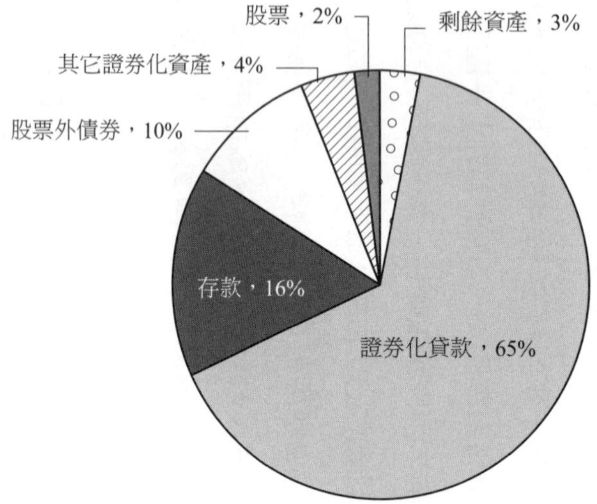

圖十二　二〇一〇年金融載體公司資產

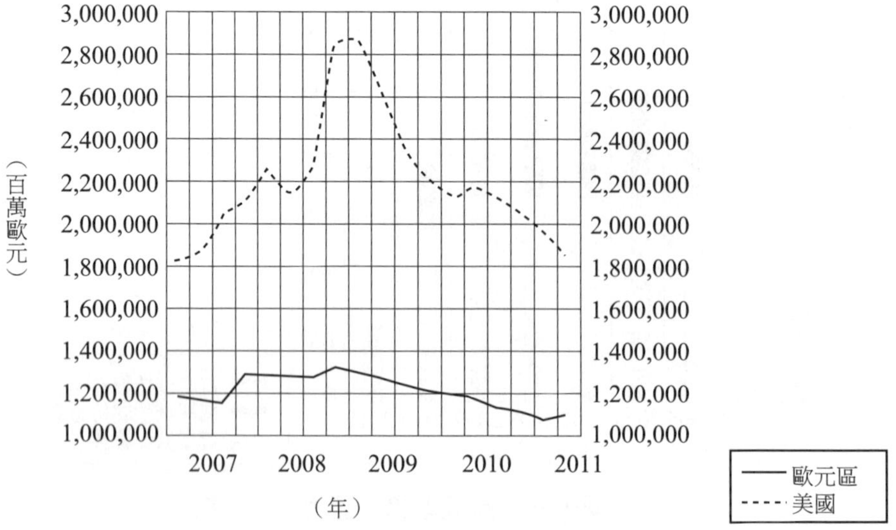

圖十三　歐元區和美國貨幣市場基金規模

幣市場基金的規模也較大，但是相對於美國要小很多。機構投資者是貨幣市場基金的主要購買人。這與前面分析影子銀行產生的原因中全球企業投資者的投資管理需求是一致的。

總體來看，在這次危機爆發之前，資產證券化是影子銀行的一個主要表現形式。但是由於這次危機爆發中顯現出來的高風險性，在危機之後這種形式急劇縮減。目前，利用抵押物的循環利用抵押中介貸款或者是回購，在影子銀行中所占的比重是愈來愈高了。

為什麼要對影子銀行加以監管

傳統銀行體系之外的信用中介可以發揮一定的積極作用，例如可以擴大資金的來源、增強流動性等。然而，這次始於美國的金融危機卻顯示了，日益增大的影子銀行體系也會引發系統性風險，可能是直接引發，也可能是透過與其有來往的傳統銀行。此外，它也可能帶來監管套利，這將突破銀行系統的嚴格監管體系，造成整個金融系統風險的積聚。因此，在那些能夠引發系統性風險和帶來監管套利的領域，加強影子銀行的監管是非常必要的。[13]

[13] see Recommendations to Strengthen Oversight and Regulation of Shadow Banking, Octorber 27, 2011; FSB, Shadow Banking: Scoping the Issues, April 12, 2011, http://www.financialstabilityboard.org/publications/r_111027a.pdf

系統性金融風險

在這次金融危機中，影子銀行被認為是主要的系統性風險來源。金融穩定委員會認為，影子銀行導致系統性風險的原因在於它具有期限轉換、流動性轉換、信用風險轉移和高槓桿四個特徵。影子銀行將以短期 負債方式取得的融資金額做中長期的運用，從而導致資產負債期限的不匹配；將資金投資於缺乏流動性的產品和工具，導致無法及時變現，以滿足投資者贖回需求的風險；傳統銀行體系在向影子銀行體系轉移信貸資產時，仍保留了部分風險，或提供了隱性的擔保支援，這些都容易出現信用風險轉移。此外，大量的高槓桿金融產品被設計出來，尤其是在結構化產品設計中大量運用槓桿原理，以博取更高回報，結構化證券產品交易衍生更高槓桿，這種高槓桿的經營模式容易導致高風險，影子銀行體系的風險也容易向傳統銀行體系傳遞。

系統性金融風險的爆發在傳統銀行業一般表現為儲戶的「擠兌」風潮，在影子銀行體系中，也有類似的「擠兌」風潮。例如，這次金融危機的爆發過程就被認為是影子銀行主要構成環節中的回購鏈條產生了擠兌。因此，危機過後，影子銀行體系導致的系統性金融風險引起了廣泛關注。隨著影子銀行體系資本的跨境配置，金融風險也隨之在全球分散、配置，影子銀行全球關聯度，隨著金融全球化的深化不斷提升，一個國家金融體系內的系統性風險在金融網路的銜接下，很可能演變為全球的系統性風險，強烈衝擊全球經濟。

監管套利

監管套利是指由於對銀行和影子銀行監管尺度的不一致，導致影子銀行業務的大量開展，造成金融體系風險的積累。在前面所提及的形成原因中已經看到，事實是，影子銀行在某種程度上就是規避監管的產物。透過會計隔離和法律隔離的手段，資產就從商業銀行中剝離出來，進入了監管相對較為鬆懈的金融市場和其他各類金融中介。這就導致對於商業銀行的微觀審慎監管就算再嚴格，也難以去避免風險的過度累積。

影子銀行所產生的監管套利行為是無法透過市場調節自發性的避免的。這是一個典型的囚徒困境（Prisoner's Dilemma）問題⓮。如果某個銀行不透過影子銀行體系進行資產剝離，就會占用更多的核心資本，從而提高成本。所以，影子銀行就成了「嚴格占優策略」（strictly dominant strategy），即無論其他金融機構是否這樣做，自己這樣做都是最優的。在這個意義上，影子銀行容易導致市場失靈，而不是帕累托最適狀態（Pareto optimality）⓯，因此，需要監管機構進行干預，改變利用影子銀行管道進行融資的收益，從而改變金融機構的選擇，將資產納入當前框架下的資產負債表，以對其進行穩健監控。

⓮即非零和問題，是博弈論的非零和博弈中最具代表性的例子，它反映的是個人的最佳選擇而非團體最佳選擇；直白來說就是，囚徒們只要彼此合作，堅不吐實，就可以為全體帶來最佳利益（無罪開釋），而出賣同夥或許有可能為自己帶來脫罪的機會，但極有可能會變成是被出賣的那個。

⓯即經濟效率。是由義大利經濟學家帕累托所提出，指對於一定的配置而言，當不存在任何變動，使得再配置可以在不影響他人福利狀況條件下，改善了某些人的福利狀況，此稱之為「帕累托最適狀態」。

CHAPTER 2
中國的影子銀行

對影子銀行基礎理論進行介紹後，本章主要是為讀者介紹中國的影子銀行。

因中國的金融市場尚處於起步階段，故與歐美已開發國家引發金融危機的「影子銀行」，在本質上有很大的不同。這一章會先為讀者界定中國影子銀行的內涵，區分廣義的影子銀行和狹義的影子銀行；其次是僅就廣義的影子銀行在中國的現況進行探討，分析它的表現形式和整體規模；最後再將影子銀行在中國產生的動因、正面作用，和它所可能帶來的風險進行介紹。

本章是讀者判斷哪些機構和業務屬於狹義影子銀行，和對於中國影子銀行監管框架的研究基礎。

中國對影子銀行的看法

莫衷一是的說法

目前，學界對「影子銀行」的內涵並沒有明確的界定。

二〇一二年十月十日，國際貨幣基金組織發佈的《全球金融穩定報告》，提示中國關注影子銀行問題，因為其有可能把風險轉嫁給傳統銀行。隨後在十一月十一日，十八大新聞中心舉辦了題為「中國銀行改革與科學發展」的新聞發表會，會中中國人民銀行行長周小川表示：「中國也像其他國家一樣會有『影子銀行』，但中國的『影子銀行』和本次金融危機中已開發國家所暴露出來的『影子銀行』相比，在規模和問題上要小得多。」❶中國銀監會主席尚福林表示：「信託產品、理財產品等都在銀監會的監管範圍之內，下一步會立足於我國銀行業的實際情況，對影子銀行的內涵、功能、規模、結構、風險等方面內容加強研究，加強對影子銀行的槓桿率、並表風險等的監管，完善行業規則，打擊不法行為。同時，還要促進銀行改革創新，提供更好、更安全的金融服務。」❷隨後，專家學者紛紛跟進解讀，但觀點各異。有視影子銀行為洪水猛獸的、有當作歌聲魅影的、更有看成是有力推手的，有的甚至在對影子銀行概念的界定上，存在著很大的爭議。

早在二〇一一年九月，中國社科院金融研究所發展室主任易憲容先生就對中國的影子銀行發表了自己的看法，他認為：「只要涉及借貸關係和銀行表外業務都屬於『影子銀行』。」中國社科院金融研究所金融產品中心副主任袁增霆指出：「認識中國的『影子銀行』，最好按銀行產品線和業務線來梳理，中國的『影子銀行』主要指銀行理財部門中典型的業務和產品，特別是貸款池、委託貸款專案、銀信合作的貸款類理財產品。」❸中國社科院金融研究所金融重點實驗室主任劉煜輝認為：「中國的『影子銀行』包含兩部分，一部分主要包括銀行業內不受監管的證券化活動，以銀信合作為主要代表，還包括委託貸款、小額貸款公司、擔保公司、信託公司、財務公司和金融租賃公司等進行的『儲蓄轉投資』業務；另一部分為不受監管的民間金融，主要包括地下錢莊、民間借貸、典當行等。」❹

❶新華網首頁（二〇一二）。十八大新聞中心舉行「中國銀行改革與科學發展」集體採訪，見 http://big5.xinhuanet.com/gate/big5/news.xinhuanet.com/18cpcnc/2012-11/12/c_123940141.htm，檢索日期：二〇一四年十月九日。

❷中國信託業協會。財經要聞，尚福林：加強對影子銀行槓桿率監管，見 http://www.xtxh.net/xtxh/finance/13014.htm，檢索日期：二〇一四年十月九日。

❸❹方迎定、王麗娟（二〇一一）。新華財經，〈「影子銀行」譜系〉，見 http://news.xinhuanet.com/fortune/2011-09/13/c_122024818.htm，檢索日期：二〇一四年十月九日。

資料來源：檢索自新華網（2011）。新華財經，〈「影子銀行」譜系〉，見http://news.xinhuanet.com/fortune/2011-09/13/c_122024818.htm，檢索日期：2014年10月12日。

有學者認為，影子銀行不僅包括無銀行之名而有銀行或類似銀行功能之實的機構，還包括這些機構的行為。[5]也有學者將影子銀行界定為游離於金融監管體系之外的金融機構，強調其不受監管的性質。大多數學者則強調影子銀行體系包括商業銀行之外的所有金融機構。例如，李建軍等便認為，影子銀行體系是非銀行金融機構，以及非正式金融組織及其產品運用體系的總稱。[6]袁增霆則指出，影子銀行體系的本質內涵不單指具備法人獨立資格的金融機構，還涵蓋進一步細分的各種類似或替代傳統銀行業務的業務部門和金融工具，即不僅包括非銀行金融機構及其業務，還包括銀行機構內部的影子銀行部門及業務。[7]李揚認為，影子銀行體系最突出的特點在於它是基於市場交易、伴隨著金融創新發展起來的，幾乎包括了全部市場型信用機構在內，以美國為例，其構成主要有多種機構參與的證券化安排、市場型金融公司、結構化投資實體、房地產投資信託、資產擔保商業本票管道、經紀人和做市商所從事的融資融券活動、第三方支付的隔夜回購等等，以及銀行之外的各類支付、結算和清算便利等。[8]

有學者認為，只要在國內金融市場上創造信用，並且沒有向央行繳納存款準備金的機構和業務都屬於「影子銀行」的範疇。根據這一標準，商業銀行的銀信理財產品以及委託貸款業務，無須向央行繳納準備金，具有無限擴張的信用創造能力，一旦發生違約行為，央行並非最後貸款人不會對其進行救助，因而屬於「影子銀行」的範疇。[9]

也有學者認為，應區分廣義的影子銀行和狹義的影子銀行。**廣義的影子銀行是指所有銀行體系**

之外的信用中介體系。由於每個組成部分是根據所涉及的機構和業務劃分的，因此它們有的反映金融機構的負債（例如理財產品），有的反映金融機構的資產（例如信託貸款、委託貸款）。此外，影子銀行也有可能是同一信用鏈的不同組成部分（例如理財產品與信託貸款）。因此，這樣統計的影子銀行的規模，並不代表影子銀行對實體經濟的實際信用支援和淨風險敞口（需要扣除可能的重合部分）。**狹義的影子銀行是指傳統銀行體系之外的，可能引發系統性風險的信用中介機構和業務。**❿還有學者根據是否遭受監管來界定廣義和狹義的影子銀行，將凡是透過非銀行信貸管道提供信用活動的，都納入廣義的影子銀行範疇；而將只有游離於監管範圍之外的融資活動，定義為屬於狹義的影子銀行體系。

在二〇一三年一月十一日開幕的由金融界網站主辦的「變革與創新——金融行業創新發展高峰

---

❺文維虎、陳榮（二〇一〇）。《西南金融》，〈重視影子銀行動向，避免風險隱患顯現載〉。中國：成都四川金融學會，第二期。

❻李建軍、田光寧（二〇一一）。《宏觀經濟研究》，〈影子銀行體系監管改革的頂層設計問題探析〉。中國：上海國際集團研究院，第八期。

❼袁增霆（二〇一一）。《中國金融》，〈中外影子銀行體系的本質與監管〉。中國：北京中國金融出版社，一月號。

❽李揚（二〇一一）。《中國金融》，〈影子銀行體系發展與金融創新〉。中國：北京中國金融出版社，十二月號。

❾張孝君、錢瑤（二〇一三）。《湖北民族學院學報》，〈我國影子銀行發展現狀及監管對策研究〉。中國：湖北民族學院學報（哲學社會科學版），第四期。

❿金投銀行（二〇一三）。銀行資訊，〈中國影子銀行的廣義與狹義概念〉，見 http://bank.cngold.org/c/2013-05-20/c1833295.html，檢索日期：二〇一四年十月九日。

論壇」上，中國銀行業協會專職副會長楊再平指出：

在美國，狹義的影子銀行是指次級貸款，廣義的則是指正規銀行體系之外的信貸媒介，而所謂正規銀行就是受到高度監管的銀行體系。因此我認為不能把中國正規銀行開展的理財業務劃為影子銀行，更不能把銀行理財、信託，與典當、地下錢莊甚至非法集資等相提並論。⓫

在二〇一三年三月二十三、二十五日由中國國務院發展研究中心主辦的「中國發展高層論壇二〇一三年會」上，「影子銀行」被作為單獨的議題進行討論。在「影子銀行的功與過」分會場上，國務院發展研究中心金融研究所副所長巴曙松指出：

中國市場上的影子銀行產品和美國、歐洲國家的影子銀行在特性和構成上都有很大的不同。目前所說的影子銀行絕大多數是受到監管部門嚴格監管的，比如銀行的理財產品、信託公司的產品、企業財務公司的類似產品等，都要向監管部門報送，並受到淨資本的約束。由於銀行在金融體系中占絕對主導地位，所以「影子銀行」這個詞儘管不清晰，但仍需繼續使用。⓬

學者專家的爭論

目前，影子銀行體系成為不同人士用於代表不同範疇的一個名詞，而且貶義居多。自不同的定義加以分析可以發現，影子銀行可以從以下三個層面來理解。

第一個層面的影子銀行的範圍較大。中國的影子銀行體系主要是直接或間接複製商業銀行核心業務和功能的商業銀行表外機構（銀行理財產品）、非銀行金融機構（如部分信託類機構、擔保公司、小額貸款公司、典當行、第三方支付機構等）以及民間借貸。這種範疇幾乎覆蓋了全部社會融資活動的主體，包括商業銀行表外所有的融資放貸機構和活動。這些機構的活動既包括法律所允許的活動，如信託貸款、委託貸款、小額貸款等，也包括繞開現有法律進行的金融創新，如銀信合作，還包括現有法律不允許的活動，如擔保公司吸收存款、發放貸款、利率高於基準利率四倍的民間借貸等。

第二個層面是「灰色金融」或「黑色金融」。這個層面的影子銀行範圍有所縮小，僅指在監管視野之外、法律禁止或在未經法律允許的情況下，複製商業銀行核心業務的非銀行金融機構和業務。很多人稱之為「灰色金融」或「黑色金融」，範疇包括高利貸等民間借貸、擔保公司非法吸收存款並發放貸款等不合法融資活動，也包括非銀行金融機構繞開監管進行的金融創新活動。這種理解排除了有資格做信貸業務的非銀行機構，如信託公司、小額貸款公司等機構進行的合法放貸，但卻囊括

---

⑪ 潘敏（二〇一三）。新華財經，〈楊再平：正確認識「影子銀行」〉，見 http://news.xinhuanet.com/fortune/2013-01/14/c_124227247.htm，檢索日期：二〇一四年十月九日。

⑫ 新浪新聞（二〇一三）。財經新聞／北京新浪網，〈巴曙松：影子銀行源於金融管制　應推進利率市場化〉，見 http://news.sina.com.tw/article/20130323/9226307.html，檢索日期：二〇一四年十月九日。

了非法集資和非法放貸、變相集資和變相放貸活動。

第三個層面排除非法民間信貸。這個層面的影子銀行排除了非法的民間信貸，將非銀行中介的合法放貸活動和銀行表外變相放貸活動等金融中介的信用活動歸入影子銀行體系。

目前金融市場上的融資活動主要有以下幾種類型：符合現有法律規定、有資格做銀行放貸的機構及業務；直接觸犯現有法律規定的非法集資、高利貸、非法交易等活動；繞開現有法律規定、通過合法方式進行的金融創新，即變相吸收存款、發放貸款的非銀行機構和業務活動。

事實上，上述三個層面、甚至是更多層面上的理解，都是對它們的不同組合所提出的看法。其觀點不外，第一，有資格做銀行放貸的機構及業務在現有的金融監管範圍之內，但不受直接的、同等標準的銀行監管約束和貨幣政策約束，因而受到關注；第二，直接觸犯現行法律的非法集資、高利貸等活動應被禁止；第三，介於不受監管和違法之間的私人信貸活動，如果違反現行法律規定，短期之內要遏制其風險則必須加以制止；如果在合法範圍內進行，則必須考慮長期之內將其合法化的方式和制度，比如應考慮如何推動民間借貸機構走向合法化經營；第四，不受傳統金融監管方式監管的業務，屬於有利於金融機構和金融體系發展的金融創新，是透過其他金融創新方式實現法律所允許的銀行業務，如銀信合作等；這些機構的活動是遵循市場導向的，提高了金融效率，客觀上有利於經濟發展，在給予其發展空間的同時，需要予以規範和監管。

中國影子銀行的內涵

影子銀行雖然因為引發了金融危機而一度被視作洪水猛獸，但其存在的正面價值也不應被忽視，例如，它能夠為市場參與者和企業提供新的資金和流動性來源，並可以促進經濟體系中信用的有效配置。本書認為，影子銀行本身是一個中性的概念，應該辯證地看待它，也就是既要看到它對深化金融市場改革和金融體系完善所發揮的積極作用，又要關注它可能引發的系統性風險和監管套利。

由上一節的分析可以看出，國內的理論研究和實務操作中，從不同角度對影子銀行做出了不同的定義，也有不同的看法和表達，惜大多內涵不清，邊界不明，缺乏具有可操作性的標準。鑒於許多專家學者在界定影子銀行的內涵時，所給出的定義一般是圍繞信用中介、監管程度、系統性風險和監管套利等幾個關鍵字展開的，本書基於對這幾個要素深入剖析的基礎上，為讀者界定中國影子銀行的內涵。

四大要素的剖析

▼非銀行信用中介

信用中介是個廣義的概念，是指所有能夠起到居間聯繫信用主體雙方，完全或部分履行信用融通、轉讓功能的實體。信用中介一般具有信用創造、期限轉換、風險分散、支付結算和交易成本控制五項功能。**信用中介**是傳統銀行最基本、最能反映其經營活動特徵的職能，傳統銀行是實現信用中介職能最重要的主體，包括商業銀行、儲蓄機構、信用合作社等金融機構。信用中介職能的實現路徑是：銀行透過其負債業務，把社會上的各種閒散資金集中起來，再透過資產業務，將其投向各經濟部門。

傳統銀行體系之外，金融市場上還存在著其他許多能夠履行創造信用、融通資金職能的信用中介，可將其統稱為**非銀行信用中介**。由於非銀行信用中介的範圍非常廣泛，因此，可以採取排除法來定義，即指傳統銀行之外能夠履行信用創造、期限轉換、融通資金中介職能的金融類主體及其相關業務。

和傳統銀行一樣，非銀行信用中介在金融市場上可以起到信用創造、期限轉換、風險分散的作用。總的來看，各式各樣的金融機構和金融工具的活動都以融資為最終目的，以信用為媒介，體現出傳統金融以間接融資為主、直接融資為輔，轉而向現代的間接融資和直接融資相互融合、間接融資為直接融資服務轉變的特性。

▼監管程度

很多對影子銀行的定義都強調其是「游離在監管體系之外」、「未受監管或僅受輕度監管」、或「未受到和銀行同樣程度監管」的主體。定義影子銀行的內涵主要是，為金融市場主體和監管部門提供工具，以鑒別哪些金融機構屬於影子銀行體系，應適用何種法律規則來約束。

透過審慎監管，維護廣大投資者和消費者的利益，增強市場信心，增進公眾對現代金融業的瞭解，維護金融市場穩定是金融監管的目的。之所以監管影子銀行，很重要的原因是其可能引發系統性風險，造成金融市場不穩定，損害投資者的利益。而未受監管或監管程度低通常是引發系統性風險的重要原因，作為前提性的問題——認定哪些機構或業務屬於影子銀行時，應當結合目前的監管程度進行判斷。

▼系統性風險

系統性風險是指一個事件在一連串的機構和市場構成的系統中，引起一系列連續損失的可能性。在金融領域，系統性風險是指金融系統不穩定，其原因是出現了一些特殊事件，導致情況不斷惡化，而最終出現災難性結果。[13]

非銀行金融機構的期限錯配和高槓桿使其可以行使傳統銀行的職能，但與傳統銀行不同的是，非銀行金融機構的競爭優勢和利潤空間是傳統銀行不能或不願涉足的高風險業務，如果監督缺失或不足，它們相較於傳統銀行更容易引發系統性風險。因此，監管不足引發的系統性風險應該是影子銀行的重要特徵之一，在界定影子銀行的內涵時，絕對不能忽略系統性風險因素。

---

[13] See, Tom Daula, Systemic Risk: Relevance, Risk Management Challenges and Open Questions.

▼監管套利

監管套利指的是非銀行金融機構在行使類似銀行的信用中介功能的同時，卻免於與銀行相同的監管約束而帶來的成本降低和間接利潤。由於非銀行金融機構的業務具有表外性，且所受監管不足，在進行活動時不用遵守傳統銀行被苛求的資本充足率、準備金等要求，不用為其風險投入成本，所以相對於傳統銀行有著盈利優勢，這促使愈來愈多的機構涉足類似業務以降低監管成本、提高利潤率。因此，界定影子銀行的內涵時，應將監管套利作為要素之一。

特別說明的是，許多非銀行金融機構和業務雖然存在監管套利的目的，但其中部分機構和業務是有合法合理的目的，並且是應市場需求而生的，發揮獨有的積極價值。因此，**監管套利是界定影子銀行的必要條件，而非充分條件，而監管套利必須與系統性風險、監管程度相結合，進行綜合判斷。**

廣義影子銀行與狹義影子銀行

廣義上看，影子銀行是傳統銀行體系之外的一種金融實體及其業務所組成的信用中介體系，既可以是獨立的信用活動，也可以是信用活動鏈條中的一部分。影子銀行本身應是一個中性的概念。當然，影子銀行通常使用期限轉換、高槓桿操作進行信用創造和融資活動，因為欠缺有效的監管，相比傳統銀行體系具有更高的系統性風險，但這僅僅是廣義影子銀行系統中的一小部分，而非全部。

基於此，本書認為，應區分廣義的影子銀行和狹義的影子銀行（真正意義上的影子銀行）。廣義的影子銀行就是指傳統銀行體系之外的信用中介體系，以及它們的相關業務。但這些傳統銀行體系之外的信用中介體系並非都會引發系統性風險，具體應該著重關注並監管的是擁有期限錯配轉換、流動性轉換、高槓桿、風險轉移特點，監管程度較低且能夠帶來更大系統性風險和監管套利的非銀行信用中介。為了與「廣義的影子銀行」對應並加以區分，我們將其稱為「狹義的影子銀行」，亦即真正意義上的需要密切監管與加強風險防範的影子銀行。

需要強調的是，影子銀行不僅包含獨立運營和具有法人地位的機構、公司等，還包括金融機構從事的具有影子銀行特徵的業務，從某種意義上講，影子銀行體系的說法可能更為合適，不僅可以涵蓋機構，還可以涵蓋業務。因為金融機構從事不同種類的業務，這些業務中可能有些屬於影子銀行，有些不屬於影子銀行，區分的關鍵在於是否具有影子銀行的實質特徵，能否引發系統性風險。正因如此，學界對影子銀行的定義，有的著眼於機構（主體），有的著眼於業務（功能）。事實上，多數時候影子銀行體系內的主體是隱含於傳統銀行或其他金融機構內部的部門或交易對手，並且很大一部分影子銀行業務都不是單獨操作的，而是內嵌於大型金融活動中，作為其中的一個重要環節。本書並不單獨以機構或業務為著眼點來考察影子銀行，而是綜合考慮，對目前金融體系內可能涉及影子銀行的機構或業務進行分析，以判斷它們是否屬於狹義的影子銀行。

中國影子銀行的判斷標準

本書將狹義的影子銀行界定為：具有期限轉換、流動性轉換、高槓桿、信用風險轉移這四個特點（具備一個及以上），且目前不受監管或監管程度較低，能夠引發系統性風險⓮和監管套利的非銀行信用中介機構或業務。基於此，判斷某金融機構或金融機構的某項業務是否屬於影子銀行應遵循以下三個步驟：

步驟一　信用中介判斷

步驟一是判斷該企業體是否屬於信用中介機構或從事著信用中介業務。

廣義的影子銀行是指傳統銀行體系之外的信用中介體系，既包括獨立的機構，也包括某些機構從事的信用中介業務。因此，判斷金融機構是否屬於影子銀行的第一個步驟就是去判斷機構是否從事信用中介業務，即是否從事信用創造和轉換、融通資金的業務。如果並未從事這些業務，則認定不屬於影子銀行；如果從事這些業務則需要根據以下兩個步驟進一步檢驗，判斷是否屬於影子銀行。

步驟二　四大特徵判斷

步驟二是判斷該企業體是否具有期限轉換、流動性轉換、高槓桿和信用風險轉移四個典型的特徵。

期限轉換、流動性轉換、高槓桿和信用風險轉移是金融穩定委員會認定的影子銀行的主要風險來源，具有信用中介業務的金融機構所開展的信用中介業務，並不全然都屬於影子銀行，其中的關鍵在於是否具有可以引發系統性風險的四個特徵：

▼期限轉換

期限轉換是商業銀行的第一個核心功能，指商業銀行借短貸長進行負債經營，將短期負債轉換為長期資產，在存款人存款合約到期期限和貸款合約到期期限之間實現平衡。能實現期限轉換功能的不只是商業銀行，還包括其他非銀行金融機構，但並非所有的非銀行金融機構都有此種功能，具有該功能的可以統稱為「期限轉換金融中介」。

早期的「商業銀行特許權法」等法規將商業銀行的短期負債——吸收存款壟斷化，但是，隨著現代貨幣市場的發展，存款這種被動負債的劣勢逐漸顯現，並被多種形式的貨幣市場負債方式所取代，商業銀行開始逐步依賴於貨幣市場的主動負債。

傳統商業銀行的期限轉換模式主要是「短期債務＋長期債權」，包括「吸收短期存款＋發放長期貸款」、「貨幣市場短期負債＋發放長期貸款」；而貨幣市場的短期負債則包括各種期限低於一年

⑭之所以會引發系統性風險，很大一部分原因是這些機構或活動不在監管範疇之內，或者雖然納入監管範疇，但監管標準低於銀行監管的信用中介及其活動，因此應被視為影子銀行加以關注。

的商業票據、資產擔保商業本票等。期限轉換最基本的功能就是創造貨幣、創造信用；也就是商業銀行透過期限轉換創造了雙重的貨幣要求權（指清償媒介的要求權），一是存款人對商業銀行的要求權，二是商業銀行對貸款人的要求權；這雙重的要求權解決了資訊不對稱問題，降低了搜尋成本等交易成本，而這正體現了貨幣產生的最基本原因。

與期限轉換相關的一個概念是期限錯配，指的是不成功的期限轉換。商業銀行會出現期限錯配，產生流動性風險、利率風險等，但整個銀行體系的風險有最後貸款人的顯性擔保。而非銀行金融機構的期限錯配風險就比較大，原因在於，其投資對象往往是不受監管的非標準化債權資產，而且沒有受到中央銀行金融安全網的保護。無論主體的性質如何，期限轉換的安全性取決於主體的信用，而主體的信用取決於其受到的擔保、投資的長期資產的價值，或者其擁有的抵押物的價值。

美國影子銀行的期限轉換發生在貨幣市場，具有典型的貨幣創造功能。影子銀行機構利用資產擔保證券管道機制、資產擔保商業本票市場、回購工具，向貨幣市場基金等機構進行超短期和短期融資，經歷冗長的衍生品鏈條後，最終將資金投資於期限長於負債的信貸。影子銀行體系的期限轉換功能也創造了多重貨幣要求權——各類貨幣市場工具，如資產擔保商業本票、貨幣市場基金，而這些是典型的準貨幣。

是否具有期限轉換職能是影子銀行的主要判斷標準之一。中國許多非銀行金融機構的融資方式介於直接融資和間接融資之間，其運行模式通常是：向投資者發行一種貨幣要求權（信託、基金、理財產品）＋發放貸款，即短期要求權＋中長期貸款。它們的融資方式往往不是債務合約，而是一種包含貨幣要求權的金融市場工具、證券等，資產則是間接融資市場的信貸等。從其融資和投資期限及獲利模式上來看，資產端的長期信貸要求影子銀行必須具備期限轉換功能。因此，從本質上講，「短期要求權＋中長期貸款」的非銀行金融機構便具備了影子銀行的潛質。

▼流動性轉換

流動性轉換是商業銀行得第二個核心功能，與期限轉換是同一個過程，強調商業銀行將存款人不流動的資金轉換為隨時可以提取的富有流動性的活期存款，同時將這些富有流動性的短期負債再次轉換為流動性較差的長期資產，從而兩次改變資產的流動性狀態。已開發國家的歷史表明，愈來愈多的商業銀行早在「脫媒」（去中介化）現象開始之際，就不再被動依賴儲蓄存款，而是轉向貨幣市場融資。商業銀行新型流動性轉換的載體變成金融理財產品、貨幣市場基金等存款的替代品，但流動性轉換過程則沒有本質上的差別。在中國，諸多非銀行金融機構也在利用同樣的模式實現流動性轉換。

流動性轉換是一個創造信用、創造流動性的過程；同時，也是一個承擔流動性風險的過程，因此伴隨一定的流動性風險和升水收益。[15]流動性風險即存款人可能隨時提取存款，從而使商業銀行面

[15] 周莉萍（二〇一二）。《銀行家》（*The Banker*），〈商業銀行核心功能的非銀行化及其影響〉。英國：《銀行家》雜誌，第十期。

臨不能及時兌現的風險。流動性風險的升水收益俗稱「利差」，是金融中介存在的基本理由之一，也是商業銀行最初的盈利來源。期限轉換和流動性轉換則是創造信用的基本過程，也是判斷信用中介的主要標準。

▼高槓桿

高槓桿的本質是高負債、高度的信用創造。槓桿來源於淨負債，期限轉換和流動性轉換過程的不斷反覆，推高了槓桿。實踐中，在自有資本一定的條件下，負債規模的增加（隱性負債、或有負債、信用增級、抵押／質押品價值的高估）、負債方式的創新（回購、再抵押融資、信貸資產轉移鏈條的延長）等都會形成高槓桿倍數。美國影子銀行體系的高槓桿，包含表內槓桿（從一級交易商或回購方式獲得的抵押融資），和表外槓桿（衍生品中嵌入的複合槓桿）。無論是商業銀行還是影子銀行，高槓桿狀態都意味著某個時間段的資不抵債，同時也就意味著風險。

高槓桿直接造成了信用膨脹，具有明顯的順週期性——能以小博大，拉動資產價格狂漲，也能將輕微的外部衝擊變成一次嚴重的金融危機。高槓桿推高資產價格時，債務人可以從中獲利並抵補債務利息；反過來，資產價格下降時，無法償還的本金和利息將為債務人帶來災難性後果。

▼不完善的信用風險轉移

信用風險轉移是一種風險管理方式。在已開發國家，信用風險轉移主要指商業銀行利用擔保債權憑證、信用違約互換交易等金融市場的信用轉換工具，轉移信用風險。信用風險被轉移並不意味著消失。

信用風險的消失主要出現在兩種情況下：一是債務人最終不違約，資金順利回流；二是承接信用風險的最後交易對手，能完全吸納可能的違約損失；也就是說，任何中轉過程中的信用風險轉移，都不意味著風險的消失，這點是很重要的。金融穩定委員會的解釋是，商業銀行或影子銀行的信用風險轉移一般對應著其他風險的產生；比如，當商業銀行購買信用違約交換（**credit default swap, CDS**）進行信用增級時，它將會面臨新的對手方風險，信用風險轉移不但沒有完全實現，還會產生其他風險。這種信用轉換、信用增級過程並未消除信用風險，反而可能產生新的風險的信用風險轉移，屬於不完善的信用風險轉移，金融穩定委員會將其視為系統性風險的另外一個來源。

在中國，商業銀行和類銀行機構目前主要的信用風險轉移方式是，信貸資產轉讓和非正式的資產證券化，企業的信用風險轉移方式包括融資擔保和信貸資產轉讓。這些信用風險轉移方式均在成長和規範中，有極大的市場需求，但信貸資產的交易對手方不一定都有承受違約風險的能力。

期限轉換、流動性轉換、高槓桿和不完善的信用風險轉移是引發系統性風險的主要原因，但這並不意味著一定會引發系統性風險，很多時候，合理的監管和風險防範可以避免系統性風險的爆發。因此，具有以上四個特徵的信用中介並不一定屬於影子銀行，關鍵在於是否處於監管之下，能否引發系統性風險和監管套利。此外，以上四個特徵並不需要同時具備，只要具有一個及以上可能引發系統性風險的特徵，就有可能是影子銀行，因此需要根據第三個步驟進一步作判斷。

步驟三　是否引發系統性風險

期限轉換、流動性轉換、高槓桿和不完善的信用風險轉移都是系統性風險產生的潛在途徑。期限轉換、流動性轉換是信用中介的核心功能和判斷標準，具有高槓桿和不完善的信用風險轉移特徵的非銀行信用中介則更容易產生風險。因此，監管關注的重點應該是可能產生系統性風險的非銀行信用中介，也只有那些具備上述四個特點（具備一個及以上）並會產生系統性風險的類銀行金融機構或活動（非銀行信用中介），才是真正意義上的影子銀行（狹義的影子銀行）。而之所以會引發系統性風險，很重要的原因是其游離於監管體系之外，或對其監管程度不夠，因此，判斷某機構或業務是否屬於影子銀行時，必須綜合考慮監管程度和系統性風險問題。

綜上所述，只有經過以上三個步驟的檢驗，符合所有條件的才屬於影子銀行（見圖一），上述步驟表面上看是

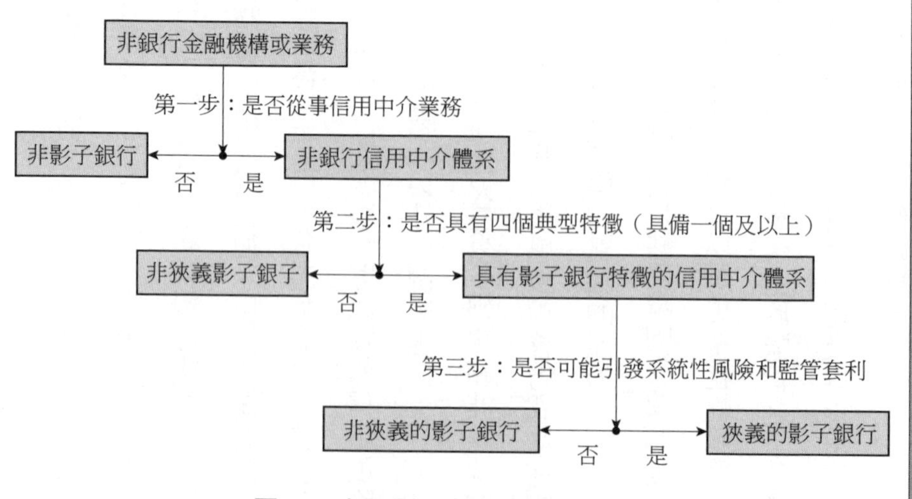

圖一　中國影子銀行的認定步驟

逐層遞進的，具體判斷時則往往需要相互結合、相互印證。本書第三章至第五章將根據以上步驟對廣義影子銀行體系逐一進行檢驗，藉以判斷中國目前的狹義影子銀行體系及其規模。

中國廣義影子銀行體系分析

由國外影子銀行產生與發展的歷程可以看出，其產生與發展是與整個社會金融市場的發展和金融產品的創新緊密相連的。中國的金融市場起步較晚，特別是金融衍生品市場近些年才逐步發展起來，與此相應，影子銀行在中國的起步也較晚，整體上看，中國的影子銀行發展較為分散，散見於不同的機構和業務中。

主要的表現形式

由本書第一章的論述可知，國外理論界認為，影子銀行實際上並不是一個單一主體，而是多個金融中介透過金融市場連接構成的業務鏈條，是一個金融市場和金融中介的交叉領域，其核心是從事信用產品業務。與之相應，中國廣義影子銀行從事的也主要是信用活動，其運作流程通常是：社會資金—泛資管產品—自己運用，透過這一鏈條實現信用創造、轉換和融通資金的目的。從事這種信用活動的機構主要有信託公司、證券公司、保險公司、小額貸款公司、消費金融公司、金融租賃公司、汽車金融公司、企業集團財務公司、貨幣經紀公司、典當行等，所涉及的業務類型包括銀行理財業務、信託理財業務、證券理財業務、基金理財業務、保險理財業務、資產證券化業務、貨幣市場基金和回購業務等。所有這些機構和業務基本上都屬於廣義的影子銀行，但是這些非銀行信用中介並非都會引發系統性風險，有些是在銀監會的監管之下，依照法律規定運行的。此外，許多非銀行信用中介涉及不同的業務類型，或許其中有某些業務類型有可能會引發系統性風險，卻並不代表這類金融機構會引發系統性風險。（如表一）

也就是說，廣義影子銀行體系是否屬於真正意義上的影子銀行，或者說它們的哪些業務屬於狹義影子銀行，仍然需要根據前面所提出的標準進行判斷，即結合它們是否具備期限轉換、流動性轉換、高槓桿、信用風險轉移四個特徵（具備一個及以上），並且是否會引發系統性風險進行判斷。而這絕對是一項龐大的工程，因此，現行的信用中介機構和業務是否屬於狹義的影子銀行，將於第三章至第五章進行研究和判斷，在這裡不進行說明。

影子銀行會對中國的宏觀經濟、貨幣政策以及整個金融市場體

表一　中國廣義影子銀行體系包含的機構和業務

「三會」分業監管、分業經營框架下的機構和業務	各部委和地方政府監管的類金融機構	當前不受監管的機構和業務	金融市場新型的影子銀行業務
銀行理財業務 信託理財業務 證券理財業務 基金理財業務 保險理財業務 金融公司業務 第三方支付結算公司保理業務	典當公司 擔保公司 融資租賃公司 私募股權公司 小額貸款公司 金融資產交易所	新型網路金融公司 民間融資 第三方理財機構	資產證券化 融券業務和回購業務 貨幣市場基金

系產生什麼樣的影響，筆者會在第六章進行探討，並且是採用廣義的影子銀行的概念，從風險觀的視角進行分析，這一方面是基於資料統計便捷性和準確性的考慮，另一方面則是基於最大限度地控制風險並維護金融市場穩定性的審慎考慮。

從上述分析可以看出，影子銀行並非某一類機構，往往是某些機構的某一類業務，甚至是某一類業務中屬於典型的信用中介活動的部分。因此，從存量的角度統計分析影子銀行體系通常會存在很大的誤差。

統計規模上的問題

在某個時間點上，影子銀行機構的資產負債表能反映其資產負債的基本概況，但卻根本不能準確顯示其從事的信用活動，究竟創造了多大的規模。如果統計年末影子銀行體系的存量，必須有非常詳細的調研和統計分析，保證能夠獲得核心結構性資料。從研究的意義來看，影子銀行活動規模適合用增量概念作為統計監測。增量可以顯示出某一段時期內全社會新增的中長期信貸（含合法與不合法的）中有多少來自影子銀行體系，能較為準確地反映影子銀行體系的真實活動概況和金融體系運行的結構。

無論是存量還是流量，都可以按另外一種維度進行統計，即資金從哪裡來、資金到哪裡去是兩種可能的統計思路：第一，從金融中介負債資金角度直接統計：分析金融市場中，能代替商業銀行吸收存款、並投向中長期信貸資產的短期融資工具和活動規模；第二，從金融中介資產角度間接統計：分析全社會中長期債權性投資中，扣除外幣貸款、扣除商業銀行中長期人民幣貸款、扣除委託貸款、扣除企業發行的符合規定的債券和票據等，剩餘的中長期債權資產總額。

直接的規模統計比較困難，原因在於：首先，很多非銀行金融機構吸收存款的資料沒有顯示在資產負債表內，所以很難統計；其次是，部分銀監會監管範圍之內的業務和機構已經受到了更加嚴格的監管，性質有所轉變，期限轉換等特徵成為偶發現象，並非常態，故難以準確統計和定性，例如商業銀行理財產品。一對一的建帳（即應用帳簿）⑯直接消除整體的期限轉換、流動性轉換功能，個別理財產品透過市場發行投資於長期債務項目的行為也在一定的監控範圍之內，故基於原有模式的期限轉換活動已經得到控制。

間接的規模統計能夠大致說明總體的規模。影子銀行體系用銀行之外的資金最終投入中長期信貸資產。社會融資規模沒有包含民間貸款資料，包括了所有合法符合規定的信用中介的總信貸資產資料，但沒有具體的結構性增量資料。透過觀察社會融資規模的一部分和民間貸款的間接統計，可以監測中國的影子銀行活動。

當前，許多學者或機構是從企業角度來以認定某幾類機構，或者活動的總規模，作為影子銀行體系規模的判斷，只是這種存量統計結果，呈現了影子銀行活動的機構的總規模，明顯存在虛張和誇大的成分，並未能反映影子銀行體系的實際活動。這種統計的分析物件實際上是廣義的影子銀行的規模，而不是能夠引發系統性風險的狹義的影子銀行。

規模分析

▼社會融資規模統計報告分析

社會融資規模是全面反映金融與經濟關係，以及金融對實體經濟資金支援的總量指標。**社會融資規模**是指一定時期內實體經濟從金融體系獲得的資金總額。這裡的金融體系是整體金融的概念。從機構看，包括銀行、證券、保險等金融機構；從市場看，包括信貸市場、債券市場、股票市場、保險市場及中間業務市場等。具體看，社會融資規模主要包括人民幣貸款、外幣貸款、委託貸款、信託貸款、未貼現的銀行承兌匯票、企業債券，非金融企業境內股票融資、保險公司賠償、投資性房地產和其他金融工具融資十項指標。⓱

經過統計，二〇一三年上半年社會融資規模為一〇・一五萬億元，比上年同期多二・三八萬億元。其中，上半年人民幣貸款增加五・〇八萬億元，同比多增加了二千二百一十七億元；外幣貸款

⓰新建單位和原有單位在年度開始時，會計人員均應根據核算工作的需要設置應用帳簿，此即所謂的「建帳」。

⓱參見中國人民銀行調查統計司（二〇一四）。「社會融資規模構成指標的說明」，見http://www.pbc.gov.cn/image_public/UserFiles/diaochatongjisi/upload/File/%E7%A4%BE%E4%BC%9A%E8%9E%8D%E8%B5%84%E8%A7%84%E6%A8%A1%E6%9E%84%E6%88%90%E6%8C%87%E6%A0%87%E7%9A%84%E8%AF%B4%E6%98%8E%EF%BC%88201 4%EF%BC%89.pdf，檢索日期：二〇一四年十月九日。

折合人民幣增加五千七百九十一億元，同比多增加了三千零二十六億元；委託貸款增加一．一一萬億元，同比多增加了六千二百九十一億元；信託貸款增加一．二三萬億元，同比多增加了八千九百五十億元；未貼現的銀行承兌匯票增加五千一百六十四億元，同比則少增了九百三十二億元；企業債券淨融資一．二二萬億元，同比多增加了三千九百六十五億元；非金融企業境內股票融資一千二百四十八億元，同比少了二百四十七億元。六月份社會融資規模為一．○四萬億元，比上年同期少了七千四百二十七億元。（如表二）。[18]

從結構上看，上半年人民幣貸款占同期社會融資規模的百分之五十．○一，同比低十二．四個百分點；外幣貸款占比百分之五．七，同比高二．一個百分點；委託貸款占比百分之

表二　二○一三年上半年社會融資規模統計　　單位：億元

項目＼時間	2013.01	2013.02	2013.03	2013.04	2013.05	2013.06	合計	占比
社會融資規模	25,446	10,704	25,502	17,624	11,860	10,375	101,511	100.00%
人民幣貸款	10,721	6,200	10,625	7,923	6,694	8,605	50,768	50.01%
外幣貸款	1,795	1,149	1,509	847	357	133	5,791	5.70%
委託貸款	2,061	1,426	1,748	1,926	1,967	1,990	11,118	10.95%
信託貸款	2,108	1,825	4,312	1,942	971	1,162	12,319	12.14%
未貼現銀行承兌匯票	5,798	-1,823	2,731	2,218	-1,141	-2,620	5,164	5.09%
企業債券	2,248	1,453	3,869	2,033	2,219	410	12,234	12.05%
非金融企業境內股票融資	244	165	208	274	231	126	1,248	1.23%

說明：社會融資規模主要涉及十項指標，此表僅列舉其中七項，故表中所列數值之和，相較於社會融資規模的數值而言偏小。

資料來源：中國人民銀行調查統計司（2014）。「二○一三年上半年社會融資規模統計資料報告」，見http://www.pbc.gov.cn/publish/html/kuangjia.htm?id=2013s18.htm，檢索日期：二○一四年十月九日。

十．九五，同比高四．八個百分點；信託貸款占比百分之十二．一四，同比高七．八個百分點；未貼現的銀行承兌匯票占比百分之五．〇九，同比低二．七個百分點；企業債券占比百分之十二．〇五，同比高一．五個百分點；非金融企業境內股票融資占比百分之一．二三，同比低〇．七個百分點。⑲

由**表三**和**圖二**可以看出，二〇〇二年除人民幣貸款外的其他融資占比很小，當年人民幣貸款占社會融資規模的百分之九十一．九，其他融資占比僅為百分之八．一，統計社會融資規模的意義不大。但是到了二〇一〇年，情況就完全不同了，人民幣貸款占社會融資規模的比重下降至百分之六十以下，而且，隨著金融創新快速發展，二〇一二年，人民幣貸款占社會融資的比重更是下降到百分之五十二。因此，為了提高金融調控的有效性，必須同時關注人民幣貸款和其他方式的融資。

▼與社會融資規模相關的數據分析

為了更直觀地理解社會上資金的供給與需求問題，下面針對二〇一〇年以來地方政府融資平台規模、銀行理財、信託規模、社會融資規模和人民幣貸款餘額進行比較分析（如**表四**）。

由**圖三**可以看出，二〇一〇至二〇一二年，社會融資規模和地方政府融資平台餘額持續上升，

⑱⑲ 中國人民銀行調查統計司（二〇一四）。「二〇一三年上半年社會融資規模統計資料報告」，見 http://www.pbc.gov.cn/publish/html/kuangjia.htm?id=2013s18.htm，檢索日期：二〇一四年十月九日。

表三　二〇〇二年以來社會融資規模年度資料及結構

單位：億元

年份	社會融資規模	人民幣貸款	外幣貸款（折合人民幣）	委託貸款	信託貸款	未貼現的銀行承兌匯票	企業債券	非金融企業境內股票融資
	合計部分							
2002	20,112	18,475	731	175	--	-695	367	628
2003	34,113	27,652	2,285	601	--	2,010	499	559
2004	28,629	22,673	1,381	3,118	--	-290	467	673
2005	30,008	23,544	1,415	1,961	--	24	2,010	339
2006	42,696	31,523	1,459	2,695	825	1,500	2,310	1,536
2007	59,663	36,323	3,864	3,371	1,702	6,701	2,284	4,333
2008	69,802	49,041	1,947	4,262	3,144	1,064	5,523	3,324
2009	139,104	95,942	9,265	6,780	4,364	4,606	12,367	3,350
2010	140,191	79,451	4,855	8,748	3,865	23,346	11,063	5,786
2011	128,286	74,715	5,712	12,962	2,034	10,271	13,658	4,377
2012	157,631	82,038	9,163	12,838	12,845	10,498	22,551	2,508
	占比部分（%）							
2002	100	91.9	3.6	0.9	--	-3.5	1.8	3.1
2003	100	81.1	6.7	1.8	--	5.9	1.5	1.6
2004	100	79.2	4.8	10.9	--	-1.0	1.6	2.4
2005	100	78.5	4.7	6.5	--	0.1	6.7	1.1
2006	100	73.8	3.4	6.3	1.9	3.5	5.4	3.6
2007	100	60.9	6.5	5.7	2.9	11.2	3.8	7.3
2008	100	70.3	2.8	6.1	4.5	1.5	7.9	4.8
2009	100	69.0	6.7	4.9	3.1	3.3	8.9	2.4
2010	100	56.7	3.5	6.2	2.8	16.7	7.9	4.1
2011	100	58.2	4.5	10.1	1.6	8.0	10.6	3.4
2012	100	52.0	5.81	8.14	8.15	6.66	14.31	1.59

說明：同表二。
資料來源：同表二。

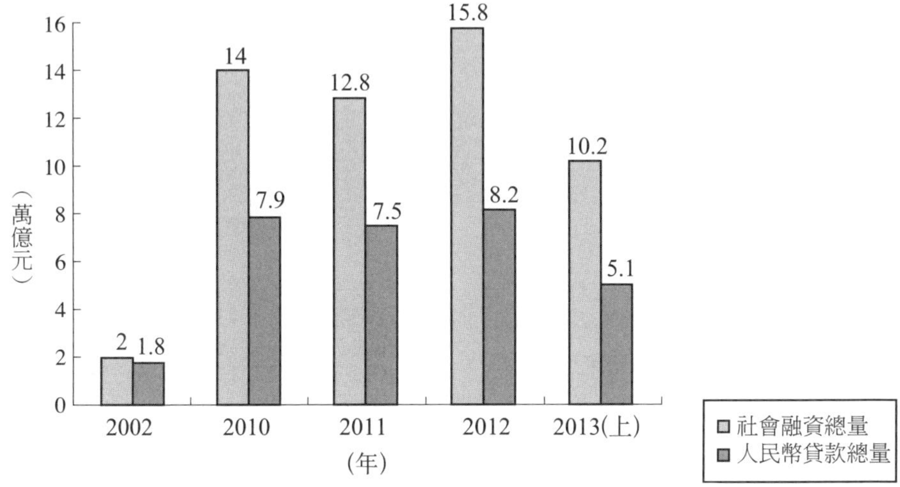

圖二　社會融資總量與人民幣貸款總量對比

表四　地方政府融資平台規模、銀行理財、信託規模、社會融資規模和人民幣貸款餘額比較

單位：萬億元

項目 ＼ 年	2010	2011	2012	2013（上半年）
地方政府融資平台規模	7.77	10.3	11.4	9.2
銀行理財	1.7	4.58	7.12	9.08
信託規模	3.04	4.81	7.47	9.45
社會融資	14.02	12.83	15.76	10.15
人民幣貸款餘額	7.9	7.5	8.2	5.1

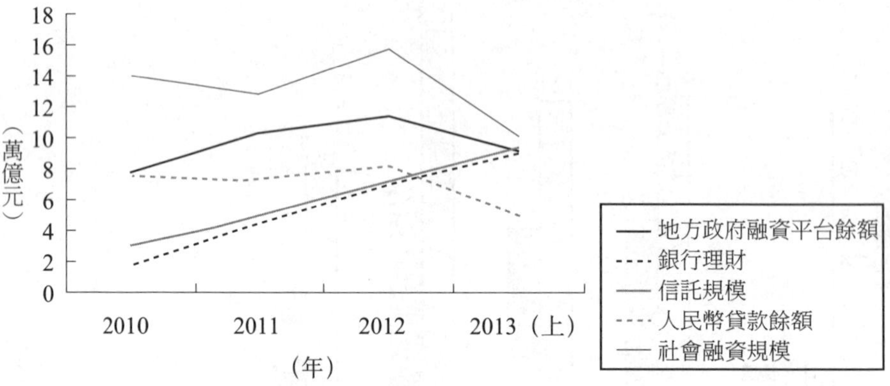

圖三　地方政府融資平台規模、銀行理財、信託規模、社會融資規模和人民幣貸款餘額比較

但是人民幣貸款餘額增長緩慢，銀行理財和信託規模卻快速增長。這顯示了，銀行理財和信託貸款在整個社會融資中占的比重逐漸增加，而人民幣貸款所占比重有所降低。

廣義影子銀行規模與GDP規模對比分析

如上文所描述，廣義的影子銀行包括三會監管的金融機構和業務、各部委和地方政府監管的類金融機構和不受監管的機構，嚴格來說，統計廣義影子銀行的規模也應以所有這些機構和業務總量為準。鑒於部分機構和業務的規模沒有準確的資料，並且大部分業務規模很小，故以銀行理財、信託資產規模、證券資管規模、基金規模、保險資產規模為代表統計二〇一〇年以來廣義影子銀行的規模（見**表五**）。

由**圖四**可以看出，從二〇一〇年開始，廣義影子銀行規模呈逐年上升趨勢，二〇一〇年為十二・三一萬

表五　二〇一〇至二〇一三年廣義影子銀行規模與GDP規模　　單位：萬億元

項目＼年	2010	2011	2012	2013（上半年）
銀行理財	1.7	4.58	7.12	9.08
信託資產	3.04	4.81	7.47	9.45
證券資管	--	0.28	1.89	3.42
基金	2.52	2.19	3.62	3.48
保險資產	5.05	6.01	7.35	7.88
總規模（影子銀行規模）	12.31	17.87	27.45	33.31
GDP	40.2	47.2	51.9	24.8
廣義影子銀行規模占GDP比例	30.6%	37.9%	52.9%	--

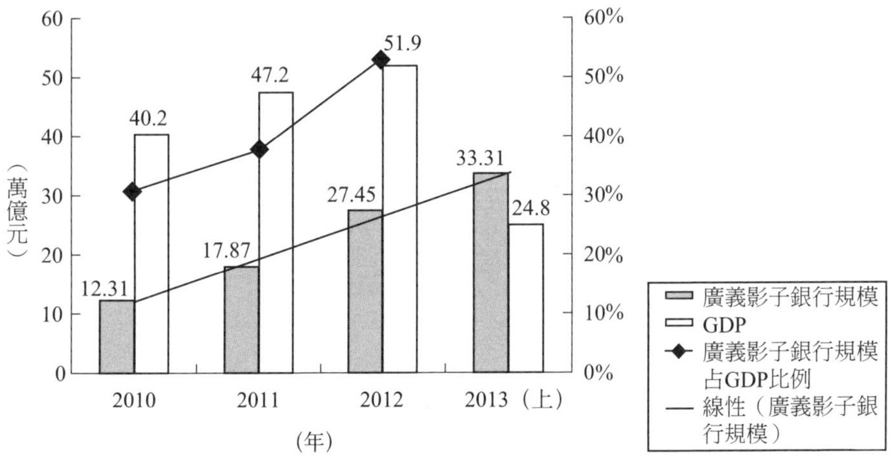

圖四　廣義影子銀行規模與GDP規模對比

億，到二〇一二年達到二十七．四五萬億，較上年增長了百分之五十四。廣義影子銀行規模占GDP的比例也逐年增高，二〇一〇年為百分之三十．六，二〇一一年上升到百分之三十七．九，二〇一二年則達到百分之五十二．九。截至二〇一三年六月底，廣義影子銀行的規模達到了三十三．三一萬億。特別值得一提的是，廣義影子銀行的規模與狹義影子銀行的規模並沒有必然的聯繫，且廣義的影子銀行並非都會引發系統性風險和監管套利，目前的銀行理財產品、信託產品等大多在銀監會的監管之下，不屬於狹義的影子銀行。因此，廣義影子銀行的規模持續增大對中國的宏觀經濟和整個金融市場的穩定並不會產生必然的影響。[20]

值得注意的是，即使根據廣義影子銀行的規模來計算影子銀行占GDP的比例，該資料較實際的影子銀行規模仍然是明顯偏大的。因為，廣義影子銀行的分類細項存在著交叉持有的問題，例如銀行理財產品便持有信託類產品和證券公司資管類產品等（如圖五）。

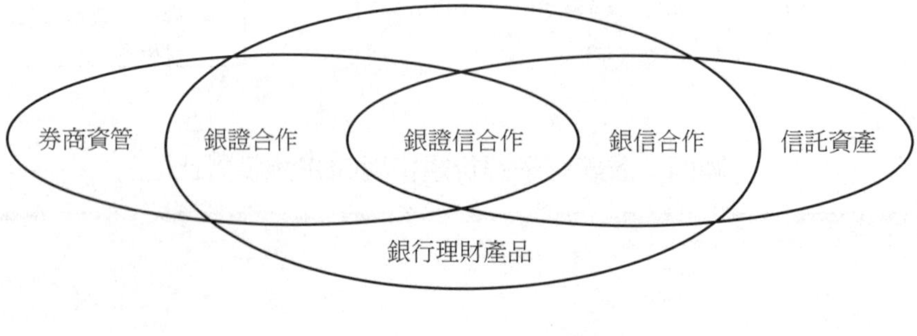

圖五　交叉持有示意圖

廣義的影子銀行與傳統商業銀行間的關係

總體來看，中國的影子銀行體系與商業銀行既存在競爭替代關係，也存在著互補關係。替代性體現在作為銀行體系之外的替代性信貸融資方式，因為影子銀行體系青睞優質客戶，自然期望能分得一杯羹。互補性則體現在一旦影子銀行沒有強大的競爭能力時，更偏好銀行不能顧及（宏觀調控導向之外的）或銀行不願顧及（監測成本高、風險高）的企業，而與商業銀行互補，共同提高了全社會融資效率。

中國的影子銀行和商業銀行更加突出的第三層關係是，二者還存在合作互利關係。這一點主要體現在銀行與其他非銀行金融機構的合作上，銀行以後者作為通道，實現銀行表外放貸。這種合作的管道被很多人稱之為「通道業務」、過橋模式。銀行是主要的投融資主體，其他機構作為通道收取過橋費用，典型的合作方式包括：銀信合作、銀證合作、銀證信合作等。商業銀行主動的「脫媒」至少可以說明以下幾點：第一、商業銀行不滿足於資產負債表內的業務，而有表外擴張、監管套利的衝動；第二、商業銀行是影子銀行體系的重要資金來源管道，有學者稱之為「銀行的影子」；第三、整個金融體系的部分信貸風險、流動性風險等往往被隱匿，一旦爆發，最終必將傳染至銀行表內，屆時中央銀行會處於兩難境地。

⑳本書第六章將針對廣義影子銀行對宏觀經濟和金融體系的影響，進行深入的研究，故在這裡不加以論述。

中國廣義影子銀行的發展動因、作用及其影響

廣義影子銀行的發展動因

從金融體制來看，無論從體制內的弊端還是金融發展的外在需求而言，影子銀行體系在中國的發展都具有其必然性。

▼從金融體制看

首先，我們從金融體制自身來看，一方面，要保持經濟快速增長，需要多層次的金融服務體系和積極的金融創新工具，非銀行金融機構信貸是商業銀行信貸的有益補充，需要鼓勵。另一方面，中國金融體系的市場化程度在漸進式地提高，為了保證貨幣與金融的穩定，金融監管政策必須依據中國的國情，進行即時控制信貸總量、貨幣供應量和體制內的資金價格，而不選擇一次性的完全放開。由此，金融監管既要鼓勵各類影子銀行業務保持增長，又要嚴格控制正規信貸體系以保持金融穩定。受約束的商業銀行體系之外必然會滋生影子銀行體系。可見，影子銀行體系的產生和發展沒有「原罪」，是內生於中國金融體系改革之中的。

其次，我們從金融發展角度來看，中國的商業銀行特許權價值依然很高，獲利成本低。與此同

時，由於制度約束原因和內在成因，非銀行金融機構的主營業務發展相對緩慢，或者說，有些機構根本沒有發揮其本應發揮的功能。隨著中國的金融體系開始脫媒，進入資產管理時代，該行業的利潤空間非常大。在分業經營法律制度框架不明晰的情況下，非銀行金融機構被默許了提高金融創新能力，進軍資產管理產業。由於沒有異質的主營業務支撐，資產管理產業的資產出現同質化。在股權交易深度、廣度不夠，且市場非常不發達的情況下，非銀行金融機構吸收了從銀行體制框架下脫媒的資金，這些幾乎都直接或間接地進入了債務市場中的信貸市場，分享著中國經濟發展所帶來的紅利。

▼從需求和供給角度看

從需求和供給角度分析，影子銀行的出現同時滿足了需求方與供給方的利益訴求。

首先，我們從需求的角度來看，中國影子銀行的出現主要是商業銀行受到存款利率管制，投資者追求具有較高收益率的投資產品所導致的。**表六**列出了中國存款利率市場化的目前進展，當前採取的是逐步放開波動區間的方式。對存款的規定是上限不能超過存款基準利率的一．一倍。但是，由於中國的存款基準利率遠遠低於市場均衡利率，因此，上調的浮動區間只會導致一浮到頂，無法滿足投資者的需求（如**表七**）。

表六　存款利率市場化步驟

時間	步驟
至2004年10月	下限開放；上限為存款基準利率
至2012年6月	上限調整為存款基準利率的1.1倍

表七　各銀行基準利率上浮倍數

類型	期限	基準利率	工農中建交	招商銀行	光大銀行	南京銀行	
						1萬元以下	1萬元以上
活期存款		0.35	1	1.1	1.1	1	1
定期存款	三個月	2.60	1.1	1.1	1.1	1	1.1
	半年	2.80	1.09	1.1	1.1	1	1.1
	一年	3.00	1.08	1.1	1.1	1	1.1
	兩年	3.75	1	1.1	1.1	1	1.1
	三年	4.25	1	1	1	1（＜20萬元）	1.1（≧20萬元）
	五年	4.75	1	1	1	1（＜30萬元）	1.1（≧30萬元）

資料來源：各銀行網站。

針對客戶投資於高收益產品的需求，各銀行開發了大量理財產品。相對於傳統的存款，其收益率沒有上限。因此，近年來理財產品相對於傳統的存款專案更受投資者的青睞。從這個意義上講，中國的商業銀行理財產品就成了影子銀行在融資端的選擇之一。貨幣市場基金的發展動力與理財產品的出現也是類似的，從而也成了影子銀行在融資端的重要選擇。

其次，我們從供給的角度來看，中國影子銀行的出現主要是來自中央銀行的信貸規模管制，和銀監會的貸存比考核與資本充足率的要求。雖然當前中國在貸款方面也有一定的管制表，但是這種管制基本上已經不會產生實際效用。中國商業銀行的貸款定價在二〇〇三年後一直較為分散，貸款利率下調的比例並不高，在二〇一三年第一季度，僅有百分之十一．四的貸款利率下調。而如果管制是發揮實際作用的，則會有大量貸款均出現利率下調。從這個角度看，中國貸款利率的管制對於商業銀行的貸款行為影響並不大（如**表八**）。

對於當前商業銀行貸款行為影響較大的是各種數量型管

表八　貸款利率市場化步驟

時間	步驟
2004年1月	上限調整為貸款基準利率×1.7；下限調整為貸款基準利率×0.9。
2004年10月	上限放開；下限調整為貸款基準利率×0.9。
2008年10月	個人住房抵押貸款利率下限由基準利率×0.85調整為基準利率×0.7。
2012年6月	下限調整為貸款基準利率×0.8。
2012年7月	下限調整為貸款基準利率×0.7。
2013年7月	取消貸款利率下限。

制，例如信貸規模管制、貸存比考核和資本充足率要求。這意味著，為了規避上述數量型管制，銀行需要將正常的貸款轉化為不受管制的品種。例如，商業銀行發行短期理財產品，投資於長期的信託計畫或券商資管等非金融機構的金融產品，透過這些非金融機構的通道業務進行貸款發放，這些貸款可以投資於基礎設施建設、房地產開發和消費者的日常消費等。由於理財產品的期限與上述金融產品的期限不同，就產生了期限錯配。同時，商業銀行和上述非銀行金融機構的盡職調查和隱性擔保，完成了一定意義上的信用風險轉移。這一業務鏈條就成了中國目前主流的廣義影子銀行業務。當然，為了規避監管，這個業務鏈條會不斷地發生變化，比如，理財產品可以直接購買券商的資產管理業務，再透過後者購買信託計畫等。

廣義影子銀行的正面作用

影子銀行體系作為一種跨越直接融資和間接融資的新型態金融運作方式，本身是中性的，但也是一把「雙刃劍」，它既具有促進實體經濟和金融體系發展的正面積極作用，也蘊含了風險。其正面作用主要體現在：

1.開闢了多元化的人民和企業投資管道：大部分影子銀行機構的負債端都是一種風險和收益均高於存款的金融市場產品、工具，是一種貨幣要求權（多為信託、委託、債權債務等性質），這些財富管理工具當初設立發展的背景和初衷，主要是適應平民理財的需求而興起，作為豐富人民和企業的投資管道，以多種特徵、多種層次、多種方式的金融服務產品，來滿足人民和企業的投資需求。全球金融發展的事實證明，這種趨勢只會走得更遠，而不會因為風險而回到之前的單一存款的財富管理時代。

2.提高金融體系融資效率，惠及中小企業：中小企業屬於不被商業銀行重點顧及和青睞的領域，小額貸款公司、典當行、民間借貸等非典型的金融機構都能從不同的角度，補充這些中小企業的資金缺口。然而，小額貸款公司、典當行在當初設立時，就被定位為「不能吸收存款」的貸款機構，並為控制風險而限制其規模。超範圍經營的動力來自龐大的市場融資需求和較高的融資價格，部分中小企業確實會為了謀求生存和發展，而向這些影子銀行體系尋求融資。

3.表外競爭，推動商業銀行轉型創新：中國的商業銀行雖然在金融體系中占據主導地位，但也無法逃脫低存款利率的制約，面臨脫媒的挑戰。憑藉壟斷性的吸收存款的優勢，國內商業銀行選擇主動脫媒，方式就是金融創新，既包括產品創新，也包括通道創新、機制創新。

4.昭示中國金融體系的內在缺陷及點出未來應完善的方向：影子銀行體系在某些階段的負面作用是超越正面作用的，例如瘋狂推高資金價格，而這些高昂的資金價格並不是中小企業所能承受的，這樣的影子銀行體系根本不具備可持續發展性，而有走向龐氏騙局的危險。中國影子銀行的本質依然是間接融資，因為投資主體是金融中介而非投資者本身，體現的依然是金融中介的信用。企業自身的信用沒有被金融市場充分發掘而推向市場，投資者有資格直接或間接投資的、依託企業信用的直接融資工具（債券、票據）規模有限。這種格局顯示了在中國的金融體系中，直接融資，尤其是企業債券市場仍不夠發達，是中國未來需要著力的發展方向。

廣義影子銀行的負面影響

中國影子銀行體系的負債端已經脫離商業銀行等正規金融體系，以金融創新的方式——各類理財產品獲取市場化融資；但其資產端並未實現市場化，而是以原始信貸方式搶奪商業銀行未進入的主營業務。這種長期博弈的後果就是信貸市場的高度競爭與無序擴張。高度競爭能帶來貸款價格的低廉化，增加社會福利。但無序擴張的後果就主要是負面的了。誰貸款的門檻低就向誰借款，最終會推動個別行業的資產價格泡沫、債務滾雪球式發展，滋生風險將是不爭的事實。

從宏觀角度來看，中國影子銀行體系逃避宏觀調控，間接將資金投向國家宏觀調控不鼓勵的經濟領域，如「兩高一剩」行業，支持出現資產價格泡沫的企業進一步吹大泡沫，支援產能過剩應該倒閉的企業繼續維持等，這種負面支援產生的是體制性風險，不僅無法優化經濟結構，反而使其惡化。

從影子銀行機構和業務本身的風險來看，由於只是簡單複製銀行業務，中國的影子銀行與商業銀行有相同的風險，即期限錯配風險和流動性風險，如果游離於監管之外則會使後者的風險更加明顯。除此之外，中國的影子銀行體系存在的主要風險還包括流動性風險、法律風險、系統性風險等。具體分析如下：

1.**期限錯配風險**：發展實體經濟需要大量長期資金，當前影子銀行體系運營的信用大部分是短期信用，所以它必然產生期限錯配風險，這是整個間接融資體系長期存在的問題。

2.**流動性風險**：影子銀行體系現有的籌資途徑及其快速的營運模式，有可能引發市場藉由組建新的影子銀行，籌資去「還」舊影子銀行的債務，形成了龐氏騙局，引發流動性風險。

3.**法律風險**：影子銀行體系的一些合作協定透過商業銀行平台簽訂，在商業銀行櫃檯出售。從法律條款來看，銀行無須承擔任何責任。一旦出現問題，投資者將投訴無門，產生法律風險。

4.**系統性風險**：與西方國家相比，中國的影子銀行體系發展更為隱秘，既得不到中央銀行的監測，也得不到最後貸款人的及時救助。這使得系統性風險成為可能。

依照前文的定義，非銀行信用中介屬於廣義的影子銀行，而它在實踐中表現為廣泛存在的類銀行機構和業務。這些類銀行機構和業務是否屬於狹義上的影子銀行，需要根據對狹義影子銀行的判斷標準來分別進行判定。由於廣義影子銀行體系包含的機構和業務非常廣泛，為了論述和研究的方便，本書擬根據是否受監管和監管部門的不同，對這些機構與業務進行簡單的分類，主要包括：

「三會」分業監管、分業經營框架下的機構和業務；各部委和地方政府監管的類金融機構；當前不受監管的機構和業務，以及金融市場上新興的類銀行業務。而且這些問題將在第三、四、五章分別進行論述。

CHAPTER 3
「三會」監管下的金融產業

目前，中國實行「分業經營、分業監管」的金融體制，證監會、銀監會和保監會監管的非銀行金融機構與業務包括：銀行理財業務、信託理財業務、證券理財業務、基金理財業務、保險理財業務，以及金融公司（財務公司、金融租賃公司、汽車金融公司和消費金融公司）業務。

銀行理財業務

理財業務，是指銀行在向客戶提供理財顧問服務的基礎上，接受客戶委託和授權，按照與客戶約定的投資計畫和方式進行投資與資產管理的業務活動。國外通常將理財業務稱為「資產管理或財富管理」，歷史上可以追溯到十八世紀，但真正興起並成為銀行的一項主營業務，則始於二十世紀九〇年代。

在中國，銀行理財業務雛形出現於二〇〇二年，以渣打銀行、荷蘭銀行、花旗銀行等為代表的外資銀行陸續發行了結構性理財產品。由於外資銀行發行的理財產品收益率高於同期存款利率且風險相對可控，吸引了大量優質客戶，對國內銀行形成了競爭壓力。為因應外資銀行的競爭，國內銀行開始將其作為參照樣本，逐步推出理財產品，擴大產品行銷，從而推動了中國銀行理財業務的發展。

隨著銀行理財產品初具規模，二〇〇四年初，中國銀監會著手研究制定相關監管法規，並於二〇〇五年十一月印發了《商業銀行個人理財業務管理暫行辦法》（以下簡稱《暫行辦法》）和《商業銀行個人理財業務風險管理指引》，兩部監管法規的出台標誌著中國銀行理財業務真正開始步入發展軌道。

發展緣由

銀行理財業務從無到有，迅速發展壯大，成為資產管理行業餘額（總合）最大的業務區塊之一，其成因是多方面的，主要表現為：

▼滿足人民日益增長的資產保值增值需要

目前，中國存款利率還未完全市場化，受通脹影響，銀行存款的實際利率比較低，在個別年份甚至為負。隨著人民財富快速積累，資產保值增值需求愈加迫切，而銀行理財產品在收益方面更加市場化，以滿足了人民資產保值增值需求。二〇一一年，全國一百六十家銀行業金融機構透過理財產品，為投資者創造收益超過一千七百五十億元；二〇一二年，全國開展理財業務的十八家主要銀行，為客戶實現投資收益二千四百六十四億元。❶

▼滿足實體經濟多元化的融資需求

在二〇〇八年的經濟刺激政策下，二〇一〇年和二〇一一年中國經濟出現回升趨勢，但由於缺乏新的經濟增長因素，經濟增長速度在近兩年明顯放緩，部分實體企業經營困難，滿足信貸條件的資金有效需求不足，而資金需求旺盛的部分領域又受到銀行授信限制。在符合國家宏觀經濟政策和監管規定的情況下，銀行理財業務在融資總量、方式、投向及價格等方面，較銀行信貸業務更為靈活，

❶數據引自《中國證券報》，2013/01/29。

滿足了實體經濟多元化的融資需求，緩解了企業對銀行間接融資的過度依賴。據統計，二〇一三年一月到三月，銀行貸款新增量占社會融資規模的百分之五十四．一，較上年同期下降十二．六個百分點。

▼滿足金融市場創新發展需求

目前，中國多層次金融市場仍不發達，與此同時，社會融資需求巨大，融資管道卻相對單一。銀行理財產品將投資人的資金與社會融資需求相聯結，改善了金融市場價格發現機制，提升了融資效率，培育了新的直接融資模式，推動了金融市場創新發展。

▼滿足銀行戰略經營轉型需要

為應對《巴塞爾協議III》（Basel III）等新資本管理框架要求、利率市場化和金融脫媒，銀行主動調整發展戰略，大力發展理財等資本節約型業務，這樣既能減少資本占用，又能提升盈利水準和競爭力。近幾年，理財業務的持續健康發展，加快推動了銀行的經營轉型，提高了銀行的綜合競爭能力。

市場規模與風險

截至二〇一三年六月末，全國共有超過三百家銀行業金融機構開展了理財業務，存續理財產品近四萬支，餘額九．〇八萬億元。❷其中，按客戶類型，可分為個人理財產品、機構客戶理財產品和私人銀行客戶專屬理財產品；按收益類型，可分為保證收益、保本浮動收益和非保本浮動收益產品；按產品營運模式，主要分為保本型、預期收益型和淨值型理財產品。從投資方向上看，理財產品投向債券及貨幣市場工具、債權類資產、存款、基金股票、衍生工具、QDII、另類資產等。

▼產品期限錯配存在流動性風險

銀行將短期理財產品投入長期資產的現象較為突出，目前全部理財產品中，期限在六個月以內的占百分之六十五，一年之內的占百分之九十，而配置長期資產的理財產品則占三成以上，約有三．三三萬億元理財產品投向非標資產，資金來源與運用在整體上，出現了一定程度的期限錯配。為按期兌付客戶收益，部分銀行透過理財產品後續發售、其他理財產品或銀行自有資金提供流動性支援，解決錯配的手段較為有限，為流動性不足、銀行墊付等一系列問題埋下了隱憂。

▼成本收益錯配導致代償性風險

目前銀行理財產品預期收益率普遍較高，大型銀行平均約為百分之四至百分之五，資金成本遠高於平均存款利率，而高成本理財資金在實際運作中受投資管道限制，很難實現高收益。此外，從宏觀環境看，經濟增速放緩，企業效益整體下滑，理財投資非標債權資產風險增大。從實際操作看，銀行向投資人支付的投資收益基本等同於預期收益，且在當前金融脫媒、理財競爭加劇的情況下，銀行

❷數據引自《金融時報》，2013/08/05。

設置的預期收益率有不降反升的趨勢，在「剛性兌付」❸預期下，若銀行不能按預期進行收益兌付，將出現客戶投訴、上訪，甚至惡意擾亂正常經營秩序等情況，部分銀行存在被動墊付理財收益的問題，形成代償性風險。

▼規避監管約束導致合規性風險

部分銀行理財產品在設計和運作上，存在明顯規避監管的意圖，合規性風險❹加大。例如，部分銀行理財產品規避國家宏觀產業政策等限制，還有部分產品直接表現為表內信貸替代，逃避了資本占用、存貸比等監管規定；有的銀行利用理財產品承接表內低質甚至不良資產，掩蓋了真實資產形態和風險狀況。同時，很多理財產品採用跨業合作方式運作，占比已達到百分之三十七．五，使風險更為隱蔽、表現形式更為複雜、傳染性更強。

▼業務管理不完善導致聲譽風險

從輿情反映看，近年來理財業務始終是銀行業聲譽風險的焦點領域，理財業務是客戶投訴占比最大的銀行產品。一些銀行理財產品業務流程和銷售管理存在較大漏洞，投資盡職調查❺未能充分揭示潛在風險、對產品資訊揭露不夠充分、對客戶收益支付不能公平對待、對客戶進行銷售誤導等問題頻繁出現，甚至還有個別銀行分支機構未經授權，代銷外部理財類產品，引發群體性事件的情況，也因此加大了銀行的聲譽風險。

銀行理財業務不列入狹義的影子銀行

將銀行理財業務的有關監管要求與影子銀行認定原則逐一比較，在政策層面上判定，銀行理財業務不應屬於影子銀行。其具體分析得出如下結論：

▼有嚴格獨立的監管政策框架

二〇〇五年以來，中國銀監會陸續出台了包括《暫行辦法》和《商業銀行理財產品銷售管理辦法》等在內的二十多項監管規章和制度，涵蓋業務管理、風險管理、代客境外理財、投資管理、銀信合作、信貸資產轉讓、銷售管理等方面，為銀行理財業務的健康發展提供了制度性保障。同時，銀行理財產品實行產品報告制，各項理財產品發行前需要向監管部門報告，監管部門對銀行理財業務持續非現場監測，必要時開展現場檢查。隨著監管政策的變動、市場的發展變化，銀行內部也定期或不定期地對理財業務的政策、制度及流程框架進行更新和調整，保證理財業務合規、風險可控。

❸剛性兌付是指信託產品到期以後，信託公司必須向投資者分配本金和收益，假如信託資產出現風險，不足以償付本金和利息，那麼信託公司必須自行「兜底」，無論如何都要透過各種方法實現對投資者本金和收益的分配。

❹根據《新巴塞爾協議》的定義，合規性風險（compliance risk）係指銀行因未能遵循法律法規、監管要求、規則、自律性組織制定的有關準則，而適用於銀行自身業務活動的行為準則，致可能遭受法律制裁或監管處罰，以及重大財務損失或聲譽損失的風險。

❺投資盡職調查（due diligence investigation）又稱審慎調查、或謹慎性調查，一般是指投資人在與目標企業達成初步合作意向後，經達成協商後所進行的與本次投資事業有關的現場調查、資料分析等一系列活動。

▼法律關係明確

銀行理財業務實質是「受人之托，代人理財」，由銀行接受客戶委託，按照客戶意願進行投資管理，為客戶資產實現保值增值，客戶承擔投資風險，享有投資收益，銀行按照與客戶的約定收取相關費用，不承擔風險。按照《關於規範商業銀行理財業務投資運作有關問題的通知》（以下簡稱「8號文」）規定，銀行應實現理財產品與投資資產一一對應，做到每支理財產品單獨管理、建帳和核算，每支產品必須建立資產負債表、損益表和現金流量表，在「賣者有責」基礎上實現「買者自負」。

此外，銀行理財業務是否存在信用轉換，不同收益類型的產品會有不同的情況：

1. **保本型理財產品**：銀行承諾產品的本金或收益，客觀上確實存在信用轉換，但是保本型的理財產品，將募集的資金以及投資持有的資產全部都納入表內核算管理，並計提了相應的風險撥備、計算了風險加權資產，故這類產品的風險已完全覆蓋。

2. **非保本型理財產品**：銀行不承諾客戶本金或收益，由客戶自行承擔投資的信用風險，銀行只需盡履行管理人之職責。首先，對於此類產品的投資管理，銀行嚴格按照監管要求，確保每支產品三表齊全、權屬清楚。同時，為加強理財產品資訊揭露，特別是非標準化債權資產的資訊揭露，讓投資者瞭解風險，真正實現「買者自負，賣者有責」。其次，銀行透過風險管理手段、風險限額要求，使理財產品與所投資資產風險等級相匹配，在產品研發和運作層面確保將合適的產品賣給合適的客戶。最後，此類產品投資的標準化資產和非標準化資產透過不同路徑控制風險。在標準化資產方面，由於有公開交易市場，標準化資產可以透過市場化的價格將風險釋放並傳導給投資者；非標準化債權資產方面，銀行都有比照自營貸款，具嚴格的准入要求、信用風險審批、風險限額管理、投資審批以及投後管理措施，嚴格控制並計量此類資產的信用風險。同時，無論是標準化資產還是非標準化資產，銀行都要建立和完備其估值方法和評價體系。綜上所述，銀行的非保本型理財產品能夠實現「買者自負」，不存在信用轉換。

▼部分銀行理財業務雖存在期限錯配，但流動性風險整體可控

據初步調查，目前大部分銀行及分支機構所發行的理財產品與資產，都是一一對應的，也確實有部分的產品存在有期限錯配的情況，只是，銀行對這類產品的流動性風險做了嚴格的管控。首先，銀行對於投資組合的運作管理設置了流動性風險管理指標或限額指標，比如高流動性資產比例、期限錯配比例、融資倍數、產品期限比例等，以控制理財產品投資期限錯配有可能引發的流動性風險；此外，銀行也都會定期開展流動性壓力測試和應急演練，並制定專門的應急方案以應對理財產品可能出現的流動性風險。其次，按照監管規定，將理財產品流動性風險納入全行統一風險管控體系，綜合管控流動性風險。最後，監管部門對於銀行理財產品投資非標準化債權資產有明確的限額管理要求，對非標產品取消資金池業務，限制了流動性較弱的非標資產規模，整體上降低了流動性風險。

綜上所述，銀行在理財業務中建立了多層次的流動性風險管控措施，總體流動性風險可控。

▼不涉及高槓桿操作

中國銀監會在多項監管規定中對理財資金的投向做了限制。如《關於調整商業銀行代客境外理財業務境外投資範圍的通知》明確規定「（銀行）運用掉期（swap）❻、遠期等金融市場上流通的衍生金融工具應僅限於規避風險目的，嚴禁用於投機或放大交易」；《關於進一步規範商業銀行個人理財業務投資管理有關問題的通知》明確規定了「（銀行理財產品）不得投資於可能造成本金重大損失的高風險金融產品，以及結構過於複雜的金融產品。」

8號文中明確規定了理財產品與所投資資產的對應，每支理財產品單獨管理、建帳和核算。因此，投資資金的來源、運用不涉及產生信用槓桿的機制安排。在實踐中，銀行理財產品投資標的以固定收益類資產為主，投向債券、存款、貨幣市場工具等固定收益類資產占比超過八成，不存在透過融資加大槓桿對外投資的情況。

▼理財業務需充分揭露資訊

銀監會各項監管規章針對銀行理財產品資訊揭露的要求非常詳細和嚴格，包括：《商業銀行理財產品銷售管理辦法》針對理財產品銷售文件資訊揭露的各類規定，要求銀行將合適的產品賣給合適的客戶；《關於進一步加強商業銀行理財業務風險管理有關問題的通知》要求銀行充分揭露產品相關資訊，載明各類投資資產的具體種類和比例區間，透過事前、事中、事後的持續性揭露，不斷提高理財產品的透明度；8號文明確了銀行應向理財產品投資人充分揭露投資非標準化債權資產情況，包括融資客戶和專案名稱、剩餘融資期限、到期收益分配、交易結構等；理財產品存續期內，所投資的非標準化債權資產發生變更，或風險狀況發生實質性變化的，應在五日內向投資人揭露。

目前，業務管理規範、IT系統支援能力完善的銀行已投入生產上線理財產品資訊揭露系統，理財產品投資者可在銀行用戶網站的資訊揭露專區，或者在網銀內部查詢每支理財產品的成立、運作、到期兌付的相關資訊，甚至包括每筆資產的融資客戶、投資品名稱、融資期限、收益率等資訊，充分瞭解和掌握產品的風險及收益特徵，真正實現投資者對理財產品投資的知情權。

另外，銀監會已經指示中央結算公司建制「全國銀行業理財產品資訊登記系統」，該系統已投入使用，實現了所有理財產品全流程登記、電子化報告、線上審查、統計分析功能，每支理財產品的相關資訊都將納入系統，進行管理和監測。透過系統對理財產品的即時、動態監測，將極大程度地提高理財產品的資訊透明度。

由以上的分析可知，銀行理財業務有嚴格的獨立監管框架體系，運作管理過程中無高槓桿操

❻即交換交易（swap transaction），為金融衍生工具的一種，係指交易雙方約定時間交換各自持有的資產或現金流，其中又以利率換匯與外匯換匯最常見，目的大多是為了避險或投機。

作，參與各方承擔信用風險的職責清晰，期限錯配引發的流動性風險可控，資訊揭露充分，不易引發系統性風險。

銀行理財業務產品的介紹與其操作問題

▼產品介紹

銀行理財運作原理與傳統的銀行業務有較大區別，下面以幾種理財產品為例加以分析。

○T＋0開放式理財產品

T＋0開放式產品無固定期限、無確定到期日，能夠滿足投資者現金管理需求，提高閒置資金利用率和收益水準，能夠實現當天申購、當天贖回、即時到帳。具體的操作方式如下：

客戶申購該理財產品，理財產品於募集資金後投資於債券、貨幣市場工具、貨幣市場基金等符合監管要求的資產，獲取收益，若投資資產都能按時支付本金及收益，則客戶贖回時，銀行依約定的預期收益兌付。

與傳統的銀行活期存款操作模式不同的是，活期存款採取資金池方式，由銀行統一運作，也由銀行來承擔信用風險，資金池的資產和負債沒有對應關係，銀行向央行繳納存款準備金後，可以貸款或者投資債券等資產，風險和收益由銀行自行負擔。而T＋0開放式理財產品接受客戶委托，由客戶承擔風險，採取投資組合方式運作，銀行按照產品說明書約定的投資方向和範圍進行運作投資，實現了單獨管理、獨立核算和記帳。

○T＋N開放式淨值型理財產品

T＋N開放式淨值型產品按照約定日期定期開放，按照當天公佈的產品淨值申購或贖回。具體操作方式如下：

銀行根據產品持有資產情況定期公佈產品淨值，客戶按照產品淨值申購和贖回，在一般情況下，產品會保留部分現金，支援產品流動性，供投資者贖回，剩餘資金則運用於各類資產投資。與傳統商業銀行存款業務相比，操作模式有差異，此類產品定期開放，按照產品淨值申購贖回，實現了單獨管理、獨立核算和記帳。

○固定期限理財產品

固定期限產品具有固定期限、有確定起息日和到期日，並提供預期收益率，產品到期後，如果投資部位都能依約定支付本金及收益，則銀行按照說明書約定向客戶支付投資收益。與銀行定期存款業務相比，運作模式不同，定期存款採取資金池方式，由銀行統一運作，銀行承擔投資風險，資金池的資產和負債沒有對應關係，銀行向央行繳納存款準備金後可以貸款或者投資債券等資產，風險和收益由銀行自行負擔。而固定期限理財產品接受客戶委託，由客戶承擔風險，採取投資組合方式運作，銀行按照產品說明書約定的投資方向和範圍進行運作投資，實現了單獨管理、獨立核算和記帳。

▼銀行理財業務產品存在的操作問題

雖然從監管政策上分析，銀行理財業務不應屬於影子銀行，但在具體執行過程中，同樣也可能存在部分為求規避監督和實現監管套利而開展的理財業務，致因資金來源與應用不能一一對應，而表現為影子銀行產品；同時，由於銀行理財業務的基礎設施建設還不完善，中國資本管理市場的發展也還處於發展的初級階段，銀行理財業務客觀上為了規避理財業務監管政策，也就提供了便利和空間。因此，市場上出現了一些對銀行理財業務的批評，甚至引發了銀行理財業務應屬影子銀行的議論。以下是針對銀行理財業務實際產生的問題所提供的操作建議：

由於操作未進行嚴格規範致易引發相關風險

銀行理財產品和投資產品產生不對應時，應由銀行承擔信用風險；實際上卻是，個別銀行未按照8號文規定做到理財產品與所投資資產對應，每支理財產品無法單獨建帳、單獨核算和單獨管理，一旦產生不對應，會導致權責不清，已投資資產的信用風險隸屬關係也難以明確，不能真正實現「買者自負，賣者有責」。如果投資持有的資產產生信用風險，由於理財產品與所投資資產不對應，將無法明確該筆資產的具體投資人。而按照8號文規定，銀行要將該筆資產納入表內核算，計量風險加權資產和計提資本，由銀行承擔信用風險。

基礎設施尚待完善

目前中國資本管理市場的發展尚處於發展的初級階段，然而國際交流頻繁，金融產業市場發展快速，各式金融產品發展快速，不只管理制度且各種法令規章的訂定都還尚未健全，因此：

1.銀行理財業務管理系統仍需進一步完善：首先，隨著銀行理財產品規模逐步擴大，將每支理財產品的銷售管理、投資運作、資訊揭露、估值清算（清算價值）等業務運作的各個環節納入系統管理，不僅能夠提高業務管理效率，而且有利於防範業務風險，提高整體精細化管理水準。其次，按照8號文要求，銀行應對每支理財產品單獨管理、建帳與核算，並編制資產負債表、利潤表和現金流量表，這也需要強大的系統支援。但是，目前部分銀行自身IT系統建制能力有限，業務管理系統薄弱，無法為理財投資組合管理、資產配置、即時評估、動態風險監測、會計核算等提供有效支援。此外，相對於傳統表內存貸款業務完善的業務統計資訊和統計系統而言，理財產品作為跨行業、跨市場的金融產品，監管部門在對它的統計上存在不足，需要建立適應銀行理財產品等新型金融產品特點的統計標準和統計系統。

2.銀行理財業務管理架構尚待進一步完善：為保護投資者利益，防止利益輸送和利益侵占等問題，銀行開展理財業務應該自營代客分離、前中後台分離。但是，目前仍有部分銀行尚未達到這一要求。例如，個別銀行還沒有成立獨立理財業務管理部門或團隊，理財業務由銀行內部多個部門分頭管理；有的銀行前中後台沒有分離，沒有建立相互監督、相互制衡的良性管理體系；有的銀行沒有完全做到自營代客分離，理財投資決策的獨立性或多或少讓外界與客戶的質疑。在這種情況下，不僅無法發揮部門合力共同促進理財業務健康發展，更無法實現理財持有人利益與銀行自身利益的完全隔離，不利於對利益輸送行為進行監督和管理。

3. **推動理財業務持續健康發展的激勵機制仍需優化**：理財業務的健康、規範發展首先離不開銀行的自我約束，銀行內部需要形成良好的風險文化和有效的激勵約束機制。目前，一些銀行理財業務流程和銷售管理仍存在較大的漏洞，對理財業務從業人員的資格考核、持續培訓、追蹤評價等管理制度不健全、不合理，重視以銷售業績或利潤指標為導向的考核文化，忽視合規經營及風險意識傳導。失衡的激勵約束機制容易產生諸如投資盡職調查不深入、資訊揭露不充分、對客戶誤導銷售等問題，為銀行帶來聲譽風險。

❍資產管理市場的競爭體系需進一步規範

在資產管理市場，銀行作為類資產管理機構，監管框架體系較為完善，風險管控能力較強，但卻處於不平等競爭地位。首先，網路金融公司和第三方理財機構由於基本不受監管或監管不足，擴張迅速，對資產管理市場衝擊很大，埋下了風險隱憂。其次，券商、基金、保險、信託等機構的資產管理計畫，擁有比銀行理財產品更具優勢的市場投資地位，這一類資產管理計畫能夠在公開市場開立交易帳戶，開展投資，而銀行理財產品卻受到一定的限制和影響，只能透過其他機構的資產管理計畫對外投資，既影響投資效率，也加大了交叉性風險和操作性風險。

另外，非標準化債權資產向「標準化」轉化需要規範。在對銀行理財產品投資非標準化債權資產實行限額控制以後，個別銀行為了突破限額控制要求，試圖透過其他資產管理機構的產品份額，在公開市場進行轉讓，作為實現非標準化債權資產的「標準化」。這種標準化的過程並未像資產證券化一樣透過公開評級、市場競價、破產隔離等一系列制度安排和技術手段，僅僅只是透過份額數在投資者之間協議轉讓完成，這轉讓後的份額並不是真正意義上的標準化資產，也 有活躍的交易市場可供操作。

▼代理人的法律主體地位需要釐清

前面已經分析了銀行理財業務有嚴格獨立的法律監管框架體系，涵蓋業務管理、風險管理、代客境外理財、投資管理、銀信合作、信貸資產轉讓、銷售管理等方面。按照現行的法律制度安排，銀行理財業務能夠實現「買者自負，賣者有責」。但社會各界，包括政府相關部門對銀行理財業務的法律關係爭議較多，認識不一致。例如，銀行作為理財計畫代理人，在開展理財業務過程中，能否作為抵（質）押權人；被投資企業出現破產情形後，銀行作為理財計畫代理人的清償次序應為何；銀行作為理財計畫代理人，在公開市場開立交易帳戶參與投資的法律主體投資地位應為何等等。

未來的發展趨勢

人民財富快速增長為銀行理財發展奠定了基礎。根據波士頓諮詢公司調查顯示，二〇一二年中國私人可投資資產總額超過七十三萬億，高淨值家庭數量達到一百七十四萬戶，過去三年的複合增長率超過百分之三十八。人民財富正處於快速增長，為銀行理財業務發展奠定了基礎。相比西方已開發國家，中國理財市場還處在發展的初期階段。以英國為例，截至二〇一一年末，其資產管理行業規模已超過五萬億英鎊，其中最大的Black Rock（貝萊德）投資管理公司管理的資產規模就超過〇．五五萬億英鎊。此外，理財業務已經成為國外銀行的一項主營業務，收入及利潤占比都較高，以摩根大通為例，其內部將所有業務分為四大區塊，包括實業與投資銀行、資產管理、銀行業務，以及消費者與社區銀行。

▼中國銀行理財業務的發展趨勢

○理財業務將成為銀行的一項主營業務

隨著銀行從持有資產向管理資產轉型，理財業務將成為與傳統業務並列的主營業務。近期，隨著人民銀行對貸款利率管制的放開，利率市場化改革對銀行資產負債結構和經營模式都將產生愈來愈深刻的影響，加快經營轉型將是銀行的必然選擇。理財業務資本占用少、助力銀行轉型的特徵已被市場普遍認可，各家銀行正在重新審視理財業務的發展定位，大力開展以理財業務為代表的資本節約型業務，以期使其在不久的將來成為銀行的主要營業項目。

○直接投資是銀行理財業務未來發展的方向

一直以來，由於銀行理財業務缺乏法律主體投資地位，對標的資產的投資都是通過其他金融機構的資產管理計畫完成的，也就是透過「通道」間接投資標的資產。這種模式不僅增加了融資成本，而且延長了操作流程，加大了操作風險；同時，如投資資產發生風險損失，會在不同金融行業和市場之間傳遞和擴散，增大交叉性風險發生的可能性。因此，要通過逐步完善法規制度框架，明確銀行理財業務的運作主體，嚴格區分代客和自營業務，防範金融風險跨市場傳染。

○標準化資產將成為理財產品的主要投資標的

提高投資「標準化、公開化、透明化、有評級」投資工具的比重是銀行理財業務的發展目標之一。據初步統計，銀行理財目前投資非標準化債權資產的比例約為百分之三十・六二[7]，造成這一現狀的主要原因是中國證券市場不發達，直接融資市場還需要進一步完善。以英國舉例，英國銀行資產管理行業的投資標的分佈為：股票占比為百分之四十二、債券為百分之三十八、現金為百分之八，物業為百分之三，即投資公開市場的標準化資產占比超過百分之九十。按照近期中央關於盤活存量信貸貨幣、支援實體經濟發展的有關指示，資產證券化將是下一步的重要工作，也就意味著理財業務投資「標準化、公開化、透明化、有評級」投資工具的空間更大。隨著資產證券化的不斷推進，標準化資產將成為銀行理財業務的主要投資標的。

○銀行的競爭優勢將保障理財業務持續健康發展

銀行開展理財業務相對於其他類型機構來講有以下幾點優勢：一是銷售方便快捷。銀行銷售管道寬廣、網點眾多。對於有理財產品購買需求的投資者，銀行理財產品最為方便快捷。二是風險管控體系嚴密。風險管理是銀行業的核心競爭力，銀行經過多年發展，在「健全制度，規範管理，化解風

[7] 數據引自《金融時報》，2013/08/01。

險，安全經營」等諸多方面都制定落實了完善的風險防範和化解措施，並且不斷加以完善，已成為銀行文化理念的重要組成部分。三是管理技術先進。新《巴塞爾協議》的出台，對銀行風險管理提出了更高要求，也為銀行風險控制、管理提供了統一的標準和方法。銀行積累了大量管理經驗和技術，使得銀行理財業務在制度上更加規範，風險計量技術更加先進，投後管理更加嚴格，因而能夠保障銀行理財業務持續健康發展。

▼與國際理財產品的比較

在歐美、日本等市場經濟發達的國家和地區，理財產品被認為是銀行向客戶提供的一種帶有財富管理或資產管理性質的金融產品。已開發國家和地區銀行提供的理財產品形式主要包括：單位信託／共同基金、結構性投資產品、交易所交易基金（ETF）、養老基金、對沖基金和私募股權基金等。在中國，按照《暫行辦法》規定，理財計畫（理財產品）是指銀行在對潛在目標客戶群分析研究的基礎上，針對特定目標客戶群開發、設計並銷售的資金投資和管理計畫。

理財產品在中國銀行中尚處於發展的初級階段，不同銀行的發展水準亦參差不齊。在產品種類、產品形態、產品投向、收費模式、投資群體、資金來源等方面，都與已開發國家和地區的銀行理財產品有較大的不同。主要差距表現為：首先，國外銀行理財代理人的法律主體投資地位明確，賦予了財產獨立性和破產隔離機制，直接投資各類資產；其次，國外銀行理財產品能夠在各類公開交易市場開立交易帳戶，參與公開市場的交易與投資；最後，理財業務已經是國外銀行的一項主營業務，收入及利潤占比均較高。具體情況如表一所示。

信託理財業務

作為一種古老的財產管理制度，信託可追溯到古羅馬帝國時期（公元前五一〇至公元前四七六年）的《羅馬法》，現代信託制度則起源於英國。對中國而言，信託屬於舶來品，一九七九年十月第一家專業信託投資公司——中國國際信託投資公司成立；一九八〇年國務院提出「銀行要試辦各種信託業務」，中國人民銀行也於同年九月下達《關於積極開辦信託業務的通知》；隨後，信託公司在摸索中前行，逐步探索一條符合中國實際的資產管理之路。

表一　國內銀行與國際銀行理財產品比較一覽表

	國際銀行	國內銀行
產品種類	主要包括單位信託、結構性投資產品、交易所交易基金、養老基金等	以銀行理財產品為主體
產品形態	以區間收益率型、淨值型和全封閉型為主	以固定期限產品和開放型產品（無固定期限）為主
產品投向	以公開市場交易的股票、債券、基金為主	以債券、貨幣基金和專案類資產為主
收費模式	按固定比例收費或業績比例分成	沒有固定模式，介於按固定比例提取和按業績比例分成之間的費率提取方式
投資群體	機構投資者為主	個人投資者為主
資金來源	境內外資金兼有，約各占50%	均以境內資金為主
收入占中間業務比重	平均占比38%左右，最高占比68%	平均占比10%左右

資料來源：根據德意志銀行、摩根大通、道富銀行等二十家銀行，2010至2012年財務報告綜合整理。

發展歷程與緣由

隨著改革開放至今，中國信託理財業務的發展歷經五個階段（如表二），摒棄「高度銀行化的混業經營體制」，確立了全新的「主營信託業務的分業經營體制」，逐步成長為名副其實的四大金融支柱行業之一。二〇一二年第三季度以來，證監會和保監會針對資產管理業務出台了一系列「新政」，為其他金融機構資產管理業務「鬆綁」，「泛資產管理時代」正式來臨。信託公司迎來了新的挑戰，各家公司必須努力提高主動管理能力，開始業務轉型和創新，謀求進一步發展的空間。

中國信託理財業務快速發展的主要原因在於：

1. **信託獨有的制度優勢，為其持續發展奠定了基礎：**信託為社會提供了一項優良的外部財富管理制度，將委託人、受託人和受益人的權利和義務、責任和風險進行了嚴格分離，確保信託財產的安全，保障了信託財產沿著特定的目的持續穩定經營。這種特有的財產隔離功能對投資者來說有很大的吸引力，也就為它的持續發展奠定了基礎。

2. **滿足人民強烈的投資理財需求：**改革開放三十多年來，中國經濟穩步持續增長，國民財富迅速積累，人民手中持有大量的資金，對投資理財的需求日益顯現。信託作為一種獨特的財富管理方式，其特有的制度優勢可以滿足人們投資的需求。

3. **信託理財風險低、收益高：**與個人理財相比，信託公司將集中起來的個人資金進行專業化操

表二　中國信託理財業務的發展歷程

發展階段	起止時間	重要事件	主要信託業務
起步試驗階段	1979-1999年	歷經五次起伏，在摸索中前進	1.負債類業務：（變相）高息攬存，大規模開展存款、貸款等債權性業務 2.證券類業務：包括證券經紀業務、自營證券投資和IPO業務
真空停滯階段	1999-2002年	出台《信託法》與《信託投資公司管理辦法》	1.按照「信託為本，分業管理，規模經營，嚴格監管」的原則，重新規範信託投資範圍 2.信託業與銀行業、證券業分離 3.截至2002年，信託公司只保留了五十餘家
規範發展階段	2002-2006年	2002年實施《信託投資公司資金信託管理暫行辦法》，與2001年的《信託法》及《信託投資公司管理辦法》統稱為「一法兩規」	1.集合資金信託業務成為當時中國信託業最重要、最成熟的業務形式 2.貸款為主要運用方式，投資領域主要集中於基礎設施、房地產、工商企業和銀行信貸資產等傳統領域
高速擴張階段	2006-2010年	2007年修訂《信託公司管理辦法》和《信託公司集合資金信託計畫管理辦法》，簡稱「新兩規」	1.私募股權信託業務 2.銀信合作業務 3.政信合作業務 4.陽光私募證券信託業務 5.基金化房地產信託業務 6.受託境外理財（QD II） 7.公益信託
創新突破階段	2010年至今	2010年銀監會出台《信託公司淨資本管理辦法》，並出台與之配套的《信託公司淨資本計算標準有關事項的通知》	1.主動型銀行合作理財業務 2.專業化私募股權投資（PE）業務 3.房地產基金信託業務 4.產業化基礎設施信託 5.私人銀行財富管理信託業務 6.多業態資產信託化業務。

作、組合投資，除可避免個人投資的盲目性外，與其他金融機構相比，信託投資的範圍較為廣泛、投資方式較為靈活，這些也都在一定程度上降低了投資風險，提高投資收益。

4.信託理財有明確的法律保障和制度約束：「一法兩規」確立了信託理財的規範基礎，使信託業務的開展有法可依，進而提升了投資者對信託理財的信任度。監管機構對信託業進行了科學定位和嚴格監管，進一步明確了信託公司「受人之托、代人理財」的定位，為其持續發展提供了制度保障。

市場規模與風險

二〇〇二年開始，信託公司依照《信託投資公司管理辦法》重新登記後，特別是近幾年來，信託公司的業務可說是發展迅速。二〇〇七到二〇一二年，信託業經歷了一個高速發展的過程，資產規模快速增加，二〇〇七年信託行業管理的信託資產規模還不足一萬億元，而隨後的二〇〇八年、二〇〇九年、二〇一〇年和二〇一一年，其規模先後都超過了一萬億元、二萬億元、三萬億元、四萬億元，在二〇一二年更是達到了七．四七萬億元（如圖一）。

截至二〇一三年第三季度末，六十七家信託公司管理的信託資產規模為一〇．一三萬億元，突破了十萬億元大關，再創歷史新高。從信託財產來源看，單一資金信託占比持續提高，達到百分之七十一．二八，集合資金信託占比百分之二十三．二八，管理財產信託占比百分之五．四四。從信

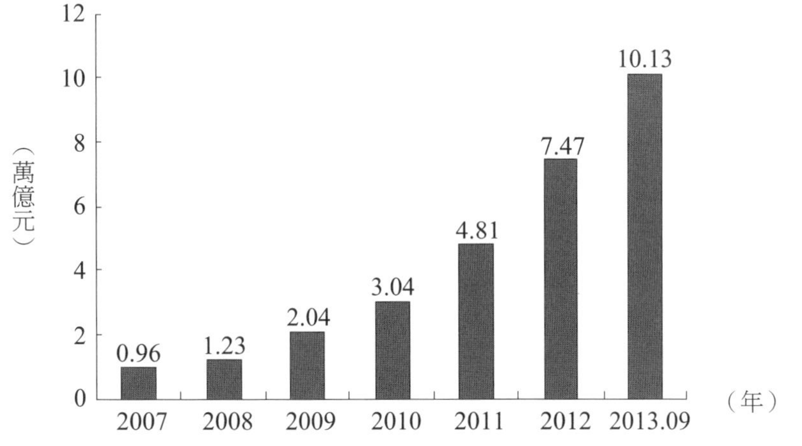

圖一　中國信託行業資產規模的歷年對比

託功能看，融資類信託占比百分之四十八・一五，投資類信託占比百分之三十二・六七，事務管理類信託占比百分之十九・一八，與第二季度占比基本相當。從資金信託的投向看，排名的前五大領域占比依次為：一、工商企業占比百分之二十九・四九；二、基礎產業占比百分之二十五・九七；三、金融機構占比百分之十一・三八；四、證券市場占比百分之十・七八；五、房地產占比百分之九・三三。

▼投資對象風險

信託公司對於項目標的的把握存在著不確定性，對於資產負債比例、或成本損益情況等重大經營指標的判斷，一旦出現重大偏差，可能導致專案最後的失敗。由於信託屬於非負債型法律關係，信託公司以投資後的回報獲利，不同於傳統銀行以存貸款利息差獲利。一旦出現投資失誤，銀行會以自有資產對從事的投資結果負責，投資失敗的結果是銀行資產減少；而信託公司只需要按照信託合約運作、切實履行謹慎投資的義務，對受託投資專案則不承擔投資失敗的風險賠償責任。

▼流動性風險

信託理財業務的流動性風險主要表現在信託合約期滿後，信託財產的返還上。一旦信託公司將現金投入到低流動性的資產上，在信託期限屆滿時，投資財產的價值還沒有實現的情形便有可能發生，如果進行信託合約清算，將低流動性的資產變現，會造成財產價值貶損和流失。此時，只能由信託公司以自有財產進行墊付，或與委託人協商延長信託合約期限，否則很容易出現流動性風險。此外，在非資金信託的情況下，也可能出現流動性風險，假如在信託合約中，約定委託人最終以原信託財產的方式取回，那麼信託公司就不會面臨流動性風險，然而實際上是，很多的委託人都會要求以現金的形式收回信託財產，此時流動性風險就很可能會出現。

▼管理風險

管理風險指的是信託專案管理者的決策失誤，以及因管理結構不合理所引起的整個專案收益率未能達到預期的風險。一個信託計畫成功與否，與管理者的能力緊密相關，管理者不僅要瞭解目前的市場狀況、相關政策，其決策更要具有一定的前瞻性和科學性。此外，管理風險還包括信託公司內部管理結構不健全、經營管理不善等，這些問題會導致專案無法順利進行、企業盈利小於預期值，造成實際運營結果偏離預期的風險。

▼道德風險

所謂的道德風險指的是受託人不按照信託合約的約定，不當處理信託財產，為委託人和受益人帶來損失的風險。信託公司可能出於自身利益的考慮，違反信託合約，私自使用或挪用信託財產，進而為委託人帶來損失。這種做法不僅違背了信託的基礎，更嚴重地影響信託業的正常發展。

▼客戶風險

按照信託的定義，受託人需要按照委託人的意願代為理財，然而委託人可能並不具有絕對的投資天賦，可能一意孤行，給受託人下達錯誤的指示，造成信託財產的損失。雖然信託合約中明確規定，受託人（即信託公司）依合約規定且按照委託人的旨意，對於處置信託財產所發生的財產損失不需承擔賠償責任，財產損失風險概由委託人自己承擔，但這有悖於委託人透過信託實現財產保值增值的最初目的，會影響信託公司的聲譽與信託財產安全，對於雙方都有不利影響。

▼信託法律不完善帶來的風險

中國《信託法》第二條規定，委託人將財產權「委託」給受託人，而非「轉移」，因此信託財產所有權是否實現轉移一直沒有明確的定論，再加上尚未建立信託登記制度，不能保障受託人對信託財產的權利。這些制度上缺失所帶來的問題在資金信託中雖不明顯，但卻對於非資金信託會產生一定影響；例如，以不動產設立信託時，受託人無法以物權人的身分，而只能以占有人的身分對抗第三人的侵害。如果委託人違反信託合約約定，將信託財產轉讓給第三人，並辦理登記手續時，受託人不能對抗該第三人，只能向委託人請求違約損害賠償。此外，當信託業務中涉及以所有人的名義進行的活動時，例如銀行開戶、購買股票、繳納稅款等，在實際操作中就會面臨窘境，而一旦處理不當就會造成所有權風險。

信託理財業務產品的介紹與影子銀行的判斷

信託關係是由委託人、受託人和受益人三方組成的特殊法律關係，是圍繞信託財產的轉移、信託財產的管理和信託利益的分配展開的（如圖二）。

▼信託理財業務特有的操作模式

信託資金的運作方式，可以是債權模式、可以是股權模式，也可以是介於兩者之間的夾層模式。

○債權模式

信託資金運用的債權模式，主要指信託公司透過發行信託產品募集資金後，以向特定企業發放信託貸款的形式運用資金的一種模式。此外，信託資金先投資融資企業的股權

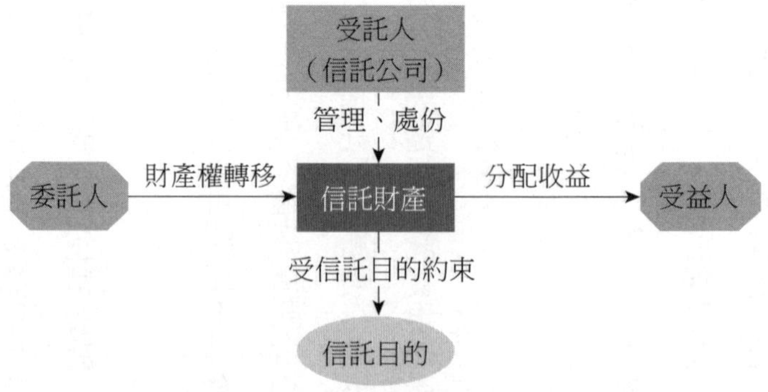

圖二 信託理財業務關係示意圖

註：委託人與受益人為同一人則為「自益信託」；委託人與受益人非同一人則為「他益信託」。

（或其他某種權益），約定一定期限後，由企業的大股東（或第三方）以固定價格進行回購，本質上屬於債權模式。

○股權模式

信託資金運用的股權模式，主要是指信託公司透過發行信託產品募集資金後，入股企業，並行使股東權利。與債權投資相比，股權投資的優勢在於，信託公司一般能夠派員加入公司董事會，深度影響公司的戰略，並監督公司的日常運營。且股權投資的收益上沒有極限，如果所投資的企業經營狀況良好或實現上市，其收益將會遠遠超過債權模式。

○夾層模式

信託資金運用的夾層模式，是指採用介於純粹的股權投資和純粹的債權投資之間的方式進行投資。比如可轉債，信託資金雖然是以債權投資方式進入被投資企業，但約定在一定條件下債權可轉換為股權。又如優先股，信託資金雖然是以股權投資方式進入被投資企業，但約定了一系列優先分紅和投資本金保障機制。

夾層模式最大的優勢在於其靈活性，在實務操作中，被投資企業對資金的需求、既有的股權狀況和現實的風險狀況，都決定了可能無法直接匹配單一的股權或債權融資模式。為滿足投融資雙方對風險的偏好，便可採用夾層模式，或者在一個信託計畫中採用一部分資金進行股權投資、一部分資金進行債權投資的股債組合模式。

▼信託理財業務產品的範圍

信託公司可經營的信託業務包括：資金信託、動產信託、不動產信託、有價證券信託、其他財產或財產權信託等。其中，資金信託業務占據主要地位。根據委託人數不同，資金信託業務又可分為單一資金信託和集合資金信託兩種。按信託資金的投資標的不同，信託業務可分為：基礎設施信託產品、房地產信託產品、證券投資信託產品、銀信合作信託產品、私募股權投資信託產品等。

▼信託理財業務是否為影子銀行的判斷

信託理財業務是典型的信用中介業務，但從目前的運作情況來看，並不符合影子銀行的四個特徵，且沒有帶來系統性風險和監管套利，因此不屬於真正意義上的影子銀行。

○信託理財業務不具備經營槓桿的特徵

信託公司不得負債經營，不能向銀行進行貸款融資，並且是「代人理財」，投資者獲得的收益是信託財產本身的收益。此外，中國信託公司整體規模不大，再加上中國金融市場整體發展程度不高，信託公司的產品結構相對簡單，不會對中國金融市場造成系統性風險。

○透過淨資本監管控制流動性風險

依照《信託法》和《信託公司管理辦法》的規定，信託理財業務大多期限固定，信託合約期限屆滿時，受託人以信託財產為限向受益人承擔支付信託利益的義務。為了確保信託公司固有資產充足並保持必要的流動性，銀監會專門制定了《信託公司淨資本管理辦法》，對信託公司進行淨資本管理，對淨資本的最低標準、風險控制指標、風險資本計算標準做了明確的規定，以防止流動性風險。

◯沒有信用衍生品等信用轉移工具

中國的金融衍生品市場尚不發達，中國信託公司等非銀行金融機構未涉足信用違約交換等信用衍生品工具。中國的資產證券化還處於試點階段，信託公司在信貸資產證券化過程中，僅僅擔當受託人的角色，而且《金融機構信貸資產證券化試點監督管理辦法》對信託公司申請特定目的信託受託機構資格做了嚴格限制，並規定發行資產擔保證券須經銀監會批准。

◯信託公司的信託業務單一，沒有形成信用中介鏈條

中國信託公司的財產具有獨立性，各信託項目相互獨立，不允許相互交易，互不影響。資金主要投資於實體經濟，屬於投資並持有的業務模式，業務結構相對簡單，沒有形成信用中介鏈條的情況。

◯部分信託理財業務有影子銀行的特徵，但受到密切監管，整體風險可控

信託理財業務中的銀信合作、票據信託和非標準化理財資金池等，因可能存在流動性轉換和信用轉換，可能引發監管套利。但是，銀監會於二〇一一年發佈了《關於進一步規範銀信理財合作業務的通知》，要求「將銀信理財合作業務表外資產轉入表內」，「對商業銀行未轉入表內的銀信合作信託貸款，各信託公司應當按照百分之十．五的比例，計提風險資本」；二〇一二年，銀監會下發了

《關於信託公司票據信託業務等有關事項的通知》，要求「信託公司不得與商業銀行開展各種形式的票據資產轉／受讓業務」；二〇一三年，國務院下發《國務院辦公廳關於加強影子銀行監管有關問題的通知》，要求「信託公司不得開展非標準化理財資金池等具有影子銀行特徵的業務」。

上述的規定及時地為可能產生風險和監管套利的信託業務進行了規範。

未來的發展趨勢

▼中國信託理財業務的發展趨勢

○回歸信託本源，從商事信託向民事信託傾斜

從信託的本源來看，受託為他人處理事務是信託出現的根本原因，但近年來，中國信託公司開展的大多是商事信託業務，民事信託非常少。隨著泛資管時代的到來、銀行理財資管業務的全面展開，信託公司必須開闢新的業務空間。鑒於信託制度在財富管理方面的優勢，信託公司可能會向此傾斜，實現從以信託貸款業務為主，轉向主要依託信託制度，為高淨值客戶提供財富管理的業務，為有各類需求的客戶提供信託服務，或為各類資金提供專業資產管理服務，成為財富管理和資產管理機構。

○發揮專業優勢，拓展主動管理型業務

在其他國家和地區，專項基金管理多由信託機構運作，如香港的養老基金、日本的年金信託和公益信託。我們應借鑒這些經驗，發展基金類資產管理信託業務，如養老金、公積金、物業費、公益慈善基金等社會保障、管理與服務類信託業務，這樣一來，不但可以對基金的用途實施有效監管，促進基金不斷升值，也為信託業的發展提供了機遇。

○順應國家政策，抓住城鎮化的機遇，拓展業務空間

新型城鎮化是中共十八大做出的戰略部署，作為資本市場中的重要力量，信託公司應當把握城鎮化和新農村建設的機遇，在推動相關信託業務發展的同時，為科學推進新型城鎮化建設貢獻自己的力量。中共的十八屆三中全會對深化農村改革做出了全面部署，農村土地流轉成為當前的熱點之一，信託公司可以充分運用信託功能推動農村土地的信託流轉，中信信託、北京信託開展的土地流轉信託就是很好的例證。

▼與國際信託產業的比較

現代信託產生於英國，繁榮在美國，創新在日本，後期才進入中國，信託理財業務在海外的發展領先於國內，研究海外信託理財業務的發展及現狀，對中國的信託理財業務具有明顯的借鑒作用。

○英國信託業務發展現狀

雖然英國是信託業的發源地，但現在的信託業務不如美、日等國發達。目前，英國金融信託業以個人信託為主，其承接的業務量占百分之八十以上。而法人受託業務，則主要由銀行和保險公

司兼營，專營比例很小。不僅如此，在銀行的信託業務中，又有百分之九十以上集中於四大商業銀行，即威斯敏斯特銀行（National Westminster Bank）、密特蘭銀行（Midland Bank）、巴克萊銀行（Barclays Bank）和勞埃德銀行（Lloyds Bank）。

從經營業務來看，英國信託業仍偏重於傳統性業務——個人信託或稱民事信託，以及公益信託。個人信託主要以承辦遺囑信託為主，其業務內容涉及財產管理、遺囑執行、遺產管理、財務諮詢，包括對個人財產在管理、運用、投資以及納稅等方面的諮詢等。公益信託，主要指人們將捐贈或募集的款項交給受託人，指定受託人用受託資金或財物興辦學校、醫院等公益事業。

除此之外，英國的證券投資信託也正逐步盛行。英國較常採用的是養老金基金信託、投資信託和單位信託。為保護參加者利益，英國所有的職業養老金計畫都透過養老金基金信託建立並進行管理。截至二〇〇一年底，英國共有二十萬個職業退休金計畫。這些計畫的總資產達六千億英鎊。投資信託公司透過設立投資信託為小額投資者分散投資提供可能。投資信託公司的自律性組織投資信託公司協會（the Association of Investment Trust Companies）於一九三二年成立。到二〇〇三年二月底，已有超過三百家的投資信託公司會員，旗下的信託基金分為傳統型基金（conventional funds）和資本分拆型基金（split capital funds），分別管理著價值達二百六十八億和八十一億英鎊的資產。

單位信託是一種開放式的共同投資工具，業務發展極其迅速，其行業性自律組織最早是一九五九年創立的單位信託和投資基金協會（the Association of Unit Trusts and Investment Funds）。

自從二〇〇二年二月起，與基金管理者協會（Fund Managers Association）合併成「投資管理協會」（the Investment Management Association）。目前下屬成員分為「全職」和「附屬」資格的會員，其中「全職」會員由二百家投資管理公司組成，直接管理著超過二萬億英鎊的資產，「附屬」會員則負責向「全職」會員提供設施和服務。

◯美國信託業務發展現狀

如今，證券投資信託已成為美國證券市場的主要機構投資者。據統計，目前在投資公司協會（the Investment Company Institute, ICI）下面註冊的共同基金達八千九百多家，資產淨值約六萬三千億美元，代表著九千多萬的個人投資者，這還不包括其他形式的證券投資信託資產，例如封閉式基金、交易所交易基金以及單位投資信託。

從現狀看，美國的信託業務按委託人法律上的性質分為三類，即個人信託、法人信託、個人和法人混合信託。個人信託包括生前信託和身後信託兩種，委託信託機構代為處理其財產上的事務和死後的一切事務，具體包括受託管理財產、受託處理財產、指定充當監護人或管理人，以及私人代理帳戶法人。法人信託主要是代理企業和事業單位發行股票和債券，進行財產管理、代辦公司的設立、改組、合併及清理手續等業務。

個人和法人混合信託有職工持股信託、年金信託、公益金信託等。另外，美國還開發了許許多多新型的信託投資工具，比如貨幣市場共同基金（Money Market Mutual Funds, MMMFs）、現金管理帳戶（CMA）、共同信託基金（MTF）、融資租賃業務以及把信託資金投資於大額存單（CD）、商業票據（CP）和國庫券（TB）等短期資金市場等。伴隨新技術革命的到來，美國的信託業為適應市場變化和滿足投資者對資金運用的要求，其業務種類還在不斷擴展。

○日本信託業務發展現狀

目前，日本信託業的主力是信託銀行。信託銀行主要從事以下各類信託業務：金錢信託、貸款信託、養老金信託、財產形成信託、證券投資信託、金錢信託以外的錢財信託、有價證券信託、金錢債權信託、動產信託、不動產信託、土地信託、公益信託、特定贈予信託、遺囑信託等。除以上信託業務外，日本信託銀行還從事不動產、證券代理、遺囑執行等中間業務。

以上各類信託品種所占比例近幾年呈現出以下變化趨勢：金錢信託與證券投資信託所占比例相對穩定；養老金信託所占比例呈逐年增長趨勢；貸款信託與其他資金信託所占比例呈逐年下滑趨勢。

根據上面對英、美、日三個國家信託理財業務發展狀況的詳述可以發現，由於各個國家文化傳統的不同，其信託存在較大的不同。例如，英國以個人信託業務（民事信託和公益信託）為主，法人信託較少；而美國存在大量的證券投資信託；日本的信託產品充滿創新性，以金錢信託為主。

另一方面，英、美、日三國的信託業務存在著差異性的同時也有著不少共通性：首先，信託業務產品豐富，已成為有力的財富管理和資產管理手段；其次，信託業務與其他金融機構業務交叉；再次，存在嚴格的監控機制，控制系統風險，信託產品不存在影子銀行屬性；最後，海外信託理財業務的發展趨勢一致，具體表現為信託職能多樣化、信託機構與其他金融機構同質化及信託業務的國際化。海外理財業務品種多樣，橫跨三大市場，在嚴格的監管下，具有合理的業務模式，不易引起系統風險，不屬於影子銀行，顯示了其信託業務的成熟，為中國信託理財業務指出了發展方向。隨著中國高淨值群體的增加，資產管理和財富管理業務市場的逐漸成熟，信託理財業務將回歸主業。信託理財業務可以借鑒海外理財產品的業務模式，實現持續健康發展。

證券理財業務

證券公司的理財業務即資產管理業務，和經紀、投行及自營業務一起構成證券公司的支柱業務。在中國，證券公司資產管理業務初步形成於二〇〇〇年，證監會於二〇〇一年發佈《關於規範證券公司受託投資管理業務的通知》，作為日後資產管理業務的規範，為發展奠定了基礎。二〇〇三年，監管部門先後頒佈實施《關於證券公司從事集合性受託投資管理業務有關問題的通知》、《證券公司客戶資產管理業務試行辦法》等規定，資產管理業務進一步得以規範。

發展概況與緣由

二〇〇五年，光大證券率先發佈首支申報，獲得批準的券商集合理財產品。隨後，二〇〇五至二〇〇七年間，集合資管產品一直呈現不溫不火的狀態，二〇〇八年以後，隨著審批提速等政策利多，集合資產管理業務開始平穩增長，發行總份額逐年上升。二〇一二年，券商集合理財發行產品出現爆發性增長，新發行的產品總數較之二〇一一年同期增加一百一十六支，合計發行份額一千零三十億份。

二〇〇八年後，證券公司開始推出定向資產管理業務，定向理財業務增長逐漸超過了集合理財業務，固定收益類產品成為定向理財業務的首選。隨著銀證合作的加強，銀行可以透過定向資產管理業務，把銀行表內資產轉為表外資產，來滿足銀行資本充足率的需求，滿足在銀行信貸額度已滿的情況下，繼續貸款給客戶的需要。定向資產管理變成了企業向銀行融資的重要管道之一，二〇一一年，定向理財業務規模超越了集合理財業務規模。二〇一二年十月開始，隨著《證券公司客戶資產管理業務管理辦法》的發佈，出現了證券公司設立集合資產管理計畫從審批制轉向備案制等一系列新變化，從而造成產品激增，資產管理業務的規模在二〇一二年得到了極大的擴展。

歸納起來，證券公司理財業務的發展主要受以下幾個方面影響：

經濟增長與財富的積累

經濟增長和由此導致的人民財富積累是證券公司資產管理業務發展的源泉❽。理財產品與宏觀經濟形勢發展密切相關，理財市場規模與經濟發展形勢呈正相關關係。二〇〇二到二〇一二年，城鎮居民可支配收入與國民經濟大致保持著一致的增長趨勢，在此期間的大多數年份中，城鎮居民的可支配收入增長速度高於國民經濟增長速度。城鎮居民可支配收入的快速增長以及財富的積累，為證券資產管理產業的發展奠定了堅實的基礎。

投資方意願

證券公司理財產品的投資方主要包括機構投資者（如銀行）和個人投資者。對個人投資者來說，傳統銀行提供的存款利率受到嚴格限制，缺乏競爭力，難以滿足人民的理財需求。（例如，截至二〇一三年二月，商業銀行向儲戶支付的年利率只有百分之三，而同期居民消費價格指數上升了百分之三．二，這表示在銀行存款會造成個人資產縮水。）證券公司理財業務能夠提供市場化收益率，為人民提供額外的理財管道。而與信託提供的理財產品相比，由於證券公司理財產品的投資範圍限制在流動性較好的證券市場，其靈活性相對較高。此外，證券公司理財產品還具有認購起點不高、進入門檻相對較低的優勢。

對於機構投資者來說，能夠提供比存款高的收益率無疑也是一個重要原因。而且證券公司的定

❽中國證券業協會（二〇一三）。《中國證券業發展報告（二〇一三）》。北京：中國財政經濟出版社。

向理財產品可以接受的資產並不侷限於現金，尚包括基金、債券等金融資產，這就使得機構投資者可以選擇的範圍擴大。目前，銀行是定向理財業務中最重要的機構投資者。對於銀行來說，可以透過證券定向理財業務將資產風險表外化，從而獲得信貸額度、再融資，並減少監管資本的要求。

▼融資方需求

對於需要融資的企業來說，證券公司的理財業務，特別是定向理財業務為其提供了一個重要的資金來源和管道，成為銀行信貸的一個有力補充。在銀證合作業務中，證券公司的收費相比於銀信合作業務中信託公司收取的費用低，這對融資方來說意味著融資成本的降低。

▼監管政策導向

監管政策及措施的發展與轉變是證券理財業務發展的重要推動因素。二〇一二年十月十九日，證監會正式發佈修訂後的《證券公司客戶資產管理業務管理辦法》、《證券公司集合資產管理業務實施細則》及《證券公司定向資產管理業務實施細則》（簡稱證券業的「一法兩規」），放寬了對證券公司資產管理業務的限制，調整集合資產管理計畫審批制為備案制，為證券資產管理業務的發展指出了方向。二〇一三年七月十九日，中國證券業協會正式發佈《關於規範證券公司與銀行合作開展定向資產管理業務有關事項的通知》。這些政策法規在規範證券理財業務發展、防範風險的同時，也對業務發展進行了鬆綁，體現了「放鬆管制，鼓勵創新」的政策導向，極大地推動了證券理財業務的發展。

市場規模與風險

證券公司資產管理業務在二〇一二年得到了快速發展，全國各證券公司新發行集合理財產品共二百一十六支，較二〇一一年的一百零九支有快速增長；開展定向理財業務的證券公司從二〇一一年的四十八家發展為八十三家。❾中國證券業協會的資料顯示，二〇一一年底，整體券商受託管理資金本金總額僅有二千八百一十九億元，而截至二〇一二年底，一百一十四家證券公司管理的資產規模達一・八九萬億元，其中集合管理計畫規模超過二千億元，定向理財規模超過一・六萬億元，而專項資產管理規模只有不到三十五億元。短短一年時間，證券公司資管業務規模增長了超過一・五萬億元，尤其是二〇一二年十月證券公司資產管理業務的新管理辦法出台後，規模增長尤為明顯。而截至二〇一三年六月三十日，證券公司受託管理資金本金總額為三・四二萬億元，已經超過基金託管資產規模，較二〇一二年底的一・八九萬億元大幅增長百分之八十以上。❿（如表三）

對於證券公司理財業務來說，主要具有以下風險特徵：

▼投資人自擔風險

監管機構明確規定，理財產品的投資風險由投資人自行承擔，證券公司不得以任何方式向客戶

❾同註❽。

❿數據引自證券業協會，http://www.sac.net.cn/。

表三　近年來證券公司資產管理業務規模（存量）一覽表

		2007	2008	2009	2010	2011	2012
集合資產管理產品	產品數量（只）	26	42	82	157	275	435
	期末受託金額（億元）	788.09	511.54	928.71	1121.76	1502.56	2052.09
專項資產管理產品	產品數量（只）	--	19	18	11	13	19
	期末受託金額（億元）	--	79.76	42.67	10.63	10.37	34.39
定向資產管理產品	產品數量（只）	--	22	36	46	48	83
	期末受託金額（億元）	--	327.55	511.94	740.27	1305.75	16847.28

資料來源：中國證券業協會，http://www.sac.net.cn/。

做出資產本金不受損失，或者取得最低收益的承諾。但對於集合理財產品而言，證券公司可以在集合資產管理計畫合約中，規定收益分配比例和虧損承擔責任。證券公司以自有資產購買一定比例的由自家公司開發的集合產品，並在有關協定中約定當投資出現虧損時，證券公司投入的資金將優先用來彌補該公司其他購買人的損失，此類做法相當於證券公司利用自有資金對理財產品做出承諾，被稱為隱形保本。

▼信用違約風險普遍存在

一些證券理財業務最後的收益未能達到預期收益率，甚至出現虧損的情況，究其原因除了證券公司自身管理和專業水準不夠之外，股市長期萎靡不振也是重要原因之一，此時貨幣市場與債券類的表現要好於股票類的理財產品。

▼流動性風險較小

對於集合理財產品而言，投資購買的產品僅限於股票、債券、基金和股指期貨等金融產品。這些產品普遍具有高信用且流動性強的特點，因此資產和負債之間不存在期限轉換的問題，期限錯配引起的流動性風險較小。但值得注意的是，定向資產管理業務投資範圍較集合理財要廣，投資資產並不保證具有高流動性，例如一些以土地所有權作為標的資產進行融資的專案，而這類產品存在一定的期限錯配風險。

▼不存在高槓桿問題

由於投資者自負盈虧，證券公司原則上只承擔代為管理的責任，因此就理財產品而言，並沒有放大投資的作用，槓桿問題並不存在。但是，對於一些分級產品而言，證券公司為了增加增信措施，利用自有資金認購次級收益權，虧損時便可以利用自有資金承擔損失，而盈利時則可在收取一定管理費用之外，還能獲取專案的部分收益。這種產品本質上和利用自有資金放大投資操作沒有區別，存在實際上的槓桿，需要加以嚴格監管。

▼存在一定的監管套利

由於大量的銀證合作通道業務存在，證券理財產品的監管套利主要存在於定向資管業務中。透過銀證合作，銀行可以將表內表外資金互轉，藉以騰出信貸額度，同時獲取比信貸業務更高的收益。二〇一二年末，定向資管業務規模的猛增，其中有相當一部分便是來自於此類銀證合作的業務。

▼統計資料不完善

統計資料不完善的風險主要來自下列這兩項原因：第一，證券理財業務的一些交易在櫃檯交易市場進行，相較於公開市場而言，此類專案的資訊揭露不夠充分，在統計上會造成一定困難。第二，銀證合作業務中，購買證券公司理財產品可能是透過銀行理財計畫進行的，會造成銀行理財產品和證券理財產品的重複統計。

廣義的影子銀行及其產品特色

影子銀行本質上是一種平行於傳統銀行的體系，它是同樣從事信用中介活動並具有類似商業銀行的業務模式和風險特徵，但未受監管或監管不充分，因而是易導致系統性風險和監管套利的類銀行機構。據此判斷，證券公司理財業務具有廣義的影子銀行特徵，二者的交互關係如下：

1. **具有廣義影子銀行的特徵**：證券理財業務除了可能作為通道業務的定向資管業務，證券集合理財的事實功能與銀行存貸款業務相似，都可以從民眾手中吸取資金，代為管理並獲取一定收益。除認購門檻較高、投資範圍被限定之外，證券理財產品某種意義上可以成為銀行存貸款業務的替代品，因此具有一定的廣義影子銀行特徵。

2. **證券公司理財業務受到嚴格的監管，並沒有游離在監管體系之外**：證券理財產品在購買時對其流向、用途有明確的規定和要求，如集合理財產品只能投資於證券市場，其業務模式和商業銀行傳統存貸款業務存在較大差距。

3. **絕大多數業務不存在期限錯配的問題**：證券公司理財產品的標的資產絕大部分都是流動性僅比現金存款稍差的股票、債券等證券，且很多理財產品都是開放式的，流動性轉換相當好。

4. **證券理財業務並沒有高槓桿特徵**：除了某些證券公司利用自有資金認購次級收益權分級產品，存在一定的槓桿之外，證券公司理財產品基本上不存在槓桿。這使得在流動性不足或者虧損發生時理財產品的危機，不會進一步擴散到其他公司或行業。

總之，證券理財產品能夠為投資人提供市場化利率，滿足理財需求，並能夠為融資方在銀行貸款之外提供融資管道。但和銀行傳統存貸款業務相比存在明顯差別，並受到嚴格監管，其總體規模和發展形勢隨監管政策而變化極大，雖然部分分級產品存在一定槓桿，但就總體規模來看沒有達到高槓桿，風險可控。因此，證券理財產品雖表現出廣義影子銀行的特徵，但並不會引發系統性風險，故不屬於狹義的影子銀行。

▼證券理財產品的特點

經過多年發展，證券公司理財產品的發行已經建立起較為完備的體系，形成了較為固定的流程。一些理財產品採用了分級結構設計，規定了自認購比例及風險準備金，作為兜底增信措施，使得證券公司自己能夠利用自有資金參與其中。這主要出於兩個原因：第一，參與集合計畫的證券公司不但獲得了管理費、業績報酬收益，而且能分享投資收益；第二，處在低谷的證券市場，實際上是利用自有資金做增信，除為投資者帶來有限保障，還可以增加發行量。

目前的證券理財產品表現出以下特點：收益率更市場化；對投資期限、投資範圍、資產配置都有較為詳盡的說明與要求；各理財產品由於投資目標的不同，其產品要素也存在較大的差異，**表四**就

表四　證券公司理財業務與傳統銀行存貸款業務比較

	證券公司理財業務	傳統銀行存貸款業務
收益率	完全市場化，由證券公司和相關利益機構自行確定	存貸款利率受國家政策嚴格限制
投資範圍	受監管部門嚴格限制，如集合理財產品投資範圍只能包括債券、股票、基金等信用高且流動性強的證券產品，理財業務投資範圍也包括銀行存款	理論上貸款範圍極為廣闊，近於沒有限制
收益風險	投資風險由客戶自行承擔，證券公司不得以任何方式，對客戶做出資產本金不受損失或者可取得最低收益的承諾	有確定存貸款利率，並受國家監控，風險較小
資訊公開	集合理財產品不要求定期公開資訊，定向資管業務視合同要求而定	貸款去向不會向存款人說明
進入門檻	有認購起點	一般無最低限額
破產處理	客戶委託資產與證券公司、資產託管機構自有資產相互獨立；證券公司、資產託管機構破產或者清算時，客戶委託資產不屬於其破產財產或者清算財產	根據《破產法》，個人存款會優先清償
資產形式	不限於現金，比如定向資產管理業務的委託資產可以是現金、債券、資產支援證券、證券投資基金、股票、金融衍生品，或為中國證監會所允許的其他金融資產	現金

是證券理財業務和傳統商業銀行存貸款業務的區別。

未來的發展趨勢

隨著證券理財業務的爆發式增長，其發展趨勢呈現出一定的變化：

1.**創新產品出現速度加快**：二〇一二年，證券公司推出了不少創新理財產品，既參考其他競爭對手，如基金、信託等資管產品設計的成果，也有和其他金融機構，如私募等合作的產品。

2.**資產規模擴張增速**：證券理財產品與資產管理領域其他競爭對手，如信託、基金相比，雖然也存在一些缺點，比如投資範圍受限，不具有信託的財產隔離功能，但具有投資者進入門檻更低、銀證合作業務費用更低、流動性高等優勢。由於券商資管業務受到監管層的鼓勵，而之前的銀信合作則受到更多的政策限制，信託爆發式的增長受到一定限制，故券商資管業務會有更大的發展。

3. **監管體系更完善**：二〇一三年二月，證監會發佈《資產管理機構開展公募證券投資基金管理業務暫行規定》（以下簡稱《暫行規定》），並於當年六月一日開始生效，與二〇一三年六月一日起實施的《證券投資基金法》相呼應。《暫行規定》允許券商、私募和保險機構從事公募業務，同時證券公司不允許再發起設立投資者超過二百人的集合資產管理計畫，由其開展的公募基金業務替代，這意味著證券公司的大集合產品被基金所替代。

基金理財業務

基金是一種由專家管理的集合投資制度，按照募集資金的範圍和方式區分，可分為公募基金、非公開募集基金。公募基金是向社會公眾，即普通投資者公開募集的資金，受到監管機構的嚴格監管，在投資方向與投資比例上也受到嚴格限制。按投資方向可分為股票型基金、債券型基金、混合型基金、指數型基金和貨幣市場型基金等；按投資風格可分為成長型基金、平衡型基金、收益型基金和保本型基金等；按基金結構可分為單一結構基金、系列基金或傘型基金等。

基金理財產品的快速發展與緣由

▼多元化發展

二〇〇七年，公募基金呈現爆發性增長，基金淨值狂飆至三・二萬億元，但隨後全球金融危機爆發，受股市拖累，二〇〇八年公募基金淨值的總額驟然跌至兩萬億元以下。在二〇〇八到二〇一二年間，雖然基金發行總數穩定增長，但由於股市一直增長乏力，基金淨值呈現波動，並沒有和基金發行總數一樣呈現增長趨勢。

非公開募集基金則是透過非公開發售的方式，直接向特定群體募集的基金，主要包括社保基金、企業年金基金、特定客戶資產管理業務和私募基金。

社保基金由全國社保基金理事會指定的社保基金管理人進行管理。二〇〇一年十二月十三日，財政部、勞動和社會保障部公佈了《全國社會保障基金投資管理暫行辦法》。二〇〇二年底，南方、博時、華夏、鵬華、長盛、嘉實六家基金公司成為首批社保基金管理人，中國銀行、交通銀行為基金託管人。二〇〇四年，易方達、國泰和招商三家基金公司成為社保基金第二批境內委託投資的基金公司。二〇一〇年，大成基金、富國基金、工銀瑞信基金、廣發基金、海富通基金、匯添富基金、銀華基金七家基金公司成為第三批社保基金管理人。

企業年金基金是指根據依法制定的企業年金計畫籌集的資金，及其投資運營收益形成的企業補充養老保險基金。二〇〇四年五月起，開始實施《企業年金基金管理試行辦法》。二〇〇五年，第一批公司獲得企業年金基金管理機構資格。二〇〇七年，包括二十四家公司在內的第二批企業年金基金管理機構名單公佈。二〇一一年五月一日起施行修改後的《企業年金基金管理辦法》，對年金限制有一定放寬，如股票投資上限比例最高可達基金淨資產的百分之三十。

特定客戶資產管理業務是指基金管理公司向特定客戶募集資金，或者接受特定客戶財產委託擔任資產管理人，由託管機構擔任資產託管人，為資產委託人的利益，運用委託財產進行投資的活動。二〇一一年八月，證監會發佈了《基金管理公司特定客戶資產管理業務試點辦法》及兩個配套的合約準則⓫，對已有的五個法規⓬進行整合。二〇一二年九月二十六日，中國證券監督管理委員會公佈新修訂的《基金管理公司特定客戶資產管理業務試點辦法》，規定基金管理公司應當設立專門的子公司，透過設立專項資產管理計畫開展專項資產管理業務。隨後，證監會又頒佈了《證券投資基金管理公司子公司管理暫行規定》。截至二〇一三年三月，獲批成立的基金管理子公司已近二十家。

私募基金（private fund）是私下或直接向特定群體募集的資金，廣義的私募基金除指證券投資基金外，還包括私募股權基金。私募股權基金的運作方式是股權投資，即透過增資擴股或股份轉讓的方

⓫即《基金管理公司單一客戶資產管理合約內容與格式準則》和《基金管理公司特定多個客戶資產管理合約內容與格式準則》兩個合約。

⓬即《基金管理公司特定客戶資產管理業務試點辦法》、《中國證券監督管理委員會關於實施〈基金管理公司特定客戶資產管理業務試點辦法〉有關問題的通知》、《關於基金管理公司開展特定多個客戶資產管理業務有關問題的規定》、《特定資產管理合約內容與格式指引》、《基金管理公司特定多個客戶資產管理合約內容與格式準則》等五個法規。

式獲得非上市公司股份，並透過股份增值轉讓獲利。相比公募基金，私募基金的方式更靈活，資訊公開程度較低，更加注重業績。二〇一二年底公佈的《證券投資基金法》首次將私募基金納入了監管範圍。

▼基金理財產品的發展緣由

和傳統商業銀行存貸款業務相比，基金理財產品在收益率、投資範圍、投資風險、資訊公開等方面均有所不同（如**表五**），成為大眾理財最主要的管道之一，投資人資金的靈活配置是基金理財產品發展的主要原因之一，除此之外則主要受到以下幾個方面的影響：

○宏觀形勢

宏觀經濟形勢，尤其是股市債市的發展直接影響基金理財產品的發行，由公募基金的歷史發展就可見一斑。此外，泛資產管理行業的發展造成激烈競爭。二〇一三年二月，證監會發佈《資產管理機構開展公募證券投資基金管理業務暫行規定》，規定證券公司不允許再發起設立投資者超過二百

表五　基金與傳統銀行存貸款業務比較

	基金	傳統銀行存貸款業務
收益率	受證券市場走勢影響較大，特定資產管理計畫由基金公司和相關利益機構自行確定	存貸款利率受國家政策嚴格限制
投資範圍	受到監管部門嚴格限制，公募基金全部為證券投資，特定客戶資產管理業務的投資範圍較為廣闊	理論貸款範圍極為廣闊，近於沒有限制
投資風險	投資風險由客戶自行承擔，會出現負收益率的情況	有確定的存貸款利率，並受國家監控，風險較小
資訊公開	公募基金資訊揭露透明度高，非公募基金的資訊不對外公開	貸款去向不會向存款人說明
進入門檻	有認購起點，但門檻不高	一般無最低限額

人的集合資產管理計畫，新設立的由其開展的公募基金業務替代。

由此無論證券公司、私募基金還是保險機構都可以發行公募基金，公募基金不再是基金公司的獨有業務，公募基金的競爭會愈發激烈。

投資方意願

對於基金來說，以個人投資為主體的投資方意願和需求無疑是影響基金發展的重要因素。第一，基金是大眾理財最主要的管道之一，它和其他理財產品相比既有許多相似之處，也存在許多不同。基金的投資範圍較窄，證券公司理財產品的投資範圍較為靈活，甚至可以購買基金產品。基金的認購起點很低，公募基金的最低購買額只有一千元，而信託產品的認購最低金額是一百萬元。購買基金可以採取定期定額的方式，適合中長線持續投資，且申購贖回的週期一般為兩到三天，可以隨時贖回變現。而券商集合理財產品和信託產品的存續期一般都為兩到三年，在購買後有一個封閉期。第二，專項資產管理業務具有資訊揭露程度較低、資金配置靈活、基金公司不受淨資本約束等特點，這也使得基金公司的專項資產管理計畫在開展通道業務時具有明顯優勢，對於銀行透過基金專項資管業務進行投資具有一定吸引力。

監管方政策

監管政策與措施的發展及轉變是推動證券理財業務發展的重要因素。基金的發行和運作一直受到嚴格監管，具有較高的透明度。二〇〇四年七月起開始實施的《證券投資基金資訊揭露管理辦法》規定，基金訊息揭露義務人應當在中國證監會規定的時間內，將應予披露的基金資訊透過中國證監會指定的全國性報刊和基金管理人、基金託管人的互聯網網站等媒介披露，並保證投資人能夠按照基金合約約定的時間和方式查閱，或者複製公開揭露的訊息資料。基金管理人應當至少每週公告一次基金的資產淨值和份額淨值，並應當公告半年度和年度最後一個市場交易日基金資產淨值和基金份額淨值，而且基金管理人應當在每個開放日的次日，透過網站、基金份額發售網點以及其他媒介，披露開放日的基金份額淨值和基金份額累計淨值。

市場規模與風險

截至二〇一二年底，中國已經擁有七十三家基金公司，管理著一千一百七十四支各類公募基金產品。基金業協會資料顯示，截至二〇一二年十二月三十一日，全行業管理資產規模合計三萬六千二百二十五．五二億元，其中管理的非公開募集基金（社保基金、企業年金基金和特定客戶資產管理業務）規模達七千五百六十四．五二億元，占全行業管理資產規模的百分之二十．八八，公募基金（封閉式基金和開放式基金）規模達二萬八千六百六十一億元，占全行業管理資產規模的百分之七十九．一二（如表六）。二〇一二年，全行業管理資產規模較二〇一一年增長百分之三十．五三，其中非公開募集基金規模增長百分之二十八．七九，公募基金規模增長百分之三十．九九。[13]二〇一二年底各類基金淨值占比如圖三。

表六 二〇一二年底基金資產規模分佈

類型	期末淨值約占比（%）
公募基金	79
企業年金基金	5
社保基金	10
特定客戶資產管理業務	6
合計	100

資料來源：中國證券投資基金業協會，中國社會科學院金融研究所財富管理研究中心。

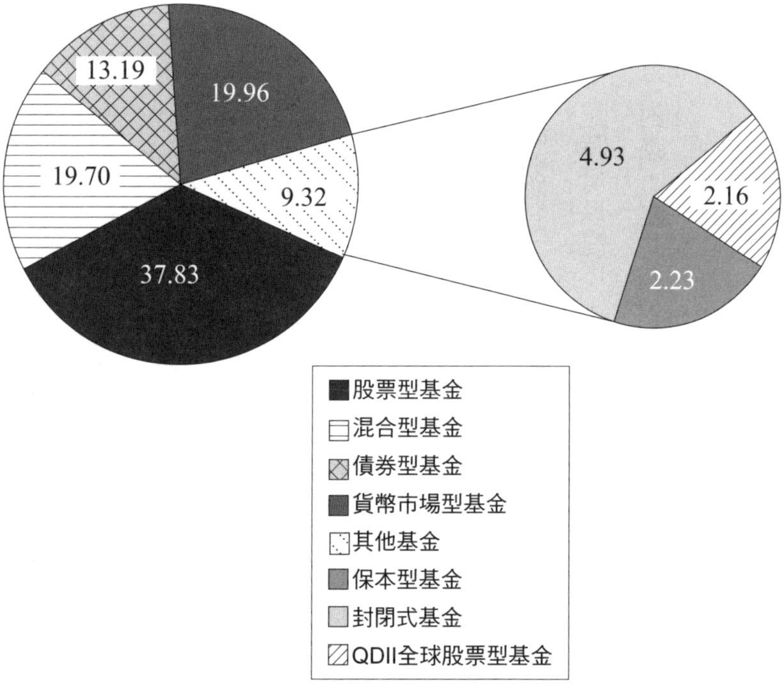

圖三 二〇一二年底各類基金淨值占比（單位：%）

⓭ 數據引自中國證券投資基金業協會網站，http://www.amac.org.cn/。

對於基金理財產品來說，主要具有以下風險特徵：

▼投資人自擔風險

基金的投資風險由投資人自行承擔，不會以任何方式對客戶做出資產本金不受損失或可以取得最低收益的承諾。投資人需注意的是，基金產品最後的收益未能達到預期收益率，甚至出現虧損的情況並不罕見，特別是二〇一二年以來，因受股市低迷影響，基金收益率普遍較低。

▼特定客戶資產管理業務存在信用違約風險

資金子公司開展的特定客戶資產管理業務，有可能會面臨交易對手違約的信用風險。因為基金子公司不受淨資本約束，監管部門並不要求其淨資本和風險資本匹配（對於信託和證券公司則有此要求），一旦基金發生虧損，基金公司難以以自身資金做出有效應對。

▼流動性風險極小

公募基金的投資範圍僅限於股票、債券等證券產品，本身屬於高流動性金融產品。對於開放式基金，其申購贖回的週期一般只有二至三天，隨時可以變現，流動性好。即便是特定客戶資產管理業務，在一般情況下產品期限與投資期限能一一對應，因此基金理財產品並不存在期限轉換的問題，期限錯配引起的流動性風險很小。

▼不存在高槓桿問題

由於投資者自負盈虧，基金公司原則上只承擔代為管理的責任，因此就基金本身而言，並沒有放大投資的作用，在發生金融危機時也沒有傳染性。但是，與證券公司和信託公司不同，監管部門並不要求基金子公司的淨資本和風險資本相匹配。這使得基金子公司可以在不考慮資本約束的情況下近乎無限地擴大資產管理規模，在極端情況下，一旦發生風險時，幾乎沒有應對能力。

▼有可能存在監管套利

由於通道業務存在，銀行可以透過基金子公司的特定客戶資產管理業務，將表內表外資金互轉，藉以騰出信貸額度，同時獲取比信貸業務更高的收益。因此，特定客戶資產管理業務可能存在一定的監管套利。

基金理財業務不列入影子銀行

基於以下原因，本書不將基金理財業務列入影子銀行：

1. 公募基金、社保基金、企業年金基金等均不具備影子銀行特徵，但基金子公司特定客戶資產管理業務則具有一定程度上的廣義影子銀行特徵。公募基金、社保基金、企業年金基金有著嚴格的投資範圍限定，且遵循投資者自擔風險的原則，所以不具備影子銀行的特徵。而基金子公司開展的特定客戶資產管理業務投資範圍較廣，與信託產品極為類似，一定程度上可以成為銀行存貸款業務的替代品，具有一定的影子銀行特徵。

2. 無論是公募基金還是非公開募集基金，都受到嚴格的監管，並沒有游離在監管體系之外，所以不具有影子銀行特徵。

3.基金理財產品不存在期限錯配的問題。基金理財產品的標的資產絕大部分都是流動性，且僅比現金存款稍差的股票、債券等證券，由於大部分都是開放式的，不存在封閉期，其流動性轉換相當好，可以隨時變現。

4.基金理財產品沒有高槓桿特徵，但由於基金子公司資產管理業務的開展，可以在不考慮資本約束的情況下，近乎無限地擴大資產管理規模，從這個角度來說，是存在著高槓桿的可能。

總而言之，公募基金、社保基金、企業年金基金不具備影子銀行特徵，基金子公司開展的特定客戶資產管理業務雖然具有一定的影子銀行特徵，但由於受到嚴格監管，不存在期限錯配，且就基金理財產品的總體規模來看並沒有達到高槓桿，因此基金理財產品不屬於影子銀行。

未來的發展趨勢

▼中國基金理財業務的發展趨勢

基金理財業務的發展趨勢主要有以下兩點：

◯公募基金業務門檻降低，競爭加劇

二〇一三年六月一日，新的《證券投資基金法》正式實施，已發展八年有餘的券商資管大集合理財產品被券商公募基金產品取代，證券公司、私募基金和保險機構都可以在符合條件的情況下發行

公募基金，由此拉開了資產管理公募基金的時代。

同時，基金銷售管道也在拓寬，在以往的開放式基金銷售中，商業銀行代銷管道占據絕大多數比例，基金銷售管道較為單一。二〇一一年十月起施行的修訂後的《證券投資基金銷售管理辦法》和《證券投資基金銷售結算資金管理暫行規定》放寬了基金銷售機構的准入條件，制度上的放寬得基金銷售管道的拓寬成為可能。長期來看，基金市場有望形成多管道銷售模式。

◯特定資產管理業務發展前景看好

根據證監會規定，特定資產管理業務的資產投資範圍除現金、銀行存款、股票、債券、證券投資基金、央行票據、非金融企業債務融資工具、資產擔保證券、商品期貨及其他金融衍生品之外，還包括「未通過證券交易所轉讓的股權、債權及其他財產權利」以及「中國證監會認可的其他資產」。這使得特定資產管理業務的投資範圍極為廣闊，投資方式多樣，能夠開展小額信貸資產轉讓、房地產、融資租賃、股票質押回購等多種形式的類資產證券化業務，同時避開股市低迷的影響。

對於基金公司特定資產管理業務，特別是專項資產管理計畫而言，具有資訊揭露程度較低、資金配置靈活、基金公司的淨資本不受約束（監管部門對開展專項資產管理業務的基金子公司只要求其註冊資本額不少於二千萬元，不要求其淨資本和風險資本匹配）等特點，這也使得基金公司的專項資產管理計畫在開展通道業務時具有明顯優勢。可以預見，在公募基金受股市影響的情況下，特定資產管理業務具有極大的發展空間。

▼與國際的比較

基金在已開發國家已有上百年的歷史，其起源於英國，興盛於美國。基金具有專家理財、分散投資、高度透明、穩定性強等特點，深受投資者的歡迎和青睞。幾十年來，基金在國外的發展速度遠遠超過了其他金融產品，已經成為民眾最重要的投資標的，在全球的資產管理行業中占據重要的地位。根據美國投資公司協會（ICI）的統計，截至二〇一二年末，全球管理的共同基金淨值規模約二六．八萬億美元，其中美國就占了十三萬億美元，占全球總規模近一半，中國在全世界排名為第十位，占全球共同基金總規模的百分之一．六，只相當於美國的三十分之一、日本的百分之六十，比德國略高。

基金在國外的發展相對成熟，按主投資標的分類，基金可以分為證券投資基金（標的為股票、債券）、期貨投資基金（標的為期貨合約）、貨幣投資基金（標的為外匯）、黃金投資基金（標的為黃金）、基金投資基金（Fund of Fund, FOF，標的為PE與VC基金）、房地產投資基金（Real Estate Investment Trusts, REITS，標的為房地產）、信託投資基金（Trust of Trust, TOT，標的為信託產品）、對沖基金（又叫套利基金，標的為套利空間）等，而在中國許多基金種類都是只有此類概念而並無實踐。中國的公募基金只有證券投資基金，而私募基金也是以證券投資和股權投資為主。

美國作為現代金融業最發達的國家，其國內股票型基金以美國國內股票為主要投資對象。二十世紀九〇年代以來，為了滿足投資人的需求，大型的基金公司不斷拓展自身產品線，股票基金的數量迅速增長，在投資風格方面分為價值型、平衡型和成長型等，在投資股票規模方面分為大型、中型和小型。現階段，美國擁有超過一萬支國內股票基金，其中大型股票基金占據了近百分之五十的份額。在大型股票基金中平衡型基金份額占據優勢，在中小型股票基金中則是成長型基金份額一枝獨秀，而不管是大型、中型還是小型股票基金，在所占份額上價值型基金均相對處於劣勢。

保險理財業務

保險理財產品的分類與發展緣由

保險理財業務按照發行機構的不同，主要分為兩大類：一類是保險公司的理財業務；另一類是保險資產管理公司的理財業務。

▼保險公司的理財業務

相對於傳統保障型壽險保單，分紅保單向保單持有人提供的是非保障的保險利益，因此分紅（保）險成為世界各國壽險公司規避利率風險、保證自身穩健經營的有效手段。在此背景下，分紅險作為一種保險產品被中國的壽險公司所採用。

隨著經濟的快速增長，個人財富不斷積累，投資需求日益強烈。銀行、基金等金融機構為了更多地吸收個人金融資產，相繼開發了很多新的金融業務，消費者可透過儲蓄或其他投資工具獲得更好的財務機會，而傳統壽險公司單純依靠傳統保險業務的發展模式難以為繼，增強保險產品的理財投資功能，成為壽險公司業務發展的方向。在此背景下，壽險公司開始相繼推出投資功能較強的投連險（投資連接險）和萬能險。

保險公司的理財業務是壽險公司在傳統的人壽保險的基礎上，發展起來的具備理財功能的產品，包括：分紅險⓮、投資連接險⓯和萬能險⓰三種。

○分紅險產品

第一款分紅險產品由中國人壽於二〇〇〇年推出，十多年來取得了快速發展。

分紅險的理財功能主要體現在分紅上。現有的監管法規規定，保險公司每一個會計年度向保單持有人實際分配盈餘的比例，不得低於當年可分配盈餘的百分之七十，而可供分配的盈餘來源主要包括：死差益、利差益和費差益。其中，「死差益」是指實際死亡率小於預定死亡率而產生的利益；「利差益」是指保險公司實際投資收益率高於預定利率，兩者之間的差額即為利差益；「費差益」是指保險公司實際的營運管理費用低於預計的營運管理費用時所產生的盈餘。一般情況下，壽險公司不會把分紅帳戶每年產生的盈餘全部作為可分配盈餘，而是會根據對未來經濟、資本市場以及分紅險種經營狀況的預期，在保證未來紅利基本平穩的條件下進行分配（**圖四**為分紅險的運作原理）。

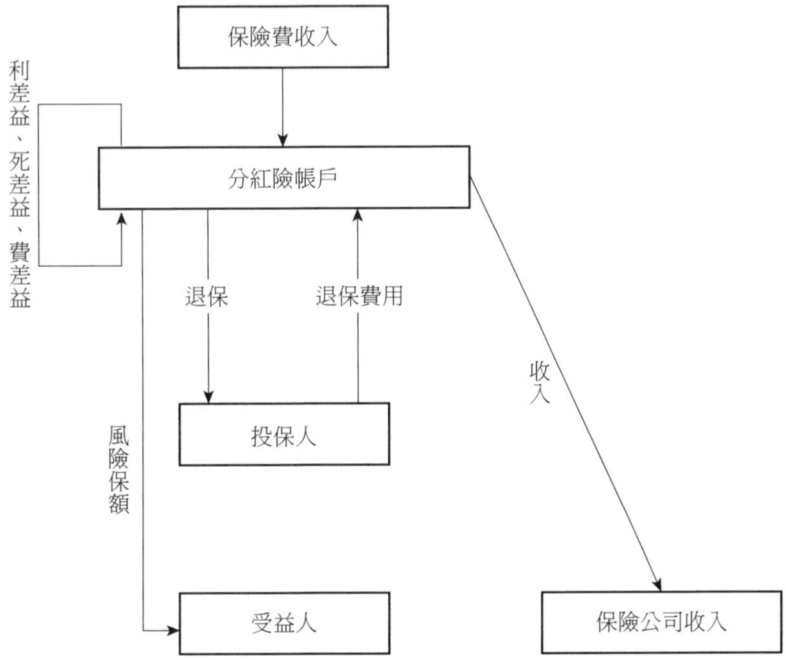

圖四　分紅險的運作原理

○投連險產品

第一款投資連接險（以下簡稱「投連險」）產品由平安保險於一九九九年推出，此後投連險產品借助當時的資本市場及其全新的投資理念，受到資本市場的熱烈追捧，迅速得到市場認可。根據保監會的統計，二〇〇一年投連險保費收入高

⓮分紅險是一種保單持有人與保險公司分享經營成果的險種，保險公司將其實際經營成果優於定價假設的可分配盈餘，按照一定比例向保單持有人進行分配。投保人不僅可以得到傳統保單規定的保險責任，還可享受保險公司的經營成果。

⓯投資連接險是保險公司發行的，集保障功能與投資功能於一體的新型壽險產品。投資連接險和資本市場關係緊密，始終和資本市場保持同向變動，受資本市場波動的影響，投資連接險的發展較為波折。

⓰萬能險，由保險公司所發行，一種介於分紅險和投資連接險間的，集保障功能與投資功能於一體的新型壽險產品；其投資功能高於分紅險，但低於投資連接險，設有保底收益，屬於儲蓄類產品。

達一〇六・六二億元，同比增長高達百分之五百四十二・二六；二〇〇一年下半年，中國股票市場遭遇熊市，殃及投連險，客戶投訴、退保糾紛開始出現，投連險業務出現危機；二〇〇二至二〇〇五年，尚處於試水階段的中資保險機構經歷了一場巨大的「退保風波」，投連險業務的市場份額逐年下滑；二〇〇六年底股市開始復甦，投連險又開始走俏，投連險保險費收入結束了從二〇〇二年開始的連續四年負增長；二〇〇七年，受益於資本市場的良好表現，與資本市場緊密掛鉤的投連險一度呈現「瘋」銷的火爆場面；二〇〇八年開始，資本市場進入下行週期，投連險也開始進入下行通道；二〇〇九年投連險保費一百四十七・九億元，同比下降幅度達百分之六十五・二；二〇一〇年，投連險保費一百五十二・八億元，同比僅增長百分之三・三；二〇一一年投連險保費收入同比下降十四・一。

根據保監會的監管法規，作為一種理財功能最為強大的保險理財產品，投連險帳戶分為兩類帳戶：一類是普通帳戶，主要承擔保險的保障功能；另一類是投資帳戶，主要承擔投資功能。透過設置這兩類帳戶，將投連險的保障功能和投資功能嚴格區分開來。此外，投連險一般根據投資標的組合的不同，設置了風險程度不同的多個帳戶供投保人自主選擇。（**圖五**為投連險的運作原理）。

○萬能險產品

第一款萬能險產品由太平洋保險於二〇〇〇年推出。一如投連險，萬能險和資本市場聯繫也較為緊密，萬能險推出的前兩年，受益於紅火的股市，萬能險的銷量迅速上升，但二〇〇二年以後隨著資本市場進入低谷，萬能險的銷售量也迅速下降；二〇〇五年開始，隨著資本市場進入新一輪的上升軌

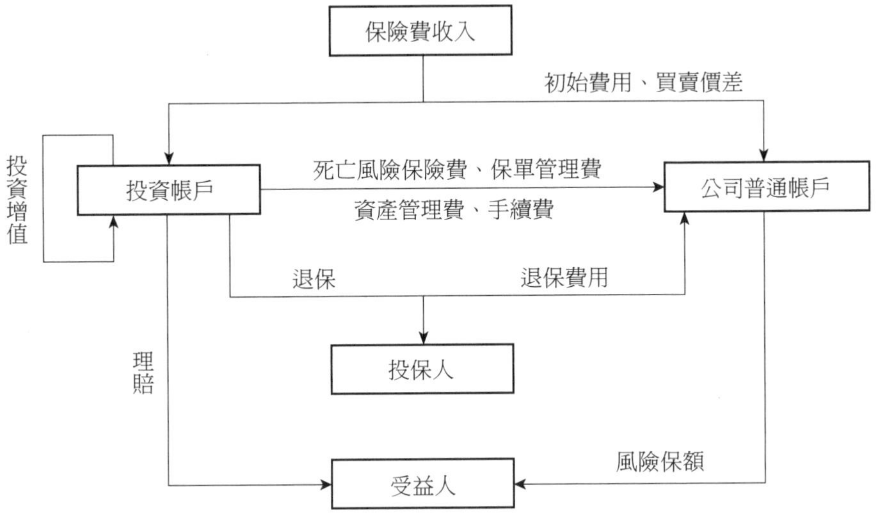

圖五　投連險的運作原理

道，萬能險也開始走俏；二〇〇八年隨著股市進入下降通道；二〇〇九年萬能險保費收入同比下降百分之二十七．三；二〇一〇年同比增長百分之六．五；二〇一一年萬能險保費收入則同比減少百分之八．三。

萬能險的操作原理可以描述如下：每一期保險費在被扣除初始費用後，進入到保單帳戶中。保險公司會定期從保單帳戶中收取死亡風險保險費、保單管理費、資產管理費和手續費，若保單中途退保，則還有可能收取退保費用。與投連險的多個投資帳戶、投資者可以自由選擇並自擔風險；萬能險通常只有一個投資帳戶，且資產配置和投資決策由保險公司決定，投保人沒有自主選擇的權利。保險公司通常也不會單獨管理萬能險的保單帳戶，而是將其與其他險種的保險資金一同放在普通帳戶中運行。在確定帳戶收益時，保險公司必須將總的投資收益以適當的方式分割，分別計入到萬能險的保單帳戶和其他險種的保險帳戶中，而保單帳戶的價值按照保險公司定期公佈的結算利率計算，計算利率不低於最低保證利率（圖六為萬能險的運作原理）。

▼保險資產管理公司的理財業務

作為保險公司的子公司，保險資產管理公司理財業務的發展動因有二：第一，是為了滿足保險公司保險資金保值增值的需要，為保險公司的業務發展服務。一方面，隨著國民財富的不斷增加，保險意識也在日益增強，保險資產的規模持續擴大，保險資產保值增值的需求日益強烈；另一方面，保險公司理財業務的發展需要專業的投資管理能力。與此同時，保險資金的性質決定了保險資金的投資偏重穩健，在金融體系不完善的背景下難以藉由其他外部金融機構實現投資目標。在這樣的條件下，保險公司選擇發起設立保險資產管理公司，專門負責保險資金的投資運作。第二，進軍資產管理行業，滿足自身發展需要。作為

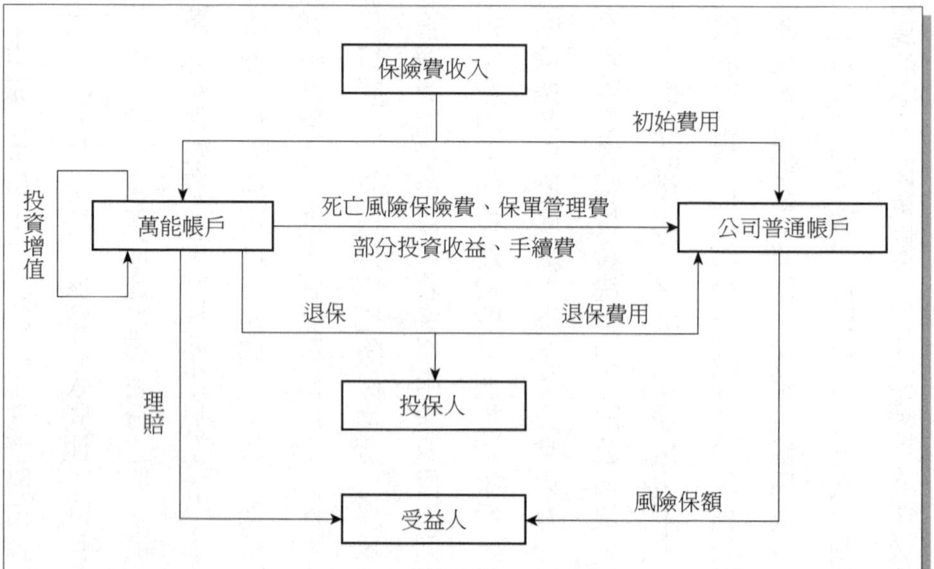

圖六　萬能險的運作原理

專門的資產管理公司，保險資產管理公司單純負責保險資金的投資運作模式，一方面受制於保險公司的發展狀況，另一方面隨著保險資金投資的開放，面臨其他金融機構的競爭，壓力不斷增大。

保險資產管理公司是指經保監會會同有關部門批准，依法登記註冊、受託管理保險資金的金融機構。第一家保險資產管理公司，中國人保資產管理公司成立於二〇〇三年。二〇一〇年之前，監管機構對保險資產管理公司的審批較為嚴格，保險資產管理公司均由大型保險公司發起設立；二〇一〇年之後，監管機構開始對中小保險公司設立保險資產管理公司開放。⑰如今，已有超過百分之七十的保險公司設立了獨立的資產管理部門，開展直投業務。

保險資產管理產品是由保險資產管理公司依據《中華人民共和國保險法》、《中華人民共和國證券法》、《保險資產管理公司管理暫行規定》等法律法規發起的類證券投資基金產品，保監會對該產品的設立實行備案制管理。⑱第一支保險資產管理產品——華泰國開滬通投資產品二〇〇六年即已

---

⑰二〇一二年保險新政頒佈之前，由保險公司發起設立並由保監會監管的專業資產管理機構——保險資產管理公司，其核心理財業務是受託管理其集團公司，以及第三方保險公司的保險資金、發行基礎設施債權投資計畫和資產管理產品，提供集團公司或由母公司進行認購，為保險公司提供投連險管理服務。常見的形式主要是替集團和中小險企業購買股票與基金。

⑱保險資產管理公司目前獨自發行的理財產品主要是債權投資計畫和保險資產管理產品。債權投資計畫是指保險資產管理公司等專業管理機構作為受託人，根據《保險資金間接投資基礎設施專案試點管理辦法》和《保險資金間接投資基礎設施債權投資計畫管理指引（試行）》等監管規定，向委託人（境內保險公司、保險集團公司和保險控股公司）發行受益憑證，募集資金以債權方式投資基礎設施專案，按照約定支付預期收益，並兌付本金的金融產品。

設立，但是至今發行支數較少，二〇一二年之前僅有七支，且均發行於二〇〇六至二〇〇七年間。

市場規模與風險

▼保險公司理財業務市場規模

截至二〇一一年底，分紅險保費收入達七千六百六十二．五億元，分紅險在壽險業務中的比重高達百分之八十．二，成為壽險的主力品種；投連險方面，根據華寶證券發佈的「二〇一二年中國投連險分類帳戶排名年報」，二〇一一年底投連險總規模為八百四十三億元；萬能險的規模尚無公開資料。

▼保險資產管理公司理財業務市場規模

截至二〇一二年底，已獲批的保險資產管理公司（不包括香港）達十六家，其中可以開展保險資金委託的有十三家（如**表七**）。

業務開展方面，據保監會透露，截至二〇一二年十二月末，保險機構累計發售八十三項基礎設施投資計畫、十一項不動產債權計畫，備案金額三千零二十五億元；截至二〇一三年三月底，保險資產管理公司共發行了十款產品：二〇一二年之前發行了七款、二〇一三年前三個月發行了三款；其中，人保資產管理公司發行一款，泰康資產管理公司發行兩款。

表七　截至二〇一二年底獲批的保險資產管理公司一覽表

保險資產管理公司	獲批時間	股東情況	是否已經獲得資金委託資格	註冊資本	受託資產管理總規模
人保資產管理	2003年	人保集團（81%）、德國慕尼克再保險資管公司（19%）	是	8億元	超過3,000億元
人壽資產管理	2003年	中國人壽保險（集團）、中國人壽保險股份有限公司	是	30億元	超過10,000億元
平安資產管理	2005年	由中國平安發起設立	是	5億元	9,823.63億元
中再資產管理	2005年	中再集團、瑞士再保資產管理	是	2億元	超過130億元
華泰資產管理	2005年	由華泰保險發起設立	是	1億元	
太平資產管理	2006年	中國太平保險集團	是	1億元	超過1,800億元
新華資產管理	2006年	新華保險集團	是	1億元	
泰康資產管理	2006年	泰康人壽、中誠信託	是	10億元	超過4,600億元
太平洋資產管理	2006年	中國太平洋保險	是	5億元	超100億元
生命資產管理	2010年	生命人壽、深圳市國利投資	是	1億元	
光大永明資產管理	2011年	中國光大（集團）總公司、光大永明人壽	是	1億元	
合眾資產管理	2011年	合眾人壽、中發實業	是	1億元	
安邦資產管理	2011年	安邦財產、安邦人壽	是	3億元	
民生通惠資產管理	2012年	民生人壽	否	1億元	
陽光資產管理	2012年	陽光保險集團、陽光財產、陽光人壽、標準（北京）保險經紀有限公司	否	1億元	
中英益利資產管理	2012年	中英人壽、信泰人壽、華潤深國投、上海凱石投資管理有限公司	否	1億元	

保險理財業務不列入影子銀行

▼保險公司理財業務不屬於影子銀行

○分紅險的探討

各國保險監管機構都非常重視對分紅險的監管，保障保單持有人的利益和保證壽險公司具備持續經營能力，是保險監管機構對分紅保險業務監管的核心。對分紅險的監管重點主要集中在分紅產品的紅利演示、紅利分配、資訊揭露、保單持有人的合理預期和分紅基金負債的確認等方面。

分紅險作為壽險的一種，雖然具備理財功能，但和傳統壽險產品一樣，投保人繳納的分紅險保費仍屬於保險公司的負債，並且這種負債具備長期性，一般均在五年以上，受保險資金運用範圍的約束。「長債短用」一直是壽險資金面臨的主要問題；因此，分紅險不存在「短債長用」的問題，在具體投資的金融產品中不存在期限錯配的問題。一方面，保險資金的投資標的涵蓋了銀行存款、債券等大量高流動性金融產品；另一方面，分紅險一般均約定了退保的交易費用，退保率得到一定抑制，因此，分紅險的流動性風險較小。作為一種非保障的保險利益，分紅險不保證投保人分紅的實現，因此也不存在信用風險轉移特徵。穩健投資是保險資金運用的一個基本原則，高槓桿問題也不存在。因此，分紅險業務不屬於影子銀行。

投連險的探討

投連險實質上是一種類證券投資基金，投資標的和證券投資基金相同，主要投資於股票市場和債券市場，並且依其投資標的類別與比例分為：激進型、混合保守型、混合激進型、增強債券型、指數型、貨幣型和全債型等七種，因此投連險不存在期限錯配和高槓桿問題。雖然投連險帳戶每日公佈淨值，隨時可以退保，但是投連險的投資標的具備高流動性，且一般對退保設置有交易成本，在一般情況下其流動性風險較小。此外，投連險投資帳戶的風險完全由投保人自擔，不存在信用風險轉移問題。因此，投連險業務不屬於影子銀行。

萬能險的探討

和分紅險一樣，萬能險目前也不存在期限錯配、流動性風險和高槓桿問題，但是由於保證最低利率，萬能險存在著信用風險轉移問題。然而，值得注意的是，二〇一三年三月之後，一些保險公司開始大量發行期限較短的理財產品。從屬性上來講，除了包含身故或全殘保障外，這些萬能險與銀行保本型短期理財產品相同。最低持有期限長則一年，短則三個月、一個月，甚至更短。退保手續費也較低，例如泰康人壽「旺財1號」一年內退保扣百分之五，一年後退保免費；合眾人壽「好太太理財步步穩盈」一年內退保扣百分之三，一年後退保免費。一旦這種超短期萬能險投資標的中包含有基礎設施債權等長期限金融產品，期限錯配問題就會出現，但由於其規模不大，而且受到監管，並不會引發系統性風險和監管套利；因此，不屬於狹義上的影子銀行。

▼保險資產管理公司理財業務不屬於影子銀行

債權投資計畫受《中華人民共和國保險法》、《中華人民共和國信託法》和《中華人民共和國合約法》等法律、行政法規約束，運用信託原理在信託的基礎上，由受益人聘請獨立監督人，對受託人管理投資計畫和專案的具體運行情況進行監督。債權投資計畫的投資範圍主要包括交通、通信、能源、市政、環境保護等國家級重點基礎設施項目與不動產。

資金來源的短期化與資金運用的長期化是期限錯配問題產生的主因。從資金來源來看，保險資產管理公司目前開展業務的資金來源主要為壽險資金，從資金運用來看，期限最長的是基礎設施債權計畫，一般期限為五至十年。從目前業務開展的整體狀況來看，截至二〇一二年底，壽險淨保費收入（壽險原保費收入與壽險賠付之差）達七千四百零三億元，對於三千零二十五億元規模的債權計畫，壽險資金的規模完全能夠覆蓋。

從具體基礎設施債權計畫來看，按照《關於保險資金投資基礎設施債權投資計畫的通知》，委託人投資於基礎設施債權計畫的保險資金餘額和投資於單一基礎設施項目的餘額受到嚴格的比例限制。⑲因此，基礎設施債權計畫存在期限錯配問題的可能性較小。

債權計畫的流動性較差，目前尚無統一的流轉機制，但是目前主要由保險公司認購，對流動性的要求較低，因此不存在流動性風險。對於目前發行的債權計畫暫無發現信用風險轉移和高槓桿問題。

保險資產管理產品方面，從投資標的、資金來源來看，二〇一二年之前發行的七支資管產品中：一支為股票型、一支為貨幣型、一支為偏股型，其餘四支均為債券型資產管理產品。這七支產品均不存在期限錯配、流動性風險、信用轉移風險和高槓桿特徵。二〇一二年後發行的三款保險資產管理產品的流動性則較差，且其允許其他合格投資人認購，因資金來源性質的不同，導致其出現期限錯配問題和流動性風險的可能性加大。

槓桿率方面，由於新資產管理產品投資範圍中包含融資融券、股指期貨等槓桿交易條款，因此存在著高槓桿的可能，只是它的規模較小，只要加以嚴格的監管，目前並不會引發系統性風險，故不屬於狹義的影子銀行。

未來的發展趨勢

二〇一二年十月之後，保監會陸續公佈一系列保險新規和保險資產管理新政。其中，保險新規主要包括《關於保險資金投資有關金融產品的通知》、《保險資產配置管理暫行辦法》等；保險資產

⑲投資債權投資計畫餘額，人壽保險公司一般不超過上季末總資產的百分之六，財產保險公司一般不超過上季末總資產的百分之四；投資單一債權投資計畫的餘額，不超過可投資債權投資計畫資產的百分之四十；投資A類或者B類增級方式的單一債權投資計畫的份額，不超過該投資計畫發行額的百分之五十，投資C類增級方式的單一債權投資計畫的份額，不超過該投資計畫發行額的百分之四十；同一集團的保險公司，投資具有關聯關係的專業管理機構發行的單一債權投資計畫的份額，合計不超過該投資計畫發行額的百分之六十。

管理新規主要包括《基礎設施債權投資計畫管理暫行規定》、《關於保險資產管理公司有關事項的通知》和《中國保監會關於保險資產管理公司開展資產管理產品業務試點有關問題的通知》。

保險資產管理新政的公佈，極大化地改變了保險資產管理行業的政策環境，對於保險資產管理公司而言，保險新政一方面參照信託、券商資產管理和基金資產管理，允許保險資產管理公司對合格投資人設立定向產品和集合產品，使保險資產管理產品的投資人由保險公司拓展至其他合格投資人；另一方面，將其資產管理產品的投資範圍擴展至「銀行存款、股票、債券、證券投資基金、央行票據、非金融企業債務融資工具、信貸資產擔保證券、基礎設施投資計畫、不動產投資計畫、專案資產支持計畫及中國保監會認可的其他資產」。投資範圍的大幅拓寬，使得保險資產管理全面進軍資產管理市場，同信託、券商資產管理和基金資產管理展開競爭，保險資產管理公司成為與信託、券商資產管理和基金資產管理同台競技的信用中介。在相關配套政策尚未完善的情況下，保險資產管理產品在期限錯配、流動性風險、信用轉移風險和高槓桿方面存在不確定性，使保險資產管理產品具備了成為影子銀行的可能性。因此，實應密切關注，加強監管，以防止風險的產生。

金融公司業務

財務公司

企業集團財務公司是指以加強企業集團資金集中管理，和提高企業集團資金使用效率為目的，為企業集團成員單位提供財務管理服務的非銀行金融機構。財務公司是獨立的企業法人，需要依法接受中國銀監會的監督管理。財務公司的經營發展與集團公司及其成員單位具有很強的依附性，充分體現出「立足集團，服務集團」的特徵。

企業集團財務公司是經濟體制和金融體制改革的產物，是金融體系中帶有中國特色的一類非銀行金融機構，設立財務公司是二十世紀八〇年代所實施的「大公司、大集團」戰略配套政策之一。一九八七年五月七日，中國人民銀行批准設立東風汽車工業財務公司，標誌著企業集團財務公司在中國誕生。

至二十世紀八〇年代以來，隨著放權讓利的逐步實行，對企業專用基金制度進行了改革，企業可控資金相對增多。但由於企業集團業務範圍及規模的不斷擴大，企業集團內部的成員企業之間，因地域分佈與生產週期的不同，在資金使用上存在一定的時間差。由於企業之間不能相互借貸，集團缺乏一定的手段對沉澱資金（閒置資金）進行統一調配，使得整個集團的資金使用效率不高。企業集團因而迫切需要一個集團內部的金融機構，利用成員單位之間資金的地區差、時間差、行業差、生產環節差等，提高資金在企業集團內的使用效率。而當時的銀行業管理體制和服務意識無法滿足大型企業集團優化配置內部資金、提高資金使用效益等金融需求，各類非銀行金融機構成為中國金融市場多樣化與市場發展的動力。在這種情況下，一些特大型企業和企業集團就開始醞釀設立服務於企業集團內部的金融機構。

▼財務公司理財業務

○自營貸款

自營貸款係指運用信貸職能，滿足集團成員單位的資金急需，以支持企業生產和技術改造。目前，貸款業務在財務公司資產業務中的比重一直占據首位。由於集團各企業都有不等的自有資金的積累與暫時閒置的資金，財務公司透過金融功能運作，合理、高效地調配集團內部資金，實現內部資源的優化整合。財務公司對借款人提供按約定的利率和期限還本付息的貨幣資金包括短期貸款、中期貸款和長期貸款，但不包括貿易融資、貼現，及買斷式轉貼現中的款項。

○委託貸款

委託貸款係指財務公司接受成員單位委託而發放的貸款。委託人提供資金，財務公司根據委託人確定的貸款物件、用途、金額、期限、利率等，代理發放、監督使用並協助收回，不得代墊資金，其風險由委託人承擔。委託貸款屬表外資產。

○轉投資

轉投資是指財務公司在滿足集團主業務需求後，如有穩定沉澱的資金，經監管部門批准可從事有價證券投資和長期股權投資。該項業務受監管指標的控制，投資總額不得高於資本總額的百分之七十。

▼市場規模與風險

截至二〇一二年末，中國的財務公司共一百四十八家，資產總額二萬一千零三十三億元，負債總額一萬八千零八十億元，所有者權益二千九百五十三億元，實現利潤總額四百六十四億元。行業平均不良資產率百分之〇．一二，其中一百二十二家財務公司無不良資產。平均資本充足率百分之二十五．七四，平均流動性比例百分之五十七．三一。

財務公司既具有金融企業的基本特徵，又具有很強的產業性。根據巴塞爾銀行監督委員會發佈的「有效銀行監管的核心原則」，銀行業的金融風險包括：信用風險、國家風險和轉移風險、市場風險、利率風險、流動性風險、操作風險、法律風險、聲譽風險。財務公司作為非銀行金融機構，面臨的金融風險自然包括上述八類；同時，行業特徵決定了財務公司的金融風險具有自身特點，即受集團公司經營風險、產業政策及監管政策風險、財務公司自身的戰略風險的影響較大。財務公司的產業特徵決定了企業集團的產業屬性及發展前景，企業集團的組織形式與經營能力、企業發展的外部環境將直接或間接地作用於財務公司。

由於服務物件限定在集團內，財務公司面臨的信用風險小。根據監管規定，財務公司只能對集團內成員單位進行存貸款，資訊不對稱現象遠遠小於銀行，且其對於成員單位的資金劃撥、信貸行為具有較強的影響力，成員單位違約的可能性很小，惡意詐欺或逃避債務的比例很小。即使成員單位面臨經濟上的衝擊而不能及時歸還貸款，也可透過集團公司的資金劃撥來解決。[20]

▼財務公司不列入影子銀行

從對財務公司目前的業務模式、風險特徵和監管規定等方面的分析可以得知，財務公司受到銀監會的嚴格監管，業務基本在企業集團內部且由母公司承擔最終救助的責任，不易引發系統性風險，不具備影子銀行的典型特徵。具體說明如下：

1.財務公司資金運用主要是透過金融功能運作，將集團內各成員單位暫時閒置的資金籌集起來進行合理調配，以解決各成員單位的資金需求。[21]內部資金是財務公司最主要的資金來源，全行業吸收內部成員單位存款與負債總額之比約為百分之九十。監管部門對財務公司的對外融資業務有嚴格的限制，即財務公司同業拆入的總額在任何時點上不得超過資本金的總額，擔保餘額不得超過資本金的總額。

2.銀監會對財務公司進行了密切的監管。依「管法人、管風險、管內控，提高透明度」的監管理念，銀監會堅持以風險監管為核心，以建立健全監管法規體系為突破口，陸續公布一系列財務公司監管法規。為加強日常監管，以《企業集團財務公司管理辦法》為基礎，公布《企業集團財務公司風險監管指標考核暫行辦法》，結合財務公司的功能定位，以防範風險為核心，制定資本充足率、不良資產率、長短期投資比例、流動性比例等十一個監控指標，和設立存貸比、利潤率等五個監測指標。針對財務公司存在的突出問題，下發了《關於財務公司證券投資業務風險提示的通知》、《關於進一步規範企業集團財務公司委託業務的通知》，對風險較大的業務提出了規範性要求，並公布《企業集團財務公司風險評價和分類監管指引》，初步建立符合財務公司特點的風險評價體系。[22]

金融租賃公司

融資租賃業始於改革開放初期，一九八一年七月中國租賃有限公司成立（一九八七年領取金融

[20]《企業集團財務公司管理辦法》第八條規定，申請設立財務公司，母公司董事會應當做出書面承諾，在財務公司出現支付困難的緊急情況時，按照解決支付困難的實際需要，增加相應資本額，並在財務公司章程中載明。

[21]根據《企業集團財務公司管理辦法》規定，財務公司可經營十五項業務：(1)對成員單位辦理財務和融資顧問、信用鑑證及相關的諮詢、代理業務；(2)協助成員單位實現交易款項的收付；(3)經批准的保險代理業務；(4)對成員單位提供擔保；(5)辦理成員單位之間的委託貸款及委託投資；(6)對成員單位辦理票據承兌與貼現；(7)辦理成員單位之間的內部轉帳結算及相應的結算、清算方案設計；(8)吸收成員單位的存款；(9)對成員單位辦理貸款及融資租賃；(10)從事同業拆借；(11)經批准發行財務公司債券；(12)承銷成員單位的企業債券；(13)對金融機構的股權投資；(14)有價證券投資；(15)成員單位產品的消費信貸、買方信貸及融資租賃。

[22]財務公司監管指標如下：財務公司資本充足率不得低於百分之十；財務公司不良資產率不應高於百分之四；財務公司不良貸款率不應高於百分之五；財務公司資產損失準備充足率不應低於百分之百；財務公司貸款損失準備充足率不應低於百分之百；財務公司流動性比例不得低於百分之二十五；財務公司自有固定資產比例不得高於百分之二十；財務公司短期證券投資比例不得高於百分之四十；財務公司長期投資比例不得高於百分之三十；財務公司拆入資金比例不得高於百分之百；財務公司擔保比例不得高於百分之百。

許可證）。一九八一到一九八八年是融資租賃業發展的初創階段，其間陸續成立了七家公司，並先後領取了金融許可證。

從當時的社會信用環境看，不良租賃資產很少，租金回收率很高，行業較為平穩。一九八九到一九九五年是金融租賃業發展迅猛、混亂的階段，也是風險聚集的階段，各公司業務量急劇擴張，高息攬存、大量投資房地產和各類實業，造成的結果是大量的不良資產和應收租賃款。到一九九六年，經中國人民銀行批准的金融租賃公司共有十六家。一九九六到一九九九年是融資租賃業清理整頓階段，海南國際租賃有限公司、廣東國際租賃有限公司、武漢國際租賃公司等多家公司陸續從市場退出，其餘公司基本上處於維持狀態。二〇〇〇年後，《金融租賃公司管理辦法》頒佈，同時行業發展的法律、稅收等政策環境建設步伐加快，融資租賃業獲得新的生機，發展機遇與業務風險並存，同時監管層面在醞釀重新激發行業活力、規範行業發展的政策措施。二〇〇七年後，新修訂的《金融租賃公司管理辦法》㉓頒佈，致力於將真正有實力、有需求的商業銀行和其他大型企業類投資人引入融資租賃業，融資租賃業步入較為良性的發展軌道，金融租賃公司規模迅速增長，保持了資本充足率較高、不良租賃資產率較低的良好態勢，並在專業化和特色化道路上開展了積極和較有成效的探索。截至二〇一三年六月末，共有金融租賃公司二十二家，資產總計約九千億元，是二〇〇七年的四十倍以上。

銀行的進入大幅提升融資租賃業的整體發展水準，為推進金融租賃公司健康發展發揮了重要作用。二〇〇七年銀監會修訂的《金融租賃公司管理辦法》允許符合資質要求的商業銀行設立或參股金融租賃公司。此舉讓商業銀行在退出十餘年後再次進入了租賃行業，對融資租賃業的發展有巨大的推動作用，成為近年來融資租賃業發展的主要動因。

已開發國家融資租賃市場經驗顯示，融資租賃市場中有超過百分之八十的份額，由具有銀行及製造商背景的融資租賃公司所占據，這是由銀行及製造商自身特有的優勢所決定的。銀行的優勢在於廣泛的客戶網路、共用銀行的無形資產及較低的資金成本；製造商的優勢則在於產品知識的熟悉及殘值的處理能力。

▼金融租賃公司理財業務

○直接租賃

直接租賃的具體方式為，金融租賃公司根據承租人對租賃物和供貨人的選擇，將其從供貨人處取得的租賃物按合約約定出租給承租人使用，並向承租人收取租金。

舉例說明：某印刷企業需要新投資一條先進的生產線設備，但由於自有資金不足，無法一次性購買。該印刷企業找到某金融租賃公司，向其申請通過融資租賃業務方式租入生產線設備使用。金融

㉓借鑒已開發國家的經驗，銀監會二〇〇七年修訂了《金融租賃公司管理辦法》，設立了主要出資人制度，明確規定新設金融租賃公司必須要有主要出資人，且主要出資人只能由符合資質的銀行、租賃公司、製造商及銀監會認可的合格金融機構充任，把真正有實力、有需求的機構引入租賃行業，為租賃業的健康快速發展立下良好的制度基礎。

租賃公司根據印刷企業對設備供應商以及具體設備類型等的選擇，將購買資金直接支付給設備供應商，獲得設備所有權後，將其出租給印刷企業使用並收取租金。租賃期結束後，印刷企業一般可以象徵性的價格購入生產線設備，並最終獲得其所有權。

○售後回租

售後回租的具體方式為，承租人（同時是供貨人）將自有物件出賣給金融租賃公司，金融租賃公司向承租人支付購買價款，同時承租人與金融租賃公司簽訂融資租賃合約，再將該物件從金融租賃公司租回並向其支付租金。

舉例說明：某機床製造廠為盤活存量❷❹設備，獲取資金支援，將一套自有加工設備出售給金融租賃公司，經評估設備價值後，金融租賃公司向機床廠支付購買價款，並獲得設備所有權。隨後，金融租賃公司與機床廠簽訂融資租賃合約，將設備出租給機床廠使用，向其收取租金。租賃期結束後，金融租賃公司將設備按照合約約定價格（一般是象徵性價格），轉讓給機床廠。

○廠商租賃

廠商租賃是指金融租賃公司與設備製造商，或其租賃子公司結成行銷戰略聯盟，對於需要採用租賃方式使用該企業產品的使用者，由與該設備製造商結有戰略聯盟的金融租賃公司以租賃方式提供，雙方在租賃設備的價格確定、利潤分配、承租人風險控制，和期末租賃設備處置等方面做出互惠互利的安排，從而將設備製造商的客戶資源、行銷網路、風險管理平台與金融租賃公司的資金優勢結合起來，達到促進設備製造商的產品銷售、滿足承租企業融資需求的目的。

舉例說明：某工程機械製造企業為拓寬企業設備銷售，加快資金回收，與金融租賃公司達成戰略合作關係。金融租賃公司根據製造企業提供的承租人客戶名單，並根據自身的投放條件進行評估後，與承租人簽訂融資租賃合約，將設備價款支付給製造企業，設備出租給承租人。同時，要求製造企業為承租人提供回購擔保等措施，當承租人違約後，由製造企業為其支付剩餘租金。

融資租賃業務與傳統的商業銀行業務在實務面的經濟功能上有一定雷同，可以滿足客戶融資需求。但融資租賃與傳統商業銀行業務相比，有其獨特之處，它以租賃物為中心，融資與融物相結合，透過融物實現融資。金融租賃公司擁有租賃物的所有權，對設備的控制力更強，可以提高風險緩釋（risk mitigation）能力，降低抵押擔保等要求；同時，融資租賃可以設計較為靈活的還款方式和較高的融資比例，滿足中小企業和客戶多樣化需求。

▼市場規模與風險

截至二〇一三年六月末，中國共有二十二家金融租賃公司，從股東背景來看，具有銀行背景的有十二家，具有資產管理公司背景的有四家，具有非金融企業背景的有六家。金融租賃公司總資產為九千零五十四．〇九億元，總負債為八千零五十四．七三億元，所有者權益為九百九十九．三六億元。租賃資產八千四百六十七．七二億元，從租賃方式看：直租二千五百零六．七七億元（約占比

㉔盤活存量指的是採取各種方式整合資產，利用現有的資產，防止資產的閑置浪費。

百分之三十）、回租五千九百六十．九四億元（約占比百分之七十）；從租賃性質看：融資性租賃七千八百二十一．〇七億元（約占比百分之九十二）、經營性租賃六百四十六．六五億元（約占比百分之八）。

金融租賃公司主要透過融資租賃的形式，為承租人實現融資的目的。與傳統租賃不同的是，融資租賃業務一般期限較長，平均為三至五年，主要為承租人解決中長期融資的問題。這種交易結構的特點決定了金融租賃公司面臨的主要風險，就是承租人租金償還能力不足的信用風險。從金融租賃公司資金來源與運用來看，由於資產與負債期限不是完全匹配的，有可能存在融資困難或流動性不足的問題，故金融租賃公司面臨一定的流動性風險。同時，由於租賃物所有權歸出租人所有，但由於租賃物可能存在價值損耗下降的問題，尤其是對於經營性租賃業務，出租人面臨較大的資產風險。

具體來看，金融租賃公司面臨的各類主要風險如下：

1. **信用風險**：金融租賃公司面臨的信用風險主要受承租人經營情況、盈利水準，以及所在行業、宏觀經濟形勢等影響。截至二〇一三年六月末，金融租賃公司不良資產率為百分之〇．四四，撥備覆蓋率（撥備充足率）為百分之三百五十九．七八。整體來看，信用風險基本可控，具備較強的抗風險能力。

2. **流動性風險**：從全行業來看，由於融資管道有限，金融租賃公司普遍存在短借長用的現象，資產負債期限不匹配的現象比較明顯，面臨較大的流動性管理壓力。截至二〇一三年六月末，金融租賃公司一個月內的流動性比例為百分之六十七．〇二。

3.資產風險：有別於銀行信貸，融資租賃關係中出租人享有租賃物所有權，因而面臨一定的資產風險，特別是經營性租賃業務中租賃物殘值比例較高，受市場價格、技術變動等因素影響較大。受國際金融危機和經濟結構調整轉型的影響，在金融租賃公司租賃業務集中的飛機、船舶、工程機械等領域，部分行業租賃物價值面臨下降的壓力，存在一定的資產風險。而且由於融資租賃登記公示制度的缺失，出租人難以對抗依照《物權法》取得租賃物的善意第三人，面臨承租人惡意處置租賃物的風險。

由於金融租賃公司業務相對簡單，操作風險較小，不能投資於股票、債券、期貨、衍生品等，幾乎不存在市場風險。目前跨境租賃業務占比較小，國別風險有限。

▼金融租賃公司不列入影子銀行

○影子銀行特徵的評估

1.從期限錯配程度看：由於金融租賃公司負債期限較短，一般在一年以內，而租賃資產多為中長期，資產負債期限不匹配程度較高，存在一定的期限錯配現象。但隨著融資管道的拓寬，如透過發行金融債等，將有助於金融租賃公司進一步改善資產期限錯配問題。

2.關於流動性風險：金融租賃公司由於融資管道較窄，主要來源於銀行借款、同業拆借等，可以利用的流動性管理手段有限，存在資產負債期限錯配，面臨一定的流動性風險。

3.隱藏信用風險：金融租賃公司向商業銀行轉讓應收融資租賃款項時，按照有關監管規定，轉讓信貸資產應當遵守潔淨轉讓原則，實現資產的真實、完全轉讓，風險的真實、完全轉移，轉出方不得安排任何顯性或隱性的回購條款。金融租賃公司無表外業務，因此，金融租賃公司基本上不存在隱藏銀行體系信用風險的情況。

4.關於高槓桿：金融租賃公司作為一類銀行業金融機構，槓桿率比一般工商企業要高，目前約百分之十一，但與金融機構相比並不算高。從資本充足情況看，平均資本充足率約百分之十二，各家公司的資本充足率均高於百分之八的監管要求。而且隨著新資本管理辦法的實施，對金融租賃公司的資本要求將逐漸提高。

○監管方面

銀監會對金融租賃公司實行嚴格的審慎監管，按照以風險為根本的審慎監管原則，參照商業銀行的監管標準，針對金融租賃公司建立了一套完整的審慎監管制度，通過市場准入（market access）、非現場監管、現場檢查等多種手段，有效覆蓋金融租賃公司在日常經營中面臨的信用風險、流動性風險、市場風險、操作風險等各類風險，推動金融租賃公司平穩健康發展。

銀監會對金融租賃公司主要在以下幾方面進行監管：

1.市場准入監管：銀監會對金融租賃公司的機構、業務、高管等准入，進行嚴格依法監管。《金融租賃公司管理辦法》對金融租賃公司的設立、變更、業務經營及監管等做出系統性規定，如在股東資質方面就要求必須有符合法規條件的主要出資人，才能申請發起設立金融租賃公司。

2. **非現場監管**：銀監會對金融租賃公司實行審慎的非現場監管。對於資本充足率的監管，新資本管理辦法要求參照一般銀行執行百分之一〇．五的標準。《金融租賃公司管理辦法》中明確規定：金融租賃公司單一客戶融資集中度，不得超過資本淨額的百分之三十；單一客戶關聯度，不得超過資本淨額的百分之三十；集團客戶關聯度，不得超過資本淨額的百分之五十；同業拆借比例，不得超過資本淨額的百分之百。銀監會還參照商業銀行監管標準，要求金融租賃公司實行風險資產五級分類制度，對不良資產充分計提撥備，對撥備覆蓋率、撥貸比等指標做出明確限制。在日常非現場監管中，藉由對金融租賃公司的流動性比例、流動性缺口率等指標進行監測，積極防範期限錯配和流動性風險。

3. **現場檢查**：銀監會對金融租賃公司的業務經營情況實行不定期的現場檢查。根據非現場監管工作中發現的問題與風險點，合理配置監管資源，實行高風險高頻度、低風險低頻度的檢查，及時提示風險隱患，嚴格查處違規經營行為，促進金融租賃公司依法合規經營。而金融租賃公司在接受銀監會審慎監管的同時，也被納入中國人民銀行統一的信貸規模控制政策中，在融資租賃資產規模方面受到控制。而且金融租賃公司業務均為表內業務，基本無表外業務，不存在逃避監管或者監管套利行為。從股東背景來看，具有銀行背景的租賃公司占金融租賃業總資產的百分之八十左右，這部分金融租賃公司在接受銀監會嚴格監管的同時，其母銀行也對附屬子公司實行並表管理，從信貸政策、客戶評級等方面強化了金融租賃公司風險控制水準，部分公司還被納入了母銀行的統一授信體系。

綜合以上分析來看，由於銀監會對金融租賃公司建立了嚴格審慎的監管框架，而且金融租賃公司規模較小，運行平穩，不會造成金融體系的系統性風險，不屬於影子銀行。

▼未來的發展趨勢

金融租賃公司近幾年發展很快，尤其隨著商業銀行設立金融租賃公司試點工作的開展，帶動了整個融資租賃行業的發展壯大，社會認知度也有較大提升。當前中國經濟社會處於經濟轉型和升級的關鍵期，企業存在大量設備投資和更新需求，融資租賃作為設備融資的重要方式，有利於拉動投資，提高內需，提升企業技術水準和產品銷售。在此宏觀經濟背景下，金融租賃公司面臨廣闊的發展前景和空間，可以發揮更大作用。但同時，金融租賃公司的發展也面臨一定的挑戰，如稅收政策、法律環境等還不夠完善，國際會計準則也處於研究完善階段，行業社會認知度水準還有待提高等。推進金融租賃公司健康發展，需要繼續完善政策環境，不斷提升金融租賃公司專業化水準和核心競爭力，提高服務實體經濟的水準。

現代融資租賃業起源於美國，經過幾十年的發展，融資租賃在國際上已經成為一種重要的設備融資方式。歐美等已開發國家融資租賃滲透率在百分之二十左右，融資租賃成為僅次於銀行貸款的設備投資的方式。從融資租賃公司的股東背景看，國際上一般分為三類：銀行背景、廠商背景和獨立企業背景。具有銀行背景的租賃公司由於母公司在市場、客戶、資金、風險控制等方面的優勢，已經成為融資租賃業中的主體力量。歐洲十五大融資租賃企業中超過十家具有銀行背景，中國目前銀行背景的租賃公司業務同樣占據融資租賃業的主要地位。

汽車金融公司和消費金融公司

▼汽車金融公司理財業務

二〇〇一年中國加入世界貿易組織時承諾，允許設立外資非銀行金融機構開展汽車消費信貸業務，在市場准入和國民待遇方面沒有限制。為履行上述承諾，必須在金融機構序列中增加一類新機構，專門辦理汽車消費信貸業務。

二〇〇三年銀監會成立後，透過對國內外市場的充分調查研究，學習借鑒國外汽車金融公司成功運作和風險管理的經驗，結合國內市場發展的現實情況，制定了《汽車金融公司管理辦法》，經國務院批准，於二〇〇三年十月正式頒佈實施，將這類新型金融機構成功引入中國，豐富了金融體系組織結構。

二〇〇四年八月，銀監會批准首家中外合資的汽車金融公司「上汽通用汽車金融有限責任公司」（GMAC-SAIC）成立。汽車金融公司的設立，標誌著中國的汽車金融行業開始朝著業務發展專業化和市場競爭多元化的方向發展。

發展汽車金融公司是世界汽車產業發展的趨勢。當前汽車金融服務已成為汽車集團發展的核心推動力和主要利潤貢獻者。近年來世界汽車產業的價值鏈發生了根本性的變化，整車利潤日趨微薄，汽車金融服務已日益成為整個汽車產業價值鏈上最重要的一環。按照國際經驗，即使在激烈競爭導致整車企業的生產利潤降到百分之三至百分之五時，汽車金融業務的利潤率仍能保持在百分之三十左右。汽車金融還具有反汽車生產週期的作用，因此，汽車金融成為汽車生產的「增長支撐線」。世界各大型汽車集團大都擁有自己的金融平台，專門負責為旗下各種品牌汽車提供全方位的金融服務。

中國承諾開放汽車金融市場，是具有重大意義的舉措，有助於扭轉傳統汽車產業僅關注汽車製造的局面，促進汽車金融與汽車製造有機融合，並延長產業價值鏈和推動產業價值鏈向縱深發展。藉由引進世界知名品牌的汽車金融公司，帶來了汽車產業與金融服務相融合的成功理念和先進的專業管理技術，不僅是對汽車金融，更重要的是將對今後中國汽車產業的發展產生深遠影響和推動作用。

汽車金融公司的出現，促進了汽車消費信貸市場競爭朝主體多元化和汽車金融服務專業化發展，對擴大汽車銷售、刺激消費、促進汽車產業發展有著積極的意義。

汽車金融公司的主要理財業務包括：

◯經銷商庫存車貸款

經銷商庫存車貸款，係指汽車金融公司為經銷商採購庫存車輛，以供銷售提供的融資。

1.**貸前審批**：搜集有關經銷商的相關資料，信貸審批人員現場走訪經銷商進一步搜集資料和核實情況；透過貸款卡和中國人民銀行徵信系統查詢核實相關資訊，同時對經銷商財務指標進行分析；將經銷商關鍵指標輸入信用評分系統，對經銷商進行信用評級；信用評級結果參考定性分析結論，完成經銷商信用評估報告；按照許可權，由信貸委員會（或董事會）做出最終授信額度決定。

2.**貸中控制**：經銷商向廠商提出需求申請，廠商接到申請後會將車輛的相關資訊通過系統發送至汽車金融公司；汽車金融公司的貸款管理系統檢查該經銷商的授信額度，如果在可使用額度內，系統會自動做出放款決定。

3.**貸後管理**：按照授信協議，經銷商應在庫存融資車輛售出後的次日，透過經銷商線上還款系統進行還款操作，汽車金融公司根據還款情況釋放原有授信額度；汽車金融公司派員對經銷商進行庫存盤點（盤庫頻率根據經銷商評級和風險狀況確定），如果在盤庫中發現經銷商有不及時還款，或其他詐欺等嚴重行為，汽車金融公司會視情形給予經銷商一定的處罰，如降低授信額度、增加保證金比例，甚至終止授信。

○個人汽車抵押貸款

個人汽車抵押貸款，係指汽車金融公司為個人和機構購買汽車發放的貸款。

客戶到汽車經銷商展廳看車，確認對某一車型有購買和貸款意願後，由汽車金融公司培訓的經銷商融資保險經理，將客戶的貸款申請表及身分核對資訊，透過零售線上申請系統發送至汽車金融公司。汽車金融公司對申請人資訊透過綜合徵信系統核查、評分系統評分及電話訪問，或現場調查等各種方式做出信貸決定，並藉由經銷商回饋給客戶。

如果客戶同意信貸決定，融資保險經理就與客戶簽訂貸款合約，並將簽訂合約的現場視頻資料發送到汽車金融公司。汽車金融公司對客戶資料進行審核後放款給經銷商，客戶從經銷商處提車。經銷商根據有關協定約定協助完成客戶所購車輛的抵押登記，且所有抵押車輛均需辦理至少以下三種保險：車輛損失險、第三者責任險和盜搶險。客戶按照貸款合約約定，按月還款給汽車金融公司。汽車金融公司有專門部門負責貸後稽核、管理和催收作業。

◯汽車融資租賃

汽車融資租賃，係指汽車金融公司應承租人要求購買車輛並提供給承租人使用。具體業務流程與個人汽車抵押貸款類似，區別在於汽車融資租賃業務中，車輛所有權由汽車金融公司享有，汽車金融公司按照承租人要求，購買指定車輛後租賃給承租人，承租人按期支付租金給汽車金融公司。

▼消費金融公司理財業務

與已開發國家相比，中國從事消費信貸服務的金融機構類型較少，消費貸款的比例偏低，業務品種較少，主要以住房貸款、汽車貸款和信用卡業務為主，不能有效滿足廣大消費群體的金融服務需求，特別是針對中低收入群體的消費金融產品和服務體系尚不完善。

二〇〇九年七月二十二日，銀監會公佈《消費金融公司試點管理辦法》，並啟動消費金融公司試點審批工作，北京、天津、上海、成都四地先後各設立一家消費金融公司進行試點。到二〇一三年，為貫徹落實《國務院辦公廳關於金融支援經濟結構調整和轉型升級的指導意見》的要求，銀監會在認真總結三年來的試點經驗，並廣泛徵求社會各界意見的基礎上，對《消費金融公司試點管理辦法》進行了修訂完善，並於二〇一三年十一月二十二日發佈，二〇一四年一月一日起施行。

為貫徹中央關於進一步擴大內需、促進經濟增長的戰略方針，藉由提供更多的金融服務以促進消費需求增長，增強消費對經濟發展的拉動作用，消費金融公司應運而生。設立消費金融公司這樣一類新型金融機構的意義在於：一是有利於促進經濟從依賴投資、出口拉動朝向投資、出口和消費協調拉動的轉變，進一步配合政府關於擴大內需、促進經濟增長的政策；二是有利於完善金融組織體系、豐富金融機構類型、促進金融產品創新；三是為商業銀行尚未惠及的個人客戶，提供新的可供選擇的金融服務，滿足不同群體消費者不同層次的需求，提高消費者的生活水準。

消費金融公司的主要業務是發放個人消費貸款，而個人消費貸款業務模式與汽車金融公司個人汽車抵押貸款業務模式類似，區別僅在於消費金融公司的個人消費貸款主要為信用貸款，並不需要抵押等擔保措施。

▼市場規模

○汽車金融公司的市場規模

汽車金融公司經過八年的發展，業務規模上升較快，資產品質較好，盈利能力逐漸增強，逐步成長為汽車金融市場的主要力量之一。

截至二〇一二年十二月末，中國全國批准開業的汽車金融公司共有十六家。全行業資產總額為一千九百一十五．〇九億元，負債合計一千六百五十五．〇六億元，所有者權益二百六十．〇三億元，全年稅後淨利潤為三十一．四四億元。資產品質總體情況較好，行業整體不良資產率為百分之〇．六五。行業平均資本充足率為百分之十五．一七，流動性比例為百分之二百七十九．九四。

截至二〇一三年六月末，汽車金融公司全行業資產總額二千二百零二．六八億元，負債合計一千八百七十五．一四億元，所有者權益三百二十七．五四億元。當年實際稅後淨利潤為二十四．〇九億元，為全行業首次實現當年盈利。資產品質總體情況較好，行業平均不良資產率為百分之〇．六〇。行業平均資本充足率為百分之十六．五〇，流動性比例為百分之二百零一．〇一。

◯消費金融公司的市場規模

目前，消費金融公司尚處於試點階段，首批試點的四家消費金融公司於二〇一〇年陸續開業，行業整體運行情況良好，各家公司不斷探索適合國情的專業化消費金融模式，在公司治理、風險管理、客戶培育、產品開發等方面進行了很多創新和嘗試，為下一步在其他城市推廣積累了豐富經驗。經國務院同意，二〇一三年修訂的《消費金融公司試點管理辦法》實施後，將新增瀋陽、南京、杭州、合肥、泉州、武漢、廣州、重慶、西安、青島等十個城市參與消費金融公司試點。此外，根據《關於建立更緊密經貿關係的安排》，合格的香港和澳門金融機構可在廣東（含深圳）試點設立消費金融公司，擴大試點掌握「一地一家」的原則。

截至二〇一二年十二月末，消費金融公司全行業資產總額四十五・六億元，負債合計三十一・一九億元，所有者權益十四・四二億元。當年稅後淨利潤六千六百四十六・六二萬元，為全行業首次實現當年盈利。資產品質總體情況較好，行業平均不良資產率為百分之〇・六二。行業平均資本充足率為三十三・二〇，流動性比例為一百二十九・三二。

到了二〇一三年六月末，消費金融公司全行業資產總額七十七・六一億元，負債合計五十二・二二億元，所有者權益二十五・四億元。一至六月的實際稅後淨利潤為一・一〇億元。資產品質總體穩定，行業平均不良資產率為百分之一・一五。行業平均資本充足率為百分之三十六・九六，流動性比例為百分之六〇〇・七六。

▼風險特徵

與其他從事信貸類業務的金融機構類似，汽車金融公司和消費金融公司面臨的主要風險是信用風險、流動性風險、市場風險和操作風險。

在信用風險方面，汽車金融公司和消費金融公司零售貸款信用風險，主要產生於零售客戶由於還款意願和收入條件等因素發生變化所導致的違約風險。例如，汽車金融公司經銷商貸款的信用風險，主要產生於經銷商因汽車產銷情況、外部經濟形勢變化、或自身經營情況惡化等因素，所導致的違約風險。作為專門從事消費信貸業務的非銀行金融機構，這兩類機構儘管在行業集中度風險和對特定行業波動的敏感度方面相對高於銀行，但作為具有廠商背景支持（汽車金融公司）或與零售商緊密合作（消費金融公司）的專業化金融機構，這兩類機構在風險管理和金融服務的專業化、精細化等方面亦具有自身的特色和優勢。目前這兩類機構資產品質較好，撥備比較充足，信用風險處於可控範圍內。

在流動性風險方面，由於目前汽車金融公司和消費金融公司的資產業務以零售貸款為主，期限一般在二至三年，而負債業務主要以一年期左右的銀行借款為主，尚不具有穩定的中長期融資來源，資產負債存在一定的期限錯配。但目前行業總體流動性風險尚處於較低水準，主要藉由建立充足的融資銀行儲備、嚴格的日常流動性管理來控制潛在的流動性風險。此外，零售貸款具有穩定的還款週期，能夠帶來穩定的現金流入，其負債也與銀行存款不同，具有明確的還款時間，並且為主動負債，在融資困難的情況下可以透過控制信貸投放規模，來調整資產負債錯配問題。

隨著發行金融債券、資產證券化等中長期直接融資管道的逐步打開，這兩類機構將進一步改善融資結構，緩解期限錯配帶來的潛在流動性風險問題。

在市場風險方面，這兩類機構目前沒有外匯業務，主要體現為利率風險。由於大部分汽車金融公司、消費金融公司發放的貸款為浮動利率貸款，重新定價日主要在一個月以內，而對外融資主要是同業借款，大部分是固定利率，重新定價日集中在一年以內，故生息資產與付息負債存在利率重新定價期限錯配，但目前利率重新定價缺口較小，利率風險處於較低水準。

在操作風險方面，目前這兩類機構的公司治理和內部控制較為健全有效，風險管理制度和流程較為全面精細，操作風險處於可控範圍內。隨著業務規模不斷擴大，這兩類機構的操作風險處於上升趨勢，公司自身和監管部門均已對該部分風險予以更充分的關注和重視。依照二〇一三年一月一日起實施的《商業銀行資本管理辦法（試行）》，這兩類機構均將按照監管規定，要求計提操作風險資本，從而更有利於覆蓋潛在的操作風險損失。

▼影子銀行特徵的判斷

按照是否具有導致系統性風險的四個主要特徵（期限錯配、流動性風險、隱藏信用風險、高槓桿）以及是否受到有效監管，能否引發系統性風險和監管套利的判斷標準，對照汽車金融公司、消費金融公司的業務特點和監管現狀，可以做出的初步判斷是：「儘管目前由於缺乏穩定的中長期融資管道，汽車金融公司、消費金融公司在期限錯配和流動性風險、槓桿率方面具有一定的影子銀行特徵，但由於這兩類機構作為非銀行金融機構，接受銀監會對其比照在商業銀行開展的嚴格審慎的風險監管，因此這兩類機構不屬於游離於有效監管之外可能引發系統性風險和監管套利的影子銀行範疇。」具體體現在：

○在期限錯配和流動性風險方面

如前所述，這兩類機構資產業務以零售貸款為主，期限一般在二至三年，而負債業務主要以一年期左右的銀行借款為主，尚不具有穩定的中長期融資來源，資產負債存在一定的期限錯配和潛在的流動性風險。但目前總體風險水準較低，隨著融資來源的不斷多元化，流動性風險將得到更加有效的管控。

○在槓桿率方面

這兩類機構與非系統重要性商業銀行，適用相同的資本充足率要求，但在日常監管中一般會對這兩類機構執行更為審慎的監管要求，其槓桿率水準一般明顯低於商業銀行。

○在隱藏信用風險方面

這兩類機構的業務模式不具有隱藏銀行系統信用風險的特徵。如前所述，作為專業化金融機構，相關信貸業務的信用風險，得到了專業化和精細化的有效管控。

○在有效監管方面

目前銀監會對汽車金融公司和消費金融公司，實行以風險為本的審慎監管，在公司治理、內部控制、資本充足率、槓桿率、信用風險和集中度風險、流動性風險、市場風險、操作風險等方面均參照商業銀行相關標準，對其實施嚴格的非現場監測和現場檢查，並定期進行風險評估。如：

1. **對汽車金融公司的主要監控指標**：資本充足率，不得低於百分之八；核心資本充足率，不得低於百分之四；對單一借款人的授信餘額，不得超過資本淨額的百分之十五；對單一集團客戶的授信餘額，不得超過資本淨額的百分之五十；對單一股東及其關聯方的授信餘額，不得超過該股東在汽車金融公司的出資額；自用固定資產比例，不得超過資本淨額的百分之四十。

2. **對消費金融公司的主要監控指標**：資本充足率，不得低於百分之十；同業拆款比例，不得高於資本總額的百分之百；資產損失準備充足率，不得低於百分之百；投資餘額，不得高於資本總額的百分之二十。

3. **對兩類機構的監測指標**：如不良貸款率、貸款損失準備充足率、撥備覆蓋率、撥貸比、流動性比例、流動性缺口率、利率風險敏感度等。

▼未來的發展趨勢

目前中國人均GDP已突破六千美元，進入了中等收入階段，消費升級的空間廣闊㉕，借貸消費的觀念將被愈來愈多的人所接受。隨著經濟持續穩健的發展，收入分配制度和社會保障體系的不斷完善，消費能力和消費水準的不斷提升，消費金融市場擁有廣闊的發展前景。汽車金融公司和消費金融公司將繼續保持快速增長，隨著這兩類機構滿足消費者差異化消費信貸需求功能的不斷發揮，和在消費信貸市場份額的不斷上升，將日益成為消費金融市場不可忽視的重要力量。

中國汽車金融公司的基本業務範圍和業務模式與國際主要汽車金融公司類似，均為發放經銷商庫存車貸款、個人汽車抵押貸款、汽車融資租賃等。但從融資管道來看，除了不吸收公眾存款這一共同特點外，中國與歐美等國的汽車金融公司差異較大。由於歐美等國家的資本市場比較發達，汽車金

㉕李克強（2013/05/27）。德國柏林的演講：「創造中德合作新輝煌」，見http://politics.people.com.cn/n/2013/0529/c1024-21650861.html。

融公司融資管道以發行票據、債券和資產證券化等直接融資為主；而中國由於目前對汽車金融公司發債有較為審慎嚴格的規定，資產證券化尚處於試點階段，汽車金融公司仍然以銀行借款間接融資為主。從監管程度上看，汽車金融公司作為非銀行金融機構，比照商業銀行受到金融監管部門的嚴格監管，但在其他國家如美國，對此類非銀行金融機構並沒有類似的嚴格的監管要求。

中國消費金融公司目前的業務模式與國際主要消費金融公司類似，但由於消費金融公司尚處於試點階段，業務範圍較國外消費金融公司窄，不能提供住房、汽車貸款和個人經營性貸款。融資管道和監管方面的差異與前文所述的汽車金融公司類似。

結語

從以上分析可以看出，銀行理財業務、信託理財業務、證券理財業務、基金理財業務、保險理財業務以及金融公司（財務公司、金融租賃公司、汽車金融公司和消費金融公司）業務，在不同程度上具有期限轉換、流動性轉轉、信用風險轉移、高槓桿特徵，但監管機構制定了一系列監管措施，如淨資本管理、風險資本管理、嚴格的資訊揭露、發行產品的批准登記等；根據市場反應和需求及時公布了一系列部門規章和規範性文件；並針對不同的業務制定針對性的監管措施。

例如，銀監會對財務公司、汽車金融公司、金融租賃公司和消費金融公司實行類銀行的監管方式，要求必須符合資本充足率等要求。對於信託公司，銀監會採取了較國際同業更為嚴格的監管政策，對信託公司採取了淨資本的監管方法，並且不允許負債，沒有經營槓桿。從實際運行效果上看，銀行理財業務、信託理財業務、證券理財業務、基金理財業務、保險理財業務以及金融公司（財務公司、金融租賃公司、汽車金融公司和消費金融公司）業務分別受到銀監會、證監會、保監會嚴格、系統地監管，整體運行平穩，不會對中國金融市場造成系統性風險，因此並非狹義上的影子銀行。

CHAPTER 4

類金融機構及其業務的監管

除「三會」監管（銀監會、證監會、保監會）的金融機構和業務外，中國人民銀行、商務部、發改委等其他部門和地方政府監管的類金融機構及其開展的業務也需要密切關注。

本章談論內容含括：典當公司、擔保公司、融資租賃公司、私募股權公司、小額貸款公司、金融資產交易所等。

典當公司

在中國，典當行業是一個歷史悠久的行業，有二千多年的歷史。「先有典當，後有銀行」，典當可以說是中國歷史上最早的金融機構。考據典籍，有組織的典當業形態始於南北朝。其後，歷代史料中都可以找到有關典當的相關記載。縱觀歷史可以發現，典當起初為寺廟所主持，具有慈善性質，以濟貧救災為宗旨，然後才被作為一種可供營利的行業，而為官府和商人所青睞。唐代時，除了寺廟主持的典當以外，典當行業按東主的身分，可以分為官當、民當。唐代的經濟繁榮為典當的發展奠定了基礎。其後，宋、元、明、清相繼發達的商業，促進了典當業的空前發展。清末民初，乃至民國時期，現代金融機構的興起，在一定程度上抑制了典當業的發展，典當業逐漸退出金融機構成的主流市場，而成為替代性的現代金融機構。

二十世紀五〇年代，興衰沉浮了千餘年的中國典當業，隨著資本主義工商業社會的發展，實行了全行業公私合營，之後在中國大陸銷聲匿跡。改革開放以後，隨著黨和政府工作重心向經濟工作轉移，以及商品經濟和市場經濟逐步發展，小額融資需求日漸旺盛。一九八七年十二月三十日，成都市華茂典當服務商行在四川成立，率先恢復了古老的典當業。隨後，典當行在全國普及；據統計，從一九八七到一九九五年八年間，全國各地經政府不同部門批准設立的各類典當行已超過三千家。

自一九八七到一九九六年四月，全國典當業呈現多頭管理、無序發展、混亂經營的局面。

一九九五年五月三十日，公安部發佈了《典當業治安管理辦法》。一九九六年四月三日經國務院批准，全國典當業統一由中國人民銀行監管，中國人民銀行下發了《典當行管理暫行辦法》，對典當行的股本金、當價確定、典當貸款的利率、綜合費、期限、經營範圍等方面都做了明確的規定，並據此對全國典當行進行了清理整頓。清理整頓後，重新規範的典當行有一千一百五十四家。

二〇〇〇年八月，根據金融體制改革的需要，經國務院批准，典當行業交由國家經貿委統一管理。從這時起，典當行被取消了金融機構資格，劃歸為「特殊的工商企業」。國家經貿委於二〇〇一年八月八日頒佈了經修訂的《典當行管理辦法》。這一新法規簡化了行政審批手續，擴大了典當行的經營範圍。允許典當行從事房地產抵押典當業務、限額內絕當物品❶的變賣、鑒定評估及諮詢服務；允許典當行負債經營，允許設立分支機構；降低了入市門檻；註冊資本額最低限額劃分為兩檔，使之更加靈活；廢除了股權結構中個人持股不得超過百分之二十五的條款。

二〇〇三年國家經貿委撤銷後，典當業的市場准入、日常監管工作移交給商務部。二〇〇五年二月九日，商務部、公安部聯合頒發的《典當管理辦法》共九章七十三條。自二〇〇五年四月一日以來，全國典當業進入快速、健康的發展階段，典當行數量增多，行業實力進一步增強，業務規模不斷擴大，業務結構也隨經濟發展不斷調整，行業對社會經濟發展的服務功能，和為中小企業提供「短平快」的融資功能日益顯現。

❶絕當物品是指抵押在典當行裡到期而未贖回的物品，典當行對這些商品依法擁有處置權。

典當業的發展與運作

在中國，典當業是以財物質押，限期、有息的有償借貸。從性質上看，屬於法律所允許的高利貸款融資。典當行業於二十世紀八〇年代再度興起，主要是因為現代典當行在延續傳統典當業務的同時，其內涵已經發生質的變化。

典當業為適應市場經濟發展的需要，對其服務物件不斷變革，從最早的個人用品質押，發展到現在主要針對中小企業，特別是小企業用於生產經營的融資貸款。目前典當行主要業務包括民品典當和中小企業融資兩個方面。對於民品的典當主要包括金銀首飾，以及一些奢侈品，透過典當變現，解決個人消費的燃眉之急。民品的典當❷多數是為了解決個人生活所需；而中小企業和民營經濟青睞於典當業便捷靈活、放貸量小的特性；這些都成為中國典當業發展快速的主要原因，其它尚有：

1. **市場需求的推動**：市場需求是典當業快速發展的根本原因。歷史上的典當行服務物件主要是個人，現在的典當行面對的客戶群體已經從個人轉向中小企業，服務內容已經從解決個人需求，轉變成解決企業的生產經營需求，而成為中小企業融資的輔助管道。在中小企業融資難題一直沒有得到解決且日益加劇的情況下，典當行的發展具有廣闊的空間。

2. **典當行准入容易**：同經營融資業務的金融機構相比，典當行具有門檻低、易進入的特點。《典當管理辦法》第八條規定：典當行註冊資本最低限額為三百萬元；從事房地產抵押典當業務的，註冊資本最低限額為五百萬元；從事財產權利質押典當業務的，註冊資本最低限額為一千萬元。

3. 市場的認可：目前典當行主要業務包括民品典當和中小企業融資兩個方面。與銀行貸款相比，典當具有的融資貸款規模小、信貸門檻低、對客戶的信用要求也相對寬鬆的優勢，逐漸被中小企業所認可。民品的典當主要指金銀首飾，以及一些奢侈品的典當，透過將它們典當變現可以解決個人消費的燃眉之急，因此，也較容易為個人所認可。

4. 利益的驅使：典當行經營的典當融資業務利息高、期限短，能夠為典當企業帶來可觀的收入，這是驅使大量企業和個人進入典當業，也是促使典當行業快速發展的重要原因。

與金融機構相比，典當行業的運作原理相對來說比較簡單。典當行係利用自有資金或銀行貸款，以典當物為質押或抵押，向個人或者小微企業發放典當金，並在約定期限內收取當金利息和本金。從實際運營來看，典當行發放當金具有以下特點：

1. 期限短：一般典當時間少則十天、半月，最長不過六個月，大大短於銀行的貸款期限。

2. 額度小：典當行向當戶發放當金數額都是以小額為主，這是由典當資本實力和風險規避的需要等因素決定的。典當金額愈小，筆數愈多，其風險就愈分散。它是典當業務的經營特性，也是典當區別於其他金融借貸行業的不同之處。

❷也稱為「民品質押貸款」，是典當行業內針對個人、中小企業開展的快速融資業務。只需經評估師（或鑑價師）的專業評估，把物品進行質押登記後，即可迅速獲得貸款的一種質押貸款方式。

3. 快捷性：典當放款手續便利，程序簡明，決策迅速，專業高效，能充分滿足客戶急需。

4. 靈活性：典當行融資服務以快捷、方便、靈活著稱，主要表現為對典當物選擇的多樣性、期限長短可選性、利率費率可調性。

從典當行的性質來看，典當行發放當金的行為屬於貸款。在這一點上與傳統銀行的貸款業務性質具有一致性，只不過其更具有「小額、短期、快捷、靈活」的特點。對於客戶來說，典當融資因為上述特點，成為不能或無法在短時間內獲得銀行貸款時的救急管道。所以，典當行在向客戶貸款融資方面，扮演著對傳統銀行貸款融資的補充角色。按照《典當管理辦法》的規定，典當行同其他工商企業一樣，可以從銀行取得貸款，而在這一點上，典當行與傳統銀行體系產生了交叉。

市場規模與風險

典當行業自恢復以來，雖然在經濟下行時有過發展低谷，也經歷過治理整頓，但總體來說，市場規模一直處於不斷擴大過程中。截至二〇一二年底，全國典當行有六千零八十四家，同比增長十六・二；全行業註冊資本九百九十四・二億元，同比增長百分之二十七・五；從業人員五萬三千人，同比增長百分之二十三・七；典當餘額七百零六・一億元，同比增長百分之二十九・五；全年營業收入一百一十八・八億元，同比增長百分之十九・四。❸

二〇一三年上半年，全國典當行業累計發放當金一千六百三十五・一億元，同比增長百分之二十四．九。截至六月底，全國共有典當企業六千八百三十三家，資產總計一千二百二十八．七億元，典當餘額六百七十三．九億元，同比分別增長百分之十二．四、百分之三十一和百分之二十九．九。[4]

根據典當業的業務特點，典當行業主要面臨以下風險：

1. **放款品質風險**：典當業的主要作用是為中小企業和個人提供短期頭寸的放貸，並以此獲得手續費和利息收入。當典當行規模較小時，服務物件主要是民品，風險相對較小；當典當行擴大規模，且逐漸以中小企業為服務物件時，雖然利潤空間大，但風險也增大。對典當行來說，在實際操作中，客戶的貸款用途是無法進行控制的，因此每一筆業務背後都可能隱藏著風險。再加上典當行的資金規模普遍較小，幾百萬元、上千萬元的生意只要做砸一筆就會導致整個典當行的危機。所以典當行一般盡可能找有信譽、抵押物牢靠、實力較強的企業。與銀行類似的是，在一些數額較大的貸款被發放之後，典當行也會對其進行「貸後追蹤」，以進一步防範風險的發生。

2. **收當風險（鑒定估價和市場預測失誤風險）**：社會在發展、技術在進步、市場在變化，對市場走勢的把握與預測、當期的長短及當價的高低，都會對回贖、絕當變賣[5]產生重要的影響。收當

---

[3] 參見商務部流通業發展司（二〇一二）。〈二〇一二年中國典當行業發展情況〉，見 http://ltfzs.mofcom.gov.cn/。

[4] 參見商務部流通業發展司（二〇一三）。〈二〇一三年上半年全國典當行業保持穩定增長〉，見 http://ltfzs.mofcom.gov.cn/。

[5] 典當期限屆滿或續當期限屆滿後，當戶應在五天內贖當或續當，逾期不贖當或續當為絕當。絕當變賣是指典當行自行變賣，或委託拍賣行拍賣絕當物。

因當物不同而存在不同的風險，貴金屬及寶石等典當業務主要有贗品風險、治安風險及行情變化風險；房地產典當業務主要有權屬風險和估價風險；證券典當業務主要有政策風險和市場行情激烈動盪風險；交通工具、通信器材、機電產品等典當業務有快速更新換代和流通環節風險等。❻

3.**絕當變現風險（資金閒置風險）**：一般來說，經營三至五年的典當行絕當額度約占其運作資本的百分之二十至百分之三十，個別的高達百分之五十至百分之八十。絕當是經營中必然出現的現象。絕當物品變現的難易程度，取決於當金的高低和二手市場供需狀況兩個因素。如果二手市場對該當物供大於求導致價格下跌，或者當物估價本身過高，則當物變現不足以清償貸款本息費用，有的甚至無法變現，資金沉澱下來，形成呆帳損失。

典當業不列入狹義影子銀行

從規範典當行的法律制度和典當行營運來看，在現階段，中國典當行具有連接資金提供者和資金使用者的信用中介功能。在這種意義上典當行具有廣義影子銀行的特徵。但典當行的這種影子銀行特徵在現階段並不會對金融體系的穩定造成影響，並不屬於狹義上的影子銀行。理由如下：

1.**典當行資產負債期限的不匹配問題較小**：按照《典當管理辦法》的規定，典當行用於借出的資金來源有兩個：股東權益和銀行貸款。典當行的資產則是以當物為抵押的借款，這些借款具有「小額、短期、快捷、靈活」的特點。二〇一二年全國典當行業共完成收、續業務二百三十七・一萬筆，平均單筆業務金額十一．七萬元，百分之四十九的典當業務當期在三十天以內。因此，典當行基本上不存在資產負債期限不匹配問題。

2. 典當行的流動性轉換也基本不存在問題：由於典當行借出資金主要來自於股東，因此典當行基本不會存在擠兌問題。

3. 典當行不存在信用風險轉移問題：目前，典當行被定位為「特殊的工商企業」。同銀行的關係上，典當行同其他工商企業一樣，不能獲得銀行隱性信用擔保。

4. 典當行槓桿率很低：按照《典當管理辦法》規定，典當行槓桿率不能超過淨資產一倍。在實踐中，槓桿率更低。截至二〇一三年三月底，全行業銀行貸款餘額五十九．八億元，同比降低百分之五．四，占典當企業註冊資金的百分之五．九，處於較低水準。

未來的發展趨勢

近年來典當行業快速發展，在社會資金融通、幫助中小微企業發展、解決個體工商戶資金急需、為個人提供燃眉之需，在促進經濟、便利民生、創造就業、維護社會穩定等諸多方面發揮著愈來愈大的作用。❼社會經濟的穩定發展、持續旺盛的社會資金需求和活躍的資金流動將為典當業提供更

❻參見中國典當聯盟網。「關於設立典當行的可行性分析報告」，見 http://www.cnpawn.cn/pawnnews/。

❼現代典當行的業務模式與過去傳統典當相比，發生了巨大轉變。現代典當行面對的客戶群體已經從個人轉向經營性中小微企業，服務內容從解決個人需求，轉變成解決企業的生產經營性需求，成為中小微企業融資的輔助管道。

為廣闊的發展空間和機遇。與國外成熟的典當市場相比，中國典當行業仍處於低水準、小規模的發展階段，面臨巨大的發展契機。根據美國典當協會（NPA）發佈的資訊顯示，美國共有典當行兩萬家左右，典當從業人員近八萬人，直接為三千四百多萬社會公眾（約占美國總人口的百分之十二）提供典當服務。❽

在看到小額融資需求帶來巨大市場前景的同時，也要看到典當行在提供小額融資方面所面臨的市場競爭壓力。這種壓力來自於兩個方面：一是傳統銀行針對中小企業業務創新，增加針對中小企業的融資產品所帶來的競爭壓力。為緩解中小企業融資困難的瓶頸，銀行逐步降低中小企業信貸門檻，擔保方式和金融工具日益多樣化等融資市場格局上發生的變化，導致典當業的經營空間受擠佔。二是小額貸款公司給典當行帶來的競爭壓力。由於小額貸款公司與典當行的經營範圍並無本質差異，但是興辦小額貸款公司的條件更優惠、手續更簡便、前景更廣闊，小額貸款公司發展快速，在一定程度上擠壓了典當行業的市場。

為了滿足市場融資需求和應對競爭壓力，典當行業勢必要在資金來源方面下功夫，改變目前主要依靠自有資金，並輔之以少量銀行貸款的局面。典當資產證券化、典當行股權融資、較大規模典當行發債等都是可供選擇的資金來源。當然，典當行資金來源方式和數量的轉變，意味著典當行自身風險及其對金融體系產生影響的改變，也意味著監管方式的改變。

典當行是一種在世界上大多數國家和地區都廣泛存在的行業。各國典當行業及其管理都各有特色。西元十至十一世紀，隨著歐洲商業和手工業的日益發達，西歐部分城市的貨幣空前活躍，高利貸盛行，流亡西歐各地的猶太人便將一部分自由資本轉化為高利貸資本，以開辦當鋪為職業。這便是西歐最早的典當業經營者。

英國的典當業既有民辦典當行，也有教會辦的公立典當行和官辦的公共典當行，成立最早的典當行是一三六一年，由倫敦主教邁克爾建立的具有官方色彩的公立典當行。二十世紀八〇年代以來，英國典當業為適應形勢的發展，不斷變革經營模式，如採用連鎖制，提供優質服務以吸引客戶，將普通商品銷售和絕當物處理緊密聯繫等，使典當業成為英國金融服務業中增長最快的部門之一。據英國典當協會統計，其典當企業會員一九九九年只有三百家，二〇〇四年發展到八百家。當前，英國有一千多家典當行及其分店，並有兩家上市公司。從性質上看，典當行業屬於金融服務業和商業的一部分，典當行被歸屬於中小企業層級。英國典當業的監管機構為貿工部下屬的公平貿易辦公室。英國典當協會實行行業自我監管，國民諮詢局、貿易標準局、法院等部門參與監管和建議。

美國典當業起步較晚，十八世紀末，美國許多城市才開始興辦當鋪；十九世紀中後期，美國典當業開始步入繁榮階段；真正崛起是在二十世紀八〇年代後期，經過十餘年的快速發展，迅速成為全球規模最大的典當業。美國有一萬五千多家當鋪遍佈全美各地，其數量相當於全美國商業銀行的二分之一，超過全美儲蓄銀行和貸款銀行數量總和的兩倍。美國典當行透過變賣、拍賣、寄售和零售等四

❽國廣國際在線網絡。〈典當業成為中國民間新的融資方式〉，見 http://gb.cri.cn/1321/2006/10/02/661@1242787.htm。

種運作方式，將典當門市經營發揮得淋漓盡致。美國典當行為客戶提供了非常便利的服務，客戶到典當行可以從事典當交易，以具有一定價值的物品或以財產權利質押擔保，換取當金；也可以從事商品交易，一方面購買典當行銷售的典當物品，另一方面也可以將自己打算出賣的物品，送至典當行讓其代為銷售。

在美國，連鎖經營方式廣泛滲透並應用於典當業。典當行有單店經營或聯店經營模式，也有公司化連鎖經營模式。連鎖經營戰略幫助美國的許多典當企業，特別是大中型典當行，擴大了市場規模，創造了顯著的經營效益，在競爭中保持了優勝地位。在美國，針對典當行業的監管分為聯邦和州兩個層面：在州層面，各州政府負責監管典當行業，但各地有不同的法規，這由各州政府根據本州的具體情況而定；在聯邦層面，聯邦主要透過聯邦法律對金融業務的規定、信貸機構平等法的規定，以及對公平信用報告法的規定等，對典當行業進行監管。

擔保公司

擔保作為信用鏈條上的一個環節，是社會經濟發展的必然產物。隨著經濟社會的發展，擔保業逐漸出現涉及領域廣泛、業務品種多元的特點。中國擔保業經過十幾年的發展，其觸角已經延伸到經濟和社會生活的各方面，在國民經濟體系中發揮著重要作用。擔保行業根據擔保目的的不同，分為融資性擔保和非融資性擔保公司。

融資性擔保公司是指依法設立，經營融資性擔保業務的有限責任公司和股份有限公司。融資性擔保是指擔保人與銀行業金融機構等債權人約定，當被擔保人不履行對債權人負有的融資性債務時，由擔保人依法承擔合約約定的擔保責任行為。基於本書的寫作目的，本節討論的擔保公司僅限於提供信用擔保支援的融資性擔保公司。

中國擔保行業的發展歷程大致分為三個階段：

1. **起步和探索階段**：一九九三年，國家經貿委和財政部共同發起，並經過國務院批准，創辦了中國首家全國性專業擔保公司。一九九九年六月，國家經貿委在廣泛調研的基礎上，發佈了《關於建立中小企業信用擔保體系試點的指導意見》，就試點的指導原則、模式體系、擔保機構的資金來源、職責與程序、協作銀行、風險控制及責任分擔、內外部監管及組織實施等內容做了明確規定，全國中小企業信用擔保體系試點工作初步進入規範階段，各項相關的扶持政策也陸續出台。這一時期，擔保公司數量少，股本結構主要為政府出資。

2. **快速發展階段**：二〇〇〇年後，相關政府部門先後出台了一系列政策鼓勵和支持擔保行業發展。二〇〇八年，中小企業因受金融危機衝擊生存異常艱難，政府加大對擔保行業的扶持力度，大量民營、境外資本湧入，擔保公司數量呈爆發式增長，但同時出現大量「異化」現象。

3.規範運作、科學發展階段：為了規範擔保公司的發展，二〇一〇年三月八日，七部委[9]聯合發佈了《融資性擔保公司管理暫行辦法》，透過規定融資性擔保公司的設立條件、業務規範、監管規則和法律責任，明確了其性質、市場定位和基本的運作規則。隨後各地融資性擔保公司的整頓工作普遍展開，擔保行業步入規範運作、科學發展階段。

擔保行的發展與產品運作

擔保行業近十年來的快速發展，和它的功能充分發揮有直接相關：

1.擔保行業為經濟活動中的風險管理需求提供專業化的服務和解決方案：擔保行業以自身的專業水準，承擔和管理了經濟活動中的風險。擔保公司依靠其自身的「增強信用」功能，向信用缺失的經濟主體提供信用增強服務，因此擔保機構的風險識別和管理能力將成為其能否生存發展的關鍵性因素。近十年來，隨著擔保行業監管體系的日益完善，擔保公司的風險管理能力日益提高，為擔保行業快速發展奠定了堅實基礎。

2.擔保行業提供信用產品，促進市場信用的拓展和深化：隨著市場經濟的發展，擔保行業獲得更大的發展空間。現代經濟的特點之一是信用經濟，而其正是專門經營以信用產品為主的經濟主體，其依靠自身信用及所具備的專業化風險管理能力，向缺少信用的需求者，提供增信或信用評級服務，保證其必要信貸支持。

3.擔保行業能夠化解間接融資壓力，推動金融創新：透過信用擔保，銀行降低資訊不對稱，貸款多了一道風險防範屏障，相對降低了貸款風險和管理成本，企業也由於第三方的信用強化，獲得生存和發展的資金，在一定程度上緩解間接融資壓力。

4.擔保行業有助於緩解中小企業的融資困難：中小企業信用擔保體系的建設和發展，對緩解中小企業貸款困難，提升中小企業信用等級，促進中小企業健康發展，對擴大就業、培育稅源，發揮了積極的作用。

按照《融資性擔保公司管理暫行辦法》的規定，擔保公司可以從事的業務主要有：

1.融資性擔保業務：擔保公司與銀行業金融機構等債權人約定，當作為被擔保人的中小企業等融資主體，不履行對債權人負有的融資性債務時，由擔保公司依法承擔合約約定的擔保責任，作為被擔保人的中小企業等融資主體，按照約定向擔保公司支付擔保費，提供反擔保。中小企業等融資主體一旦產生違約後，擔保公司得代為履行債務，擔保公司於擔保代償後，再向被擔保人追償。

2.非融資性擔保業務：主要為訴訟保全擔保和投標擔保、預付款擔保、工程履約擔保、尾付款履約償付擔保等其他履約擔保業務。這些擔保業務的運作原理與融資性擔保業務基本一致，只不過擔保權利人並非金融機構，被擔保人債務產生的原因也非因為融資。

3.自有資金投資業務：依《融資性擔保公司管理暫行辦法》第二十九條規定，擔保公司的自有

❾七個部委分別是：銀監會、發改委、工信部、財政部、商務部、中國人民銀行和工商總局。

資金投資是指擔保公司以自有資金投資於國債、金融債券及大型企業債務融資工具等信用等級較高的固定收益類金融產品，以及不存在利益衝突、且總額不高於淨資產百分之二十的其他投資。

市場規模與風險

自從擔保行業出現以來，擔保行業市場規模就一直處於快速發展階段：

1. **擔保公司數量持續增加**：如截至二〇一一年末，全國融資性擔保行業共有法人機構八千四百零二家，較上年末增加二千三百七十二家，增長百分之三十九・三；其中，國有控股占百分之十八・七，民營及外資控股占百分之八十一・三，民營及外資控股機構占比同比增加五個百分點。截至二〇一二年末，全國融資性擔保行業共有法人機構八千五百九十家，同比增加一百八十八家，增長百分之二・二，同比增幅減少三十七個百分點；其中，國有控股一千九百零七家，占比百分之二十二・二，民營及外資控股六千六百八十三家，占比百分之七十七・八。

2. **擔保行業資產總額增長迅速**：如二〇一一年底，全行業資產總額九千三百一十一億元，同比增長百分之五十七・二。淨資產總額七千八百五十八億元，同比增長百分之六十三・八。二〇一二年底，實收資本共計八千二百八十二億元，同比增長百分之十二・三。行業擔保準備金合計七百零一億元，同比增長百分之二十五・二。

3. **擔保行業在保餘額持續攀升**：如二〇一一年底，在保餘額總計一萬九千一百二十億元，較年初增加五千三百七十四億元，增長百分之三十九・一。二〇一二年底，全保行業在保餘額二萬一千七百零四億元，同比增長百分之十三・五。

4.擔保行業服務的銀行業金融機構和中小企業不斷增多：如截至二〇一一年末，與融資性擔保機構開展業務合作的銀行業金融機構總計一萬五千九百九十七家（含分支機構），同比增長百分之三十二・六。融資性擔保貸款餘額一萬二千七百四十七億元，較上年末增加三千六百二十九億元，增長百分之三十九・八；融資性擔保貸款戶數十八萬一千戶，較上年末增加一萬六千戶，增長百分之九・六。融資性擔保貸款餘額一萬二千七百四十七億元（不含小額貸款公司融資性擔保貸款），同比增長百分之三十九・八。其中，中小企業融資性擔保貸款餘額九千八百五十七億元，同比增長百分之四十・五，占融資性擔保貸款餘額的百分之七十七・三。到了二〇一二年末，全國融資性擔保行業共有法人機構八千五百九十家，同比增加一百八十八家，增長百分之二・二，同比增幅減少三十七個百分點，其中國有控股一千九百零七家，占比百分之二十二・二，民營及外資控股六千六百八十三家，占比百分之七十七・八。實收資本共計八千二百八十二億元，同比增長十二・三。行業擔保準備金合計七百零一億元，同比增長百分之二十五・二。全保行業在保餘額二萬一千七百零四億元，同比增長百分之十三・五。與融資性擔保機構開展業務合作的銀行業金融機構總計一萬五千四百一十四家，較年初增長百分之一〇・三；融資性擔保貸款餘額一萬四千五百九十六億元，較年初增長百分之十二·三。⑩

截至二〇一三年六月末，中國累計發行信貸資產擔保證券八百九十六億元，貨幣基金總資產淨值達到七千九百六十三·二〇億元。

擔保行業以「經營風險」為業，因此，承擔風險本身就是擔保公司的顯著特徵。一般來說，擔保行業的風險具有以下特徵：

1.**擔保行業風險主要來自被擔保人，債務人的信用風險占相當大幅度：**⑪擔保公司在為債務人提供擔保後，由於會受各種事先無法預料的因素所影響，如被擔保的債務人可能無法按時、如數歸還借款，這時就需要擔保公司代為償還債務，此即發生了擔保代償。如果擔保公司最終不能全部回收擔保代償資金，就會導致擔保行經濟上的損失。這就是擔保機構經營擔保業務所特有的風險。

2.**擔保行業承擔的風險程度較高：**擔保是介於銀行與企業之間，由擔保人提供擔保，以此提高被擔保人貸信等級的中介活動。擔保公司的介入，使得原本在商業銀行與企業兩者之間發生的貸款關係變成了商業銀行、企業與擔保公司三者之間的關係。擔保公司增強了銀行對中小企業貸款的信心，使中小企業的貸款管道變得通暢起來；同時，也就分散了銀行貸款的風險，銀行資產的安全性得到了更高的保證。但是，中小企業之所以找擔保公司為其提供擔保，就在於中小企業的信用狀況不佳而不符合銀行的信貸條件。擔保公司的介入使得中小企業獲得了貸款，同時中小企業信用狀況不佳的風險也就由擔保公司承擔了。

3.擔保行業承擔的風險具有傳染性：擔保行業是信用鏈條上的一個重要環節，被擔保企業的信用風險、擔保公司自身的信用風險等，都有可能經由擔保公司向銀行提供擔保而連帶影響到金融體系。按照《融資性擔保公司管理暫行辦法》的規定，擔保公司的融資性擔保責任餘額不得超過其淨資產的十倍，即擔保公司可以有最高十倍的槓桿率。這一槓桿率事實上會增大信用風險向金融體系傳遞的概率。

擔保行具有成為影子銀行的可能性

擔保行業是信用鏈條上的一環，是信用風險分散的一種手段或工具。其自身並不具有影子銀行的期限錯配、流動性轉換等特徵。因此，在目前的業務模式下，擔保行業自身並不會成為影子銀行。但是，如果提供擔保服務的擔保權利人屬於影子銀行，那麼擔保行業就有可能成為影子銀行體系的一個重要環節。換言之，擔保行業是否具有影子銀行性質，取決於其服務的金融機構、金融業務、金融產品的性質。

在擔保公司為銀行的表內貸款業務提供擔保的情況下，擔保公司提供的是增信服務。這種服務

❿參見中國銀行業監督管理委員會，銀監會融資擔保部（二〇一三）。「關於二〇一二年度融資性擔保行業發展與監管情況的通報」，見 http://www.cbrc.gov.cn/。

⓫擔保行為是保證人和債權人約定，當債務人不履行債務時，保證人按照約定履行債務或者承擔責任的行為。擔保的本質實際上就是風險的防範或將風險分散和轉移。

可能會放大銀行表內的信用供給，但是因為這種信用供給本身就屬於銀行基本業務而非影子銀行業務；因此，擔保公司不具有影子銀行性質。

在擔保公司為金融機構表外貸款業務提供擔保時，無論這些金融機構是商業銀行，還是信託公司，或者其他提供類似業務的機構，雖然擔保公司提供的依然是信用增級服務，但如果這些機構可能被界定為影子銀行，那麼擔保公司就有可能成為影子銀行體系中的一個重要環節。總體來說，擔保公司自身並不能獨立成為影子銀行，其是否具有影子銀行性質，則取決於其所服務的金融機構、產品或業務的性質。但是，無論如何，擔保公司都具有放大信用、傳染風險的特徵，從防範系統性風險、維護金融穩定的角度來說，對其進行恰當監管是十分有必要的。

未來的發展趨勢

擔保公司是中國信用體系建設的重要組成部分之一。鑒於中國信用體系，特別是中小企業信用體系的相對不完善，在當前及未來一段時間，擔保公司在分散銀行體系金融風險、緩解中小企業融資困難方面，發揮著不可替代的作用。因而，擔保行業在未來仍將具有極大的發展潛力。具體來說，擔保行業未來有以下發展趨勢：

1. **擔保公司實力逐步增強，規模化優勢將逐步顯現：**目前，中國擔保機構眾多，雖然近幾年來，從行業整體看擔保實力有所增強，但單個擔保公司的擔保實力都不太強，擔保行業整體呈現出

「多且小」的局面。這種局面不利於擔保公司開展同金融市場相關的業務，如債券擔保業務。

2. 擔保公司的專業化：目前，擔保公司幾乎什麼業務都做，並不區分被擔保人所屬不同的行業。考慮到不同行業有不同的風險特徵、業務模式，只有專精於該行業才能更深刻地理解該行業，才能更為有效地防範風險，因此，未來擔保公司的專業化經營是其發展方向之一。

3. 政策性擔保業務與商業性擔保業務的適當分離：從國外擔保行業的發展實踐來看，有著政策性擔保業務與商業性擔保業務之分。政策性擔保業務是指那些風險程度高，不適合商業機構運營或者商業化運作的擔保業務。通常情況下，面向中小企業的擔保業務被視為政策性擔保業務。中國目前的相關規定沒有這種區分，但在實踐中有地方政府為擔保公司擔保的中小企業業務提供財政補貼的做法。未來從機構或業務方面對兩者進行進一步區分非常有必要。

從國際範圍來看，各主要國家和地區大都存在擔保制度和擔保機構。擔保機構一般分為兩種：政策性擔保機構和商業性擔保機構。美國的政策性擔保機構分為兩類：一類是為中小企業提供擔保的小企業管理局。該局的業務種類和運作模式由《中小企業法》、《小企業投資法》、《小企業經濟政策法》，以及《精簡文件法》等做出具體規定。另一類是為個人服務的住房金融擔保組織，如聯邦住宅管理局、退伍軍人管理局等，目的在於為居民貸款購買住房提供擔保服務。

美國商業性擔保非常發達。在美國從事擔保業務的公司主要是保險公司和專業的擔保公司。其中，保證擔保是保險公司的一個重要業務之一，很多大型的保險公司都設有保證擔保部門，提供雇員誠信擔保、履約擔保等。而專門從事擔保業務的公司大多主要從事債券擔保業務，如美國市政債券擔保公司、金融證券擔保公司等。此外，也有一些專業擔保公司專門從事建築經營合約、貨物運輸合約等的擔保。

在歐洲國家擔保和保險區分不明顯，他們認為擔保是保險的一種，兩者沒有明顯的性質區分，只是操作形式有所不同。一般意義下，擔保是對特定用戶給予的信用，因此領域較窄，承擔的責任較大，風險度高。而保險險種多，市場領域寬，風險不大。歐洲擔保或保險的主要業務有以下幾種：一是一般信用擔保，包括出口信貸擔保、進口信貸擔保、招標擔保、維護服務擔保、執照擔保、關稅擔保；二是履約擔保，包括建築合約擔保、供貨合約擔保、付款合約擔保、銀行間的償債擔保、貸款擔保（業務量很少）；三是雇員忠誠擔保，包括對公司員工、個別員工、關鍵位置人物、關鍵人物發生嚴重違規違紀或盜竊公司財物，為公司造成損失的行為，由擔保人負責賠償。歐洲大多數國家的保險市場已經、或者正在趨於完善。從組織體系看，擔保或者保險機構與再保險機構、銀行有著密不可分的關係。每一個擔保公司或者保險公司都購買一個或一個以上再保險公司的保險，再保險公司與保險機構往往互為股東，互相關聯，關係密切。從操作方式看，擔保的風險規模取決於購買再保險的能力。購買的再保險額愈高，自己承擔的風險範圍就愈小；反之，保險機構自己就要承擔高額保險。

融資租賃公司

融資租賃，是集融資與融物、貿易與技術服務於一體的金融產業活動。當前中國融資租賃市場的參與主體大致可分為三類：一是金融租賃公司；二是中外合資融資租賃公司；三是已獲商務部批准融資租賃試點的內資融資租賃公司。

雖然這三類融資租賃公司都可以從事融資租賃業務，但是它們的企業屬性不同：金融租賃公司是金融企業，屬於非銀行金融機構；而後兩類租賃公司則是非金融機構租賃公司（或稱為融資租賃公司），屬於一般工商服務企業。鑒於前一章已經就銀監會監管的金融租賃公司進行了分析，本節的重點是非金融機構的融資租賃公司。

非金融機構的融資租賃公司的發展

▼發展階段

中國融資租賃業的發展可以分為五個階段：

○第一階段　初創階段（一九八一至一九八六年）

二十世紀八〇年代初期，中國整個國民經濟非常困難，物資異常匱乏，資金極度短缺。極須引進外匯資金購買國外先進的設備，對國內企業的裝備進行更新。在此背景之下，一九八一年四月，中信公司與日本東方租賃公司合資組建了中國第一家中外合資租賃公司——「中國東方國際租賃公司」。同年七月，中信公司與內資機構合作成立了中國第一家融資租賃公司——「中國租賃有限公司」，這標誌著融資租賃業在中國的創立。隨後，各家公司陸續成立，相繼領取金融牌照。但是，由於當時融資租賃尚處於探索階段，其功能還沒有得到充分的認識，融資租賃業務量增長幅度不大。

○第二階段　快速發展階段（一九八七至一九九六年）

在這一時期，隨著中國改革開放步伐加快與市場化融資需求不斷攀升，各公司猶如雨後春筍般出現。特別是一九九四和一九九五年兩年內，一共成立了五家融資租賃公司，融資租賃的業務總量急劇擴張。

到一九九六年底，行業總資產近一百四十億元人民幣，但全部融資租賃公司的註冊資本金總計只有六億多元人民幣，資本充足率普遍較低。因此，融資租賃在保持快速發展，並對國民經濟增長做出突出貢獻的同時，也為後續發展埋下了隱憂。

○第三階段　風險全面爆發階段（一九九七至二〇〇〇年）

受匯率大幅度調整、風險管理工具匱乏、管理粗疏及體制殘缺和不暢通等不利因素的共同作用，融資租賃業在前期發展階段所埋下的隱憂在這一時期全面爆發。

大多數融資租賃公司的經營都因資金來源遇到困難，和租金難以回收等問題而陷入困境。

一九九七年，廣東國際租賃有限公司、海南國際租賃有限公司和武漢國際租賃公司由於嚴重的資不抵債相繼倒閉。出於同樣的原因，中國華陽融資租賃有限責任公司在二〇〇〇年也宣佈破產清算。

第四階段　制度建設啟動階段（二〇〇一至二〇〇六年）

在這一時期，為彌補歷史缺憾，融資租賃行業的四大支柱——法律、會計準則、監管和稅收方面的制度建設開始全面啟動。早在二〇〇〇年六月三十日中國人民銀行就頒佈實施了《金融租賃公司管理辦法》；《企業會計準則——租賃》於二〇〇一年一月一日生效，後修改為《企業會計準則第21號——租賃》，並於二〇〇六年二月十五日生效實施。二〇〇五年之後的兩年多裡，有關金融監管部門對融資租賃業實施了業界所謂的「二次清理」。

第五階段　中國融資租賃業及中國租賃業的發展新時期（二〇〇七年至今）

二〇〇七年一月二十三日，中國銀監會重新修訂了《金融租賃公司管理辦法》；隨後，稅收政策和監管體制的補建進程也在加緊推進。值得注意的是，根據中國銀監會修訂的《金融租賃公司管理辦法》，重新允許商業銀行介入融資租賃業。在這一標誌性事件之後，從二〇〇七年十一月到二〇〇九年底，先後有工行、建行、交行、民生、招行、國開行六家銀行機構籌建的融資租賃公司相繼成立。商業銀行的進入，有望顯著提升中國融資租賃業的社會地位和影響力，且有可能打破影響中國租賃事業發展的資金不足的瓶頸，改善租賃市場的發展環境。

▼發展特徵

融資租賃公司的發展在於其在經濟金融體系中的獨特作用和地位：

1. **融資租賃更好地促進了產融結合**：融資租賃一方面緩解了出租人進行資產投資的選擇困境；另一方面又解決了承租人進行資產投資時面臨的資金緊缺問題。因此，它是一種使得資金供給方與資金需求方緊密連接的有效的金融機制。對於中國來說，融資租賃有助於從整體上提高經濟的融資效率，有助於化解資本設備生產過剩和產能過剩問題，既為解決金融發展與實體經濟「疏遠」的問題提供了有效途徑，也為國家實施經濟和金融的宏觀調控提供了新的抓手。

2. **融資租賃進一步完善了金融結構**：中國長期保持以間接融資為主的格局，股權類資金供應嚴重不足。這使得中國的投資領域和生產領域中普遍存在資金結構失衡問題。根本的解決辦法是大力發展資本市場。但是，若著眼於創造有利於股權資本形成的機制，融資租賃就是一個必不可少的重要機制。

3. **融資租賃為解決中小企業融資困難的問題另闢蹊徑，提高中小企業的資金可得性**：首先，融資租賃更側重於對專案未來現金流的考察，對承租人歷史上的資產負債情況不刻意要求，這就使得未在銀行建立起信用的中小企業可以獲得發展過程中所需要的中長期設備融資；其次，它可以降低融資門檻和融資風險；再次，融資租賃合約中的期限安排和財務特徵，可以產生促使中小企業提高資金使用效率、降低其財務風險的效用；最後，融資租賃有利於中小企業加強與大型企業合作，促成彼此之間的垂直或橫向分工合作，優化產業經濟關係，實現產業經濟內的風險分擔。

4.融資租賃有利於促進區域平衡發展：對於國內區域經濟不平衡發展過程中的產業結構調整，部分產業資本從東部地區向中西部地區轉移時，融資租賃也可以發揮重要的境內跨地區市場開發功能。在這一轉移過程中，運用融資租賃，既可以消化東部地區資本品的產能過剩，又可以彌補廣大中西部地區資金相對短缺、資本形成不足的劣勢，實現促進中西部地區經濟發展的目標，最終促使國內經濟平衡發展。

5.融資租賃有效推進了「走出去」戰略的實施：迄今為止，中國推行的「走出去」戰略仍以商品輸出為基本特徵。這種格局不僅在難以為繼，在國際上也面臨愈來愈多的爭議。著眼於未來，我們應當實現商品輸出向生產輸出和資本輸出的轉變，需要更加有效和多樣化地使用外匯儲備，並借此在全球實現產業結構優化。融資租賃是推行這一戰略轉變的有力手段。

6.融資租賃有利於進一步提高中國的金融效率：首先，融資租賃有助於解決資訊不對稱問題；其次，融資租賃有利於克服金融壓抑，促進利率市場化。再次，融資租賃可以通過對實物流、資金流、期限等要素的結構化交易安排，實現多種業態的融合創新和金融產品創新以適應各種個性化的融資需求。最後，融資租賃業的發展，可以帶動它與銀行業、證券業、信託業和保險業等其他金融機構之間的業務創新和合作。

融資租賃公司的基本運作原理因業務類型不同而有所區別。

在融資性租賃，也稱全額償付的融資租賃中，由承租人選擇設備，出租人（金融租賃公司）出資購買，然後出租給承租人，租賃期內租賃物所有權歸出租人，使用權歸承租人，租賃期滿時，承租人可選擇留購設備。租賃期內承租人按期支付租金，折舊由承租人計提。

在經營性租賃中，亦即非全額償付的融資租賃中，出租人將租賃資產出租給承租人使用時，透過在計算承租人應付租金時預留餘值的方式，使其從該承租人那裡收回的租金小於租賃投資額。

在出售回租中，承租人為籌措資金，將原屬其所有的財產出售給出租人，然後再向出租人租回使用，並支付租金。回租業務可以做成融資性出售回租和經營性出售回租，分別具有全額償付融資租賃和非全額償付融資租賃的不同功能和特點。客戶透過該項業務將固定資產變為現金，用以補充流動資金或購買新的設備。

市場規模與風險

從融資租賃公司數量上看，截至二〇一二年底，全國融資租賃公司（不含單一項目融資租賃公司）共五百六十家，同比增長接近百分之九十。其中，外商融資租賃公司四百六十家，比上年增加二百五十家，增長超過一倍；金融租賃公司二十家；內資融資租賃公司八十家，增加十四家。從融資租賃公司註冊資金規模上看，二〇一二年底，融資租賃公司註冊資金達一千八百九十億元，同比增長百分之三十六．二，行業資本充足率為百分之十二．二。從融資租賃業務規模來看，二〇一二年底，融資租賃合約餘額突破萬億，達到一萬五百千五百億元，而二〇一一年底這一數字為九千三百億元，同比增長了百分之六十六．七。二〇一二年末，二十家金融租賃公司租賃合約業務總量為六千六百億元，占融資租賃行業業務量四成以上。[12]

基於融資租賃既融資又融物的特性，融資租賃公司承擔的風險，既包括金融風險，又包括貿易風險。因為融資租賃具有金融屬性，金融方面的風險貫穿於整個業務活動之中。對於出租人來說，最大的風險是承租人的還租能力，它直接影響租賃公司的經營和生存。融資租賃公司給企業的利率結構若與自身融資的利率結構不相符，在利率方面也會出現風險。如果融資租賃合約使用的是外幣，其風險就更大，特別是使用非美元硬通貨，雙重匯率的風險有時會使企業的融資成本翻倍。貨幣支付也會有風險。特別是國際支付方面，一旦支付方式、支付日期、期限、匯款管道和支付手段選擇不當，都會加大風險。此外，因為融資租賃又具有貿易屬性，從訂貨談判到試車驗收都存在著風險。而融資租賃所承擔的上述風險又具有兩方面的特徵：

1. **融資租賃承擔的風險具有傳染性**：融資租賃公司並不僅僅依靠自有資金進行經營運作。除自有資金以外，融資租賃公司主要依靠從金融市場或金融機構融資，比如貸款、資產證券化、融資租賃保理[13]、發行債券等。在融資租賃公司高槓桿融資的時候，如果其經營出現風險，就極易傳染給金融

---

[12] sina 新浪新聞，喬加偉（二〇一三）。〈融資租賃 2012 規模猛增 67 % 部分公司資本充足率不足 1 %〉。見 http://news.sina.com.tw/article/20130320/9197140.html。

[13] 保理全稱為保付代理，又稱承購應收帳款、托收保付。指保理商承擔進口商的信用風險、進口國的政治風險，以及轉移風險的出口融資業務。

體系。

2.融資租賃承擔的風險具有週期性：融物是融資租賃的特徵之一。融資租賃所融之物通常是資本設備，比如船舶、飛機、工程機械、大型設備等。這些設備同經濟週期有著密切聯繫，在該類設備經濟週期下行時，融資租賃公司就容易暴露風險。

融資租賃公司具有影子銀行的特性

融資租賃公司本身就是信用中介。按照相關監管規定，融資租賃公司可以用較高的槓桿融資。融資租賃公司透過發行債券、融資租賃資產證券化、融資租賃保理、貸款等方式從金融市場或金融機構融資，然後將所融資資金用於代替客戶購買租賃物，並用租賃客戶所繳租金償還融資。在這一過程中，融資租賃公司實現了信用期限轉換、流動性轉換。

此外，無論是商務部對融資租賃公司的監管，還是銀監會對金融租賃公司的監管，都沒有達到銀監會對商業銀行的監管力度，這為監管套利帶來便利。因此，從這一意義上說，融資租賃公司具有影子銀行特徵。但是，由於在整個金融系統中融資租賃規模所占比例較小，對整個金融系統的影響不大，並且仍然受到商務部和銀監會的監管，故其並沒有引起足夠的關注。

未來的發展趨勢

融資租賃既具有金融屬性，又具有貿易屬性，呈現出以下發展趨勢：

1.融資租賃服務於製造業的發展趨勢：構建融資租賃服務平台，由簡單銷售的產品經營向資產經營轉型，被愈來愈多的設備製造企業作為延伸經營服務鏈條，與轉變發展方式的戰略舉措。融資租賃公司作為新型的信用銷售和資產管理機構，在促進設備流通、增加企業資產規模、加速生產企業資金周轉、降低經濟週期的衝擊等方面發揮明顯作用。

2.融資租賃公司作為一個投資平台，為銀行和各種投資機構提供了具備所有權保障的資金配置管道和投資品種：融資租賃透過債權保理、信託計畫、私募基金和租賃資產證券化等產品，有效拉動了銀行和社會資金，支持了經濟發展。融資租賃公司將充分與銀行、信託、保險、擔保等金融機構進行全面合作，融資租賃公司更具有與銀行合作的天然優勢，具體可概括為：租金保理─服務存貸業務；租貸結合─改變資產結構；資產剝離─保障安全流轉；優勢互補─扶持中小企業；銀租合作─服務政府財政；設備租賃─滿足銀行需求；處置不良資產─促進產業整合；配合租賃投資─支援基礎建設。

3.融資租賃服務於設備出口：在今後一段時期缺乏穩定的國際金融的形勢下，融資租賃可以有效擴大中國機電設備的出口、促進企業的海外投資。運用不同的融資租賃交易形式，還可以平衡中國與歐美國家的商品貿易順差和服務貿易逆差。發展國際融資租賃業務可以為中國的外匯儲備尋求一種新的、安全的投資管道。

各國的融資租賃差異分析

二〇〇六年，美國融資租賃新增業務約為二千二百九十億美元，占整個工業設備投資的百分之二十七。二〇〇七年後相對保持穩定，金融危機後，投資量下降，業務疲軟。二〇〇九年一月，新增業務下降約百分之二十二，二〇〇九年二月更是下降百分之四十左右。截至二〇〇五年底，美國融資租賃機構有三千二百多家。其中，具有企業背景者約占百分之二十五，具有銀行背景（銀行直接或通過其子公司、附屬公司從事租賃業務）的占百分之三十五，獨立的租賃機構占百分之四十。美國很多製造廠商都建立了內部租賃機構或者租賃子公司，如IBM、LIP和戴爾都有自己的租賃機構或租賃子公司，為其產品銷售做出了巨大貢獻。

整體來看，設備製造商在美國的租賃市場上非常活躍，它們經營某一特定領域的設備，並在這一領域掌握專門的技術知識，特別是在電腦、飛機及建築機械方面，起著舉足輕重的作用。

美國專業租賃公司籌措資金的管道主要有：商業銀行、保險公司、團體投資人投資；以股份公司形式發行股票；發行公司債券；短期商業票據簽發；發行特種基金。從立法上看，美國沒有統一的融資租賃法，而是由多個法律部門分別調整融資租賃。各個部門及法院對有關法律與規定的解釋和判例對金融租賃行業影響很大。美國對於具有企業背景的租賃公司，沒有專門的監督與管理部門。在美國，租賃市場准入不需要行政審批，也沒有最低資本金要求，與一般商業企業註冊一樣。租賃業所涉及的貿易、稅收、信貸、債券發行等問題分別由不同的部門管理，這與美國普通法的特徵相適應。具有銀行背景的融資租賃公司，則由美國金融監管部門負責監管。具體來講，則是由貨幣監理署（OCC）對銀行准入、市場風險等進行監管。

經過近年來的穩定增長之後，歐盟租賃市場滲透率在二〇〇八年達到了百分之十六。從細分市場來看，設備租賃市場的滲透率為百分之二十三・七，成為僅次於貸款的第二大設備投融資方式；不動產租賃市場的滲透率僅有百分之四・六。歐盟很多國家，如德國、西班牙等都沒有對融資租賃進行專門立法，有關融資租賃的法律規定，散見於若干已有的法律法規中。德國是按照稅法和租賃條例中的標準，首先認定租賃交易符合哪些合約範本，根據租賃合約的不同類型，形成不同的租賃類型，是從合約的角度對租賃的形式進行分類。

德國對於「融資租賃」並不局限於概念上的探討，而是更注重從合約實踐的角度加以分類。西班牙的皇家法令也沒有對金融租賃物的範圍進行限定，但規定租賃必須是為了經營目的，用於消費目的的產品不能作為金融租賃物。

德國至今都沒有在法律上對融資租賃給出一個明確的定義，也沒有制定專門的融資租賃法；相比之下，西班牙在監管方面認為，融資租賃屬於金融業務，其功能基本相當於一筆貸款。因此，在監管問題上，整個歐盟並沒有一個統一的標準，各國都是根據本國實際情況自行決定。雖然德國和西班牙在監管模式上不盡相同，但兩國有一點是基本相同的，即都僅對具有銀行背景的融資租賃公司實行監管。

在德國，具有銀行背景的租賃公司需要接受監管，沒有銀行背景的租賃公司不接受任何監管。德國的銀行既可以直接從事融資租賃業務，也可以透過建立子公司或附屬機構間接開展金融租賃業務。無論採取哪種方式，只要銀行投資參股達到融資租賃公司自有資本金的百分之二十以上，該融資租賃公司即被視為具有銀行背景，相應地就會受到德國金融監管部門的監管。對於需要監管的具有銀行背景的融資租賃，包括銀行直接和間接開展的融資租賃，以及廠商租賃中透過其附屬銀行或財務公司開展的融資租賃，德國依據《銀行法》實行所謂的「間接監管」，即施行融資租賃公司與其母銀行並表監管。也就是說，只要銀行的股份超過百分之二十，融資租賃公司的全部資產和全部負債都歸入母銀行的資產負債表「並表」處理。因此，監管當局就可以透過對其母銀行的金融監管，間接實現對融資租賃公司的監管。需要說明的是，「並表」會產生這樣一個後果：具有銀行背景的融資租賃公司並不單獨接受監管。在母銀行整體的資產負債等風險控制狀況符合銀行審慎監管規定的情況下，其融資租賃子公司很可能會在某些方面有所突破，比如資本充足率低於《巴塞爾協議》規定的百分之八等。

在西班牙，融資租賃被視為一項純粹的金融業務，是類同銀行貸款的金融產品或金融衍生工具。融資租賃公司作為金融機構，接受西班牙銀行的直接監管。開展融資租賃業務需要獲得西班牙銀行的批准。雖然提交申請和發放執照均須由西班牙經濟與財政部辦理，但實際上都是由西班牙銀行對申請材料進行實質性審查，經濟與財政部只是履行程序上的手續，不會更改西班牙銀行的審查結果，審查批准後的日常監管工作也由西班牙銀行負責。在現實情況中，西班牙並未禁止非銀行背景的融資租賃公司的存在，只是由於它們自身的劣勢在市場競爭中被淘汰了，但這與法律上禁止存在的意義完全不同。

私募股權公司

私募股權公司，又稱私募股權投資基金公司，是指從事私募股權投資⓮業務的公司。廣義的私募股權投資涵蓋企業首次公開發行前各階段的權益投資，即對處於種子期、初創期、發展期、擴展期、成熟期和Pre-IPO（首次公開招股前）各個時期的企業所進行的投資，相關資本按照投資階段可劃分為創業投資、發展資本、併購基金、夾層資本、重振資本、Pre-IPO資本，以及其他如上市後私募投資等。狹義的私募股權投資主要指對已經形成一定規模的，並產生穩定現金流的成熟企業的私募

⓮從投資方式的角度看，私募股權投資是指透過私募形式對私有企業，即非上市企業進行的權益性投資，在交易實施過程中附帶考慮了將來的退出機制，即透過上市、併購或管理層回購等方式，出售持股獲利。

股權投資部分，主要是創業投資後期的私募股權投資部分，而其中併購基金和夾層資本在資金規模上所占比例最大。在中國，私募股權投資多指後者，以與創業投資區別。

一九八五年九月，中國國務院正式批准設立第一家風險投資公司——中國新技術產業投資公司。此後十年間，中國國務院陸續發佈了一批關於設立風險投資基金的政策和規定，開始了對私募股權投資的探索。二十世紀九〇年代末，海外投資者開始投資中國的IT企業，私募股權投資開始發展，與此同時，中國的私募股權投資基金也逐步興起，主要是一些政府主導的創業投資企業。進入二十一世紀後，中國的私募股權投資進入了休眠期。二〇〇四年以後，中國的私募股權投資進入了快速發展階段，隨著海外市場的復甦，私募股權投資開始活躍，新浪、搜狐等企業也開始進行收購行動。與此同時，一些消費品行業也開始受到私募股權投資的關注。

二〇〇五年出台的《創業投資企業管理暫行辦法》（於自二〇〇六年三月一日起施行）對創業投資企業的運作進行了規範。二〇〇七年六月一日起實施的《中華人民共和國合夥企業法》，明確承認私募股權投資的合夥人形式，解決雙重納稅的問題。隨後，私募股權投資在國內企業，尤其是在民營企業的融資中，發揮著愈來愈重要的作用。

私募股權公司的發展

▼發展階段

由於所處的歷史發展階段不同，可以說中國的私募股權投資是隨著國際私募股權投資基金逐漸進入而發展起來的，其發展歷程基本上可以劃分為三個階段。

○第一階段　萌芽階段

第一波投資浪潮是在一九九二年前後，大量海外投資基金第一次湧入中國，它們傾向於與處於轉軌期間的中央企業合作，包括北方工業、嘉陵集團等，但由於當時國內市場經濟體制與現代企業制度仍處於摸索之中，企業效益極不理性，加上缺乏在海外證券市場退出的管道，導致投資基金第一次進入中國就以全面失敗告終，這些基金大多在一九九七年之前撤出或解散。

○第二階段　起步階段

這一階段處於二十世紀九〇年代末，標誌性事件是互聯網熱（可參見風格司出版的《互聯網金融》一書）。在全球互聯網的帶動下，海外投資基金大舉買入與資訊科技有關的中國企業，而另一方面，私募股權投資基金也逐步興起，主要是一些政府主導的創業投資企業。然而隨著互聯網泡沫的爆破，加上創業投資機構的機制尚未理順，大量投資機構的生存狀況並不理想。

◯第三階段　初創階段

這一階段政府主導的產業基金的規模和影響力不斷擴大，私募股權投資基金逐步成長，出現了一批投資業績優秀、市場影響力大的本土投資企業，如弘毅等。特別是全球金融危機發生後，私募股權投資基金的本土化趨勢日益明顯，主要表現在：第一，外資基金的管理人才本土化；第二，政府資金成為私募股權投資基金，特別是在其中的產業投資基金中佔據重要地位；第三，民營資本愈來愈積極地介入。隨著全球經濟一體化趨勢加強，海外投資基金又再次活躍，在國內企業，特別是民營企業的融資中，扮演著愈來愈重要的角色。

▼發展特徵

中國私募股權投資基金市場的發展有以下幾個方面的原因：

1. **中國經濟高速增長所帶來的投資機會刺激市場的發展**：三十多年來，中國經濟的高速增長蘊含著巨大的投資空間與投資機會，為私募股權投資基金的發展提供廣闊空間。
2. **私募股權投資基金切合中國企業對權益性資本的需求**：中國的金融體系以間接融資為主，直接融資不足，直接融資中權益性資本融資更為緊缺。私募股權投資基金的出現切合了這種需求。
3. **股票市場的財富效應刺激了投資人的投資熱情**：股票市場所帶來的巨大效應使得投資者願意投資於未上市企業的私募股權投資基金，為私募股權投資基金募集帶來方便性。
4. **政府支持政策為私募股權投資基金的發展帶來積極影響**：近十多年來，中國政府、尤其是地方政府，非常重視私募股權投資基金的發展，一方面公布一系列支持政策，從財政、稅收等方面給予私募股權投資基金扶持和優惠，政府另一方面利用財政資金，成立或參與成立私募股權投資基金。這些舉措都對私募股權投資基金的發展帶來積極影響。

私募股權投資基金的運作過程有下列四個環節：

1. **融資**：私募股權投資基金的資金來源廣泛而且複雜，包括機構投資者、企業、政府、富有的個人以及外國投資者。私募股權投資基金的投資期限比較長，所以資金來源大多是長期投資者。隨著政府政策的放寬，中國本土機構的融資管道大大拓寬，在整體資金來源中，中國本土的投資額占了百分之五十左右。中國內地的風險資本大部分來自企業，但最近幾年有下降的趨勢，而個人投資者的風險資本有所提高。海外資本則大部分來自機構投資者。

2. **選擇目標企業**：選擇目標企業的原則是，目標企業必須是能夠創造價值的企業。

3. **投資和管理**：私募股權投資基金主要分為創業類投資和併購類投資兩大類。創業類投資基金投資於企業的初創期和成長期，而企業成長期又分為種子期、導入期、成長和擴張期。企業所處的不同階段的投資特點均有不同，種子期的風險投資風險較大，主要是為了研發新產品和新技術；大多數的風險投資者投資於導入期、成長和擴張期的企業。通過創業企業由小到大的成長過程，風險投資者可以獲得數倍的收益。併購類的投資基金要求對目標企業擁有絕對的控股權。

4. **退出和分配**：私募股權投資退出的方式有三種：一是，在境內外資本市場公開上市；二是，股權轉讓方式中，占主要地位者原股東回購、管理層收購和轉讓給第三方；三是，清算；當企業經營不善，問題無法解決時，就會進入清算程序分配，將收益在投資者、基金管理人中間按照約定進行分配。

市場規模與風險

二〇一二年共有三百六十九支可投資於中國大陸的私募股權投資基金完成募集，新募基金個數大幅超越上年，為歷史最高水準；但募集金額較上年有較大回落，三百六十九支新募基金中有三百五十九支揭露金額，共計募集二百五十三．一三億美元；其中人民幣基金三百五十四支，外幣基金十五支，雖然在數量上人民幣基金占絕對優勢，但在平均單檔基金募集規模上，人民幣基金與外幣基金仍差距明顯。

投資方面，二〇一二年中國私募股權市場投資活動較二〇一一年略有放緩，共計完成投資交易六百八十餘宗，六百零六起案例揭露金額共計投資一百九十七．五億美元，成長資本依舊為最主流的投資策略，房地產投資和PIPE投資亦表現搶眼。退出方面，受IPO退出艱難且回報偏低的影響，投資機構在退出活動中開始有意識地採用其他退出方式，二〇一二年共計發生一百七十七筆退出案例，其中IPO退出一百二十四筆，占全部退出案例數的比例降至七成，股權轉讓、併購、管理層收購等退出方式開始被更多的投資機構採納。[15]

在正常的情況下，私募股權投資基金或其投資者承擔的最主要風險是投資風險，即投資者於投資後，有可能因被投資企業運營失敗、或收益達不到預期而造成無法正常退出，或退出收益達不到預期乃至虧損的風險。私募股權投資基金在槓桿收購過程中，如果槓桿率過高也會為私募股權投資基金及其投資者，乃至金融機構帶來風險。在私募股權基金投資過程中，通常要採用槓桿融資的方式來獲取收購股權的所需資金（即槓桿收購），在實踐中，貸款人願意為私募股權投資基金提供的槓桿貸款數額愈來愈高，而且隨著槓桿融資參與方不斷增加，交易結構也愈來愈複雜。這種高槓桿、複雜化的收購方式為私募股權投資基金和貸款人帶來潛在風險。

私募股權投資基金也會有非法運作的情形產生，如非法集資、內幕交易、操縱市場、利益輸送等，這些也會帶來相當的風險。私募股權投資基金管理人並非總是依規範運作，在實際上，私募股權投資基金違法運作的情況並不少見；例如，天津出現的私募股權投資基金管理公司非法集資進行詐騙的情況，就是典型的表現。

在私募股權投資基金運作過程中有可能出現的上述風險中，除槓桿收購會將風險轉嫁至作為貸款人的金融機構以外，私募股權投資基金的風險通常都由投資者承擔。

⓯中國股權投資網。〈二〇一二年中國私募股權投資年度研究簡報〉，http://www.86pe.cn/html/gqzx/hangyebaogao/PEbaogao/19744.html。

不具嚴格意義上的影子銀行

私募股權投資基金將投資者那裡籌集的資金投向作為資金使用者的企業，承擔著資金提供者與資金使用者之間的中介職能；因此，本質上私募股權投資基金是一種信用中介。同時，在中國，由於私募股權投資基金受到的監管較少，所以私募股權投資基金具有影子銀行性質。

雖然私募股權投資基金具有影子銀行性質，投資者要麼是公司型基金的股東，要麼是合夥型基金的合夥人，要麼是契約型基金的權益投資人，在不進行槓桿投資的情況下，私募股權投資基金並不存在期限錯配問題，流動性也較為容易管理。

具有影子銀行特徵的私募股權投資基金並未給金融體系帶來明顯的系統性風險，故其並非嚴格意義上的影子銀行。

美國的私募股權投資基金

私募股權投資基金出現於二十世紀六〇年代的美國。一九七六年華爾街著名的投資銀行貝爾斯登的三名投資銀行家合夥成立了一家投資公司，專門從事併購業務，這是最早的私募股權投資基金之一。至二十世紀八〇年代，私募股權投資基金業繼續高速成長，此時機構投資人，尤其是養老基金取代個人和家庭投資人成為私募股權資本的主要來源。一九九二年以來，美國經濟的復甦再次帶來了私募股權投資基金的繁榮，期間雖然經歷了網路泡沫的破滅，但私募股權投資基金的籌資和投資都持續增長，並在金融危機前達到頂峰。

美國目前有六百多家專業私募股權投資管理公司，管理著超過三千億美元的私募股權投資基金，是當今世界私募股權投資基金業最為發達的國家。美國的私募股權投資基金業經過半個多世紀的發展，形成了一套比較規範、科學的運作機制。

一直以來，美國對私募股權投資基金的監管都是比較寬鬆的，其監管模式主要是自律監管。私募股權投資基金無須像公募基金那樣，履行嚴格的註冊審批程序及資訊揭露義務，基金管理人的資格准入方面，也無須像公募基金那樣受到美國證監會的嚴格監管。美國對私募股權投資基金的監管，主要是從保護投資者利益出發，對投資者資格和人數進行約束。

小額貸款公司

小額貸款公司，是指由自然人、企業法人與其他社會組織投資設立，不吸收公眾存款，經營小額貸款業務的有限責任公司或股份有限公司。近年來，中國央行和銀監會這兩大金融監管機構分別發佈了針對小額貸款公司管理的一些試行性的規定，其中央行發佈《關於村鎮銀行、貸款公司、農村資金互助社、小額貸款公司有關政策的通知》，銀監會先後發佈了《關於調整放寬農村地區銀行業金

融機構准入政策　更好支持社會主義新農村建設的若干意見》、《貸款公司管理暫行規定》。二〇〇八年，中國央行和銀監會聯合發佈《關於小額貸款公司試點的指導意見》，正式確立和推行小額貸款公司制度。

小額貸款公司是為彌補正規金融體系的不足而出現的。具體來說，包括以下兩個特點：

1. 小額貸款公司適應了中小民營企業和個體工商戶的需求：為了促進基層，尤其是農村地區的發展，客觀上要求注重中小民營企業和個體工商戶的發展，為建立完善社會主義市場經濟體制的經濟基礎，中小民營企業和個體工商戶的發展有利於促進基層地區的經濟發展。

2. 小額貸款公司能適應農牧民小額貸款的需求：中國的問題，首先是農民的問題，而要解決農民問題，必須先解決農民致富的啟動資金問題。因此，要改善城鄉二元經濟結構，須先解決農村、農業、農民的問題，就要從農民在整個資金運轉中最迫切的需求入手。農村牧區社會資金流失嚴重，大量存款都集中到城市，造成農村資金嚴重短缺。資金短缺是制約農村牧區經濟發展的重大阻力。與此同時，由於成本、效益等方面的原因，正規金融機構難以滿足農牧民小額貸款的需求。在這種背景下，小額貸款公司在農村基層地區的出現，填補了這一不足。

從性質上看，小額貸款公司並非金融機構，只是一種以放貸為業的工商企業，組織形式為有限公司或股份有限公司。這種形式的小額貸款公司運作原理如下：

1. 從資金來源上看：小額貸款公司不能吸收存款，主要資金來源為股東繳納的資本金、捐贈資金，以及來自不超過兩個銀行業金融機構的融入資金。在法律規定的範圍內，小額貸款公司從銀行業金融機構獲得融入資金的餘額，不得超過資本淨額的百分之五十。

2. **從運行機制上看**：小額貸款公司發放貸款，應堅持「小額、分散」的原則，同一借款人的貸款餘額不得超過小額貸款公司資本淨額的百分之五。貸款利率上限放開，但不得超過司法部門規定的上限，下限為中國人民銀行公佈的貸款基準利率乘以〇．九，浮動利率幅度按照市場原則自主確定。

3. **從服務對象上看**：小額貸款公司主要是向農戶和小微企業提供信貸服務。

市場規模與風險

自從試點以來，小額貸款公司發展迅速。按照中國央行統計資料，截至二〇一二年十二月末，共有小額貸款公司六千零八十家，貸款餘額五千九百二十一億元，全年新增貸款二千零五億元。截至二〇一三年六月末，全國共有小額貸款公司七千零八十六家，貸款餘額七千零四十三億元，上半年新增貸款一千一百二十一億元。與二〇一二年末相比，小額貸款公司的數量增加了一千八百一十九家，增幅為百分之三十四．五；貸款餘額增加了二千一百五十億元，增幅為百分之四十三．九。截至二〇一三年九月末，全國共有小額貸款公司七千三百九十八家，貸款餘額七千五百三十五億元，前三季度新增貸款一千六百一十二億元。⑯

作為放貸機構，小額貸款公司的風險主要是貸款人的信用風險。由於小額貸款公司最多可以融入不超過淨資本額百分之五十的資金，雖然小額貸款公司經營失敗有為金融機構帶來風險的可能性，但是這種風險是極為有限的。

影響風險小的另類影子銀行

小額貸款公司是不吸收存款的專業放貸機構。從其經營模式上看，小額貸款公司充當了作為資金提供者的股東、向其提供貸款的銀行與作為資金使用者的貸款人之間的信用中介。在這種意義上，小額貸款公司具有影子銀行的特徵。但是，我們要看到，由於商業銀行向小額貸款公司提供的貸款極為有限，再加上中國目前小額貸款公司的規模很小，故小額貸款公司可以傳遞給商業銀行的風險很小，不會給金融穩定帶來不利影響。

金融資產交易所

中國自二〇〇九年推出金融資產交易所的概念與形態以來，各地都開始積極推動當地金融資產交易所的建設，並以此作為爭搶建設金融中心城市的重要舉措。二〇一〇年，北京、天津、重慶、武漢、上海陸家嘴等地，以金融資產交易所冠名的金融資產交易場所先後開業，隨後為其他省份效仿；由此，掀起一股成立金融交易所的浪潮。

之所以掀起建立金融資產交易所的浪潮，主要有以下因素：

1. **爭奪國內或區域性金融中心的需要**：近幾年來，中國一些主要城市紛紛提出建立國際性、國內或區域性金融中心。成為金融中心的一個重要標誌是有較為發達的金融市場，在設立證券交易所、期貨交易所、黃金交易所、金融期貨交易所等受到中央部門嚴格控制的情況下，僅從事金融要素資產交易，且冠名為金融資產交易的金融資產交易所便成為各地方政府的首選。

2. **龐大的金融存量資產產生交易需求**：在中國間接融資為主導的金融體系裡，產生了數額龐大的存量金融資產，比如巨額存量信貸、保單、信託受益權等。流動性不佳是金融機構或者投資者持有的這些金融資產的重要特徵。為了提高這些金融資產的流動性，進行交易就成為金融機構或投資者的迫切需求，而金融資產交易所的出現就迎合了這種需求。

金融資產交易所運作概況

在眾多金融資產交易所中，以北京金融資產交易所和天津金融資產交易所最具典型特色。

⑯中國人民銀行調查統計司（二〇一四）。機構設置，數據解讀，見 http://www.pbc.gov.cn/publish/diaochatongjisi/3172/index.html

北京金融資產交易所在籌建之初採用「一個市場、四個板塊」的戰略佈局，下設信貸資產區塊、金融國資區塊、私募股權資產區塊和信託資產區塊四大業務區塊，在北京產權交易所原有的金融企業國有資產交易和不良資產交易業務基礎上，積極探索信貸資產交易、信託資產交易、私募股權資產交易等創新業務。

二〇一〇年底開始，限於國家貨幣政策的變化，北京金融資產交易所的重點業務——信貸資產轉讓業務幾乎停滯。同時，金融國資業務不屬於嚴格意義上的金融業務，偶發性強，波動性大。因此，二〇一一年以來，北京金融資產交易所在信貸資產轉讓業務和金融國資業務這兩大基礎業務方面，尚沒有形成可觀的交易量。

有鑑於此，北京金融資產交易所以金融產品創新抵禦政策變化等因素帶來的風險，二〇一一年上半年推出了委託債權投資計畫產品，創造了巨大的交易量。北京金融資產交易所通過產品的不斷創新，豐富交易所的各類金融產品，逐漸突破金融國資業務的瓶頸。

天津金融資產交易所由中國長城資產管理公司和天津產權交易中心共同出資組建。該交易所自成立起來，憑藉股東資源開展傳統的金融國資業務和不良資產處理業務，但不良資產處理業務並非主流金融業務，所占金融資產總比很小，且規模不斷萎縮，因此交易量不大。

二〇一一年以來，天津金融資產交易所一直努力突破傳統業務的局限，逐步開展產品創新，形成了從最初的不良金融資產交易、信貸資產交易、國有資產轉讓，到現在的信託、保險、基金、租賃、專案融資等多品種、多層次的金融資產交易業務。

市場規模與風險

由於缺乏行業統計資料，我們尚不清楚全國金融資產交易所年度交易的總規模。僅北京金融資產交易所揭露的資料表明，這是一個龐大的市場。資料顯示，二〇一二年全年北京金融資產交易所累計掛牌項目二千八百九十六筆，同比增長百分之二百六十五・六六；累計掛牌金額八千七百六十六・三八億元，同比增長百分之二百三十七・九九；成交項目一千九百三十一筆，同比增長百分之二百零七；成交金額六千三百七十八・四九億元，同比增長百分之二百七十一・七，連續兩年實現交易規模翻了兩倍。其中，二〇一二年，北京金融資產交易所委託債權投資計畫交易額五千八百七十三・五八億元，其中為中央企業融資一千五百五十五億元，為市屬企業融資三百一十四億元。[17]

金融資產交易所開展多層次的金融資產交易業務，可能面臨交易風險和道德風險，其中許多業務是為了規避監管政策而進行的金融產品創新，可能會有法律合規風險。例如，金融資產交易所的委託債權計畫屬於交易所的通道業務，本質上仍是以信用為主的固定收益類債權投資業務，在開展業務過程中面臨著企業信用風險、未充分盡職調查的風險、合規風險和操作風險，還有因條款設計不當，導致在通道業務中承擔超出通道應盡責任的風險。

[17] 中國日報網（二〇一三）。土地市場—市場動態，引自 http://house.chinadaily.com.cn/tdsc_scdt/，檢索日期：二〇一四年十一月一日。

金融資產交易所具有明顯的影子銀行性質

除金融股權外，金融資產交易所交易的銀行信貸資產有助於銀行將信貸資產從表內轉移至表外。金融資產交易所交易的委託債權投資計畫是指將企業融資委託銀行做成債權投資產品，在金融資產交易所掛牌交易，銀行則向社會發行理財產品籌集資金，用來投資該筆掛牌債權，達到間接為企業客戶融資的目的，這有助於銀行逃避關於銀行理財產品的相關監管規定。

總體來說，金融資產交易所透過掛牌交易信貸資產、委託債權投資計畫等金融資產，搭建起資金提供者和資金使用者之間的橋樑，從而承擔起信用中介職能。金融資產交易所在承擔起這一信用中介職能的同時，還幫助金融機構逃避了關於信貸或理財產品規模等方面的管控，實現了金融機構的監管套利；因此，金融資產交易所具有明顯的影子銀行性質。

結語

從以上論述可知，典當公司、擔保公司、融資租賃公司、私募股權公司、小額貸款公司、金融資產交易所等機構，發揮著信用中介體系的作用，受到的監管較弱或並未受到監管，具有影子銀行的特徵，應完善相關的法律法規，規範這些機構的經營與運作，防範系統性風險的發生。

CHAPTER 5
不受監管的機構及其新型的金融業務

目前，中國金融市場上不受監管的機構主要包括：

◆新型網路金融公司，如阿里巴巴金融、P2P借貸模式等；

◆民間融資，游離於金融體系之外的資金融通；

◆第三方理財機構，獨立於金融機構外的中介理財顧問機構。

至於金融市場上的新型業務主要包括：資產證券化業務、融資融券業務和回購業務，以及貨幣市場基金。

當前不受監管的機構

新型網路金融公司

伴隨著互聯網及資訊技術的飛速發展，新型網路金融公司對銀行的傳統業務提出了挑戰。首先，第三方支付以及行動支付為人們提供了更為便捷的支付方式，對銀行傳統的支付結算業務提出了挑戰；其次，網路借貸平台的出現為小微企業提供了一種無須抵押、方便快捷的貸款方式，使銀行傳統的小微貸款業務受到衝擊。新型網路金融公司提供網路借貸平台主要有兩種模式：一種是以阿里巴巴金融為代表的線上貸款模式；另一種是以個人對個人貸款為代表的P2P借貸（peer-to-peerlending）模式。

▼阿里巴巴金融

阿里巴巴金融主要是為阿里巴巴、淘寶平台上的小微企業，以及個人創業者提供小額的信貸資金。

阿里巴巴金融的最初萌芽應該是二〇〇二年所推出的「誠信通」。「誠信通」主要是為從事中國國內貿易的中小企業推出的會員制網上貿易服務，用以解決網路貿易信用問題，透過建立在阿里巴巴上的「攤位」，直接銷售產品、宣傳企業和產品等。

二〇〇四年三月，阿里巴巴推出「誠信通指數」，為交易雙方的信用狀況建立量化綜合評分體系，將「誠信通」會員的身分認證、「誠信通」檔案年限、交易狀況、客戶評價、商業糾紛、投訴狀況等，納入「誠信通指數」的統計系統，只是「誠信通」更類似於金融中介。

二〇〇三年十月十八日誕生了「支付寶」，支付寶使金融支付產生了重大變化。買家可以先把款打到支付寶，支付寶通知賣家發貨，買家收到貨後確認付款，再由支付寶將款額打給賣家。支付寶的出現不僅解決了線上支付的問題，而且建立了買賣雙方之間的信任。

二〇〇七年，阿里巴巴聯合建行、工行，向會員企業提供網路聯保貸款，無須抵押，由三家或三家以上企業組成一個聯合體，共同向銀行申請貸款，同時企業之間實現風險共擔。阿里巴巴將提交申請的會員信用紀錄提交給銀行，由銀行進行風險控制並提供信貸資金。由於雙方信貸理念存在較大差異，二〇一〇年阿里巴巴與兩大銀行的合作戛然而止。

隨後，阿里巴巴集團調整戰略，於二〇一〇年六月正式成立浙江阿里小額貸款公司，緊接著重慶小額貸款公司於二〇一一年六月成立，註冊資本十億元。透過這兩家小貸公司，阿里金融在阿里巴巴B2B（business to business）業務、淘寶和天貓三個平台上分別提供訂單貸款、信用貸款兩項服務。

二〇一二年二月二十一日，阿里巴巴宣佈將原先的支付寶拆分成共用平台事業群、國內事業群及國際事業群，並與原阿里金融業務一道合併，「小微金融」區塊至此塵埃落定。同年三月七日，馬雲在內部郵件中宣佈籌備成立阿里小微金融服務集團，負責阿里集團旗下所有的小微企業，以及消費者個人服務的金融創新業務。三月十一日，阿里巴巴集團又宣佈任命集團首席資料官陸兆禧擔任阿里巴巴集團執行長，全面負責除阿里小微金融服務集團以外的所有業務。至此，小微金融服務集團逐漸發展為與阿里巴巴集團平行的集團，金融業務已經在阿里版圖中占據非常重要的地位。

在新籌建的阿里小微金融服務集團內，原阿里金融區塊正式更名為以小微信貸為主體的「創新金融事業群」（以下簡稱「創新金融」）。目前，「創新金融」主要有兩大核心業務領域：一是面向小微企業的貸款服務，主要由兩家小貸公司完成；二是即將面世的針對個人消費者的信用支付，主要與商業銀行進行合作。

◯阿里巴巴金融業務的發展與運作

阿里巴巴金融的發展，一方面來自其多年積累的電商客戶基礎和大量的電子商務交易資料。它具有傳統商業銀行不可能具備的業務覆蓋範圍。地面網點的高成本率和低輻射率，決定了商業銀行只能步步為營，其增長速度只能是算術基數的增長，而阿里巴巴的虛擬網路具有無可比擬的成本優勢和範圍優勢，多年來線上從事的**B2B**和**B2C**（**business to customer**）交易培育了大量客戶，如今都將成為其潛在的金融客戶。電子商務的交易行為，被置於資訊共用和透明的環境當中，交易同時是資料積累的過程，所有交易者的身分資訊和商業行為資訊等等，均可以被存儲、挖掘、分析和提純（讓資料變得乾淨、透明），資料成為阿里巴巴企業的核心資產。

另一方面，阿里巴巴金融的發展與阿里巴巴集團的資料平台技術手段是分不開的，得益於大量數據提供的強力支撐，使之可以服務於小微信貸客戶等傳統金融機構難以掌控的領域。擁有了支付寶多年沉澱的龐大後台資料，阿里金融能夠獲知客戶的信用程度與還款能力，監控貸後客戶的現金流。這使得阿里巴巴不僅是電子商務平台，更是資料獲取加工中心。監控客戶的交易行為和蹤跡，是金融業防範風險的核心工作，在一般的環境作業下，要真實而精確地把握客戶的行為蹤跡相當困難，面對大量資訊的不確定性，傳統金融業只能採用抵押擔保等手段，而面對可能出現的經營風險，客戶又無法提供相應的擔保和抵押，其結果往往是商業銀行只能放棄小微信貸客戶的龐大市場。

而阿里巴巴的金融業務卻不同，它是透過其獨特的「小貸＋平台」模式創造的。阿里金融在阿里巴巴B2B業務、淘寶和天貓三個平台上分別提供訂單貸款、信用貸款兩項服務。阿里旗下兩家小貸公司註冊資本額總和為十六億元，按政策規定，可向銀行借貸不超過其註冊資本額百分之五十的資金作為放貸，即阿里金融兩家小貸公司可供放貸的資金最多為二十四億元。目前阿里巴巴集團已推出B2C平台，即向淘寶和天貓的客戶提供貸款；B2B平台，即向阿里巴巴的客戶提供信用貸款。具體的貸款產品有淘寶（天貓）信用貸款、淘寶（天貓）訂單貸款、阿里信用貸款等。

淘寶（天貓）信用貸款係針對淘寶和天貓的客戶，貸款最高額度為一百萬元，貸款週期六個月，淘寶和天貓客戶憑藉信用紀錄即可申請無擔保、無抵押的信用貸款。貸款按日結算利息，日利率為百分之〇．〇六。淘寶（天貓）訂單貸款需要淘寶和天貓客戶憑藉「賣家已發貨」的訂單申請貸款，貸款額度最高為一百萬元，貸款週期三十天。貸款同樣按日結算利息，日利率為百分之〇．〇五。阿里信用貸款針對的是在阿里巴巴註冊的企業客戶，貸款額度為五萬到一百萬，貸款週期為一年。可以採取循環貸（類似信用卡的循環計息方式，有借款額高、還款額低的特質）和固定貸兩種方式。循環貸是貸款客戶申請一定的資金額度作為備用金，不取用的情況下不收取利息，隨借隨還，按日利率百分之〇．〇六結算單利利息。固定貸是客戶在申請後一次性獲發貸款額度，按日利率百分之〇．〇五結算利息。

阿里金融的模式是建立在其擁有阿里龐大的電商生態系統的基礎之上，對申請貸款商戶的運營狀況十分熟悉，相當於擁有了一個詳盡的徵信系統資料庫。基於這一資料庫，並藉由資料的採擷，阿里能夠很大程度上解決風險控制問題，而目前針對小微企業貸款的難題正是徵信資訊不對稱。

二〇一三年六月，支付寶又推出了餘額寶，用戶把錢轉入餘額寶中，可以獲得一定的基金收益，同時餘額寶內的資金還能隨時用於網上購物、支付寶轉帳等支付功能。支付寶客戶將帳戶中的餘額轉入餘額寶，實際上是購買了貨幣基金。目前，天弘基金是餘額寶唯一的貨幣基金提供商，天弘基金為此定制了一支名為「增利寶」的貨幣市場基金。

作為由第三方支付平台，支付寶打造的一項全新的餘額增值服務，餘額寶的核心是利用互聯網的優勢，收集「零碎」資金，由於其具有操作流程簡單、最低購買金額沒有限制、收益高和使用靈活的特點，發展速度相當驚人。二〇一三年六月十三日，餘額寶類存款業務上線，同年十一月十四日，餘額寶規模突破一千億元，成為中國基金史上首支規模突破千億的基金。截至二〇一四年一月十五日，天弘基金餘額寶規模超過二千五百億元，客戶超過四千九百萬戶。

○市場規模與風險

阿里金融宣佈，其小額貸款業務二〇一二年上半年投放貸款一百三十億元，由一百七十萬筆貸款組成，日均完成貸款接近一萬筆，平均每筆貸款僅為七千元。自二〇一〇年經營小貸業務以來，兩年間累計投放二百八十億元，為超過十三萬家小微企業、個人創業者提供融資服務。但是，阿里金融在信貸規模上仍屬於小字輩，十三萬家僅約占國內四千萬小微企業的百分之〇．三。

「創新金融」提供的資料顯示，截至二〇一二年底，其累計服務的小微企業已經超過二十萬家，平均貸款金額在六到七萬元之間。據統計，這些小微企業全年平均佔用資金期間，最長為一百二十三天，實際付出的年化利率成本為百分之六．七。

對於阿里金融的風險特徵及判斷如下：

第一，阿里巴巴金融的小額貸款業務並未被納入銀監會或中國人民銀行系統監管。根據相關法規規定，小額貸款公司只能在本縣（市、區）行政區域內從事貸款業務，不可以跨區域經營。目前只能透過其旗下註冊在杭州和重慶的兩家小貸公司，向當地客戶發放貸款，同時接受當地金融服務辦公室的審批和監管。

第二，按照法規，阿里巴巴金融只能用自己的註冊資本額向客戶發放貸款，在取得銀行授權的前提下，可以按註冊資本的百分之五十進行融資。無論支付寶帳面上有多少資金，都不可以拿來用於發放貸款。隨著貸款客戶數量的增加，阿里巴巴金融終究會面臨資本額供應不足的情況；同時，由於不能吸收存款，阿里金融在控制壞帳比率方面的要求會比較高，如果壞帳比率增高，就會侵蝕其資本，從而限制其放貸能力，影響其貸款規模。

第三，阿里巴巴的信貸，明顯表現出與供應鏈金融不同的風險控制立場，沒有抵押擔保，沒有信用捆綁，既意味著風險決策的單純和獨立，又意味著風險出現後的無所依託，由此產生的損失將會很嚴重。儘管阿里金融方面宣稱，已經開發了新型的微貸技術，能夠利用網路採集客戶的各類資訊，透過資料採擷分析判斷客戶資質，走出一條資料加互聯網的低成本、低風險的小微貸款創新之路。但是，不管是互聯網還是資料，能掌握的都是資訊，而非資產。阿里巴巴金融客戶群目前集中於銷售和購買端，在日後拓展到產業鏈其他環節時還會受到技術平台的限制。

第四，小微企業的借貸利率過高。一般銀行的利息為年利率百分之七，而阿里金融的年利率高達百分之二十。無論是臨時救急，還是經常性需求，這樣的價格成本都是企業難以承受的。這和小額貸款公司承擔的稅收成本相對於金融機構較高均有一定的關係。

▼P2P借貸

P2P借貸，又稱「人人貸」，是以網路信貸平台作為中介機構，撮合資金持有者和資金借貸方的一種民間借貸方式。依靠互聯網的力量，P2P借貸平台將借款人和放款人有效地聯繫在一起，為借貸雙方創造了可觀的價值。P2P網路借貸模式主要表現為個人對個人的資訊獲取和資金流向，在債權債務屬性關係中脫離了傳統的資金媒介，從這個意義上講，P2P借貸屬於金融脫媒（金融的非中介化）。

○P2P行業的發展與運作

自二〇〇五年以來，以Zopa為代表的P2P網路借貸模式在歐美興起，之後迅速在全世界推廣開來。該模式被廣泛複製，目前國際上較為成功的P2P借貸有：美國兩家P2P借貸平台，Prosper和Lending Club，以及英國的Zopa等三種模式。

Prosper模式是單純的中介平台，透過拍賣的形式撮合資金供求雙方；在Lending Club模式中，中介機構同樣具有複合職能，根據貸款人的信用等級指定不同的固定利率，利用社交平台及朋友之間的相互信任撮合資金供求；在Zopa模式中，中介機構同時充當擔保人、聯合追款人、利率指定人。中介機構將借款人的信用度劃分為不同的信用等級，出借方可根據信用等級、貸款金額、貸款期限提供貸款資金，貸款人需要簽署合約、按月強制還款，從而降低資金供給方的風險。英國的Zopa作為全球第一家知名的P2P借貸平台，到二〇一二年底已經促成了約二．九億英鎊的貸款。[1]截至二〇一三年四月二日，美國兩家主要的P2P借貸平台，Prosper和Lending Club，已經各自促成四．四七億美元和十五．

[1] 數據引自Zopa網站。

二一億美元的貸款。[2]P2P行業雖然總體市場規模不大，但表現出了旺盛的生命力和持續的創新能力。究其發展原因，有如下幾個方面：其一，細分市場的需求；其二，利潤和成本空間的吸引；其三，准入門檻較低和法律無特別監管；其四，互聯網技術、資料採擷技術和信用體系的必要支撐。

從二〇〇六年開始，中國的P2P借貸平台陸續出現並快速發展，二〇一二年P2P借貸平台已經達到一百一十家。《中國P2P借貸服務行業白皮書（二〇一三）》顯示，創新和風險管理的能力推動著P2P借貸服務行業的發展，與傳統金融行業相比，P2P借貸行業基數規模並不大，但是年增長速度卻超過百分之三百。可統計的P2P平台線上業務借貸餘額將近一百億元，投資人超過五萬。若是加上尚未統計的P2P平台線下業務，其借貸餘額和投資人數還將更多。[3]其增長主要得益於隨著客戶互聯網使用習慣的成熟、P2P平台自身實力的加強、個人經營消費貸款，以及個人投資理財的龐大市場需求。

在P2P的運作模式中存在一個中間服務方——P2P借貸平台，主要為網路借貸的雙方提供訊息交互流通、訊息價值認定和其他促成交易完成的服務，但不作為借貸資金的債權債務方。具體的服務形式包括但不限於借貸訊息公佈、信用審核、法律手續、投資諮詢、逾期貸款追償以及其他增值服務等。有些P2P借貸平台事實上還提供了資金中間託管結算服務，但依然沒有逾越「非債權債務方」的邊界。P2P借貸形式和民間借貸在本質上是相同的，目前也有參照相關民間借貸的法律進行判定。

中國現有的P2P借貸主要有下列四種模式：

1. 線下交易模式[4]：P2P網站只提供資金供應與需求雙方的資訊，交易手續和交易流程均由線下中介機構和客戶面對面完成。這一類交易模式的典型代表有「宜信」。

2.**線上線下結合的交易模式**：典型代表為陸家嘴金融資產交易所，它線上下與平安銀行、小額貸款、擔保公司、信用保證保險等金融機構緊密結合；線上上做成標準化、擔保本息的固定利率和期限的產品。這種模式有利於快速積累客戶資料、擴大規模，但是由於擔保公司的擔保能力受資本金約束，發展規模也會受到限制，同時還無法規避系統性風險。

3.**承諾保障本金的P2P網站模式**：網站平台將資金供求雙方，按信用等級等資訊撮合交易。一旦出現違約行為，網站平台將承諾為資金供給方墊付本金。典型代表有「人人貸」、「紅嶺創投」，以及成立僅一個月就宣佈破產的「眾貸」。

4.**不承諾保障本金的P2P網站模式**：資金供求雙方在網站上通過競拍進行交易，當貸款方違約時，網路平台不為資金供給方墊付本金。其中，承諾保障本金的P2P網站模式與不承諾保障本金的P2P網站模式這兩種P2P借貸模式，主要都是提供線上服務。

○具有影子銀行的特徵

P2P借貸平台往往由於無法獲得足夠的徵信記錄，加上沒有資產抵押，而缺乏足夠的風險控制

❷數據引自Prosper和Lending Club網站。

❸第一財經新金融研究中心（二〇一三）。《中國P2P借貸服務行業白皮書（二〇一三）》。北京：中國經濟出版社。

❹線下交易是指不透過安全中介購買物品，由買賣雙方自行交易。

能力。在此之前，還有淘金貸、優易網、安泰卓越等多家P2P網貸先後曝出「捲款跑路」事件，這些P2P借貸平台不僅對資金進出、專案結算、壞帳率等資料缺乏監管，有些甚至自身參與交易。這些事例說明利用互聯網積攢大量數據資料識別風險，將是未來主要的發展方向，同時P2P行業也需要規範性的監管和風險控制的規定。但在P2P借貸中，往往存在著廣泛、分散的參與者，及錯綜複雜的借貸關係，即資訊與資金的交叉多線條性關係。在這種資訊與資金的廣泛散點和網格狀互聯中，產生了金融監管中最需嚴格審慎處理的公眾利益問題，以及對於資金流監測、宏觀調控效果等諸多監管技術問題。P2P借款使其在從事信用中介活動時，具有類似商業銀行的業務模式和風險特徵，但沒有受到監管或監管不充分，容易導致系統性風險和監管套利，具有影子銀行的特徵。

民間融資

民間融資是指游離於金融體系之外，作為非金融機構的自然人、法人和其他社會組織之間的資金融通關係。《合約法》第十二章規定了「借款合約」，明定借款人向貸款人借款，到期時返還借款與支付利息的行為受到法律保護，也就是民間的借貸已然具有法律效力。

根據《最高人民法院關於人民法院審理借貸案件的若干意見》的規定，自然人與自然人、自然人與法人、自然人與其他組織之間的借款糾紛，作為借貸案件受理，確保民間借貸的組織形式及其合法性；民間借貸則應遵循部分特殊法律規定，例如：借款利率不得超過中國人民銀行公佈的基準利率的四倍。

浙江省第十二屆人大常委會第六次會議的《溫州市民間融資管理條例》（於二〇一四年三月一日起實施），便規範了民間借貸、定向債券融資和定向集合資金等三類民間融資行為。這是中國首部的地方性法規，也是首部專門規範民間金融的法規。它的公布為中國的民間金融改革提供了示範作用。

▼民間融資的總體狀況

根據中國人民銀行《二〇〇四年中國區域金融運行報告》，民間融資根據交易主體、融資用途與利率水準不同，主要可分為四種類型：一是低利率的互助式借貸：融資主體主要為自然人，融資雙方關係密切，融資主要用於應付短期生活急需，融資規模小且大多不計利息或利息低微。二是利率水準較高的信用借貸：融資主體主要是個體及民營中小企業，以關係、信譽為基礎，多用於生產性周轉需要。利率水準主要依據借款人實力、信用情況商定或隨行就市，這種以信用交易為特徵的利率水準較高，也是民間融資的最主要方式。三是不規範的中介借貸：包括借助於正規中介機構的融資行為和以非正規中介組織為依託進行的民間融資。近年來，地下錢莊、基金會、標會等非法融資機構大大減少，但相繼又出現固定的資金運作規則，整個融資模式類似於銀行信貸的資訊諮詢公司、鄉鎮企業投資公司等新型的民間借貸組織，甚至出現專門為借貸雙方擔保的經紀人。四是變相的企業內部集資：由於目前缺乏系統、正規、運作成熟的創業投資基金，許多中小民營企業或個體工商戶常以「保證金」、職工集資、合股經營、吸納外地資金入股等形式直接從民間籌集資金，用以維持或擴大生產經營規模。

民間融資因為下列現象而得以存在：

1.民間融資的地緣優勢和非正式資源有利於解決資訊不對稱的問題：民間融資透過地緣關係、血緣關係和人脈、商脈等社會網路關係建立起來，對借款人的信譽、經濟狀況都有充分的認知，且資訊獲取更為便捷、成本更低。此外，民間借貸可以利用各種非正式的資訊場以較低的成本解決資訊不對稱的問題。

2.民間資金供給充分是民間融資存在的主因：非公有制經濟的快速發展需要有與之相適應的多層次資本市場和多樣化的融資方式。資金供給方在缺乏合規投資管道的情況下，具有透過民間融資獲取高收益的內在衝動。

3.正規金融體系信貸供給不足：近幾年來，小微企業資金需求十分旺盛，但往往缺乏有效抵押物，信用紀錄不健全，往往無法從正規金融機構融資，或從正規金融機構融資的金額無法滿足其需要，還需要借助於民間借貸。

▼市場規模與風險

二〇〇八年五月初，中國人民銀行和銀監會共同組織了針對民間借貸的調查。調查對象包括七千五百戶中小企業、一萬一千戶自然人，以及典當行、擔保公司等中介組織。據測算，民間融資額大約為二．五萬億元，也就是說，占到當時金融機構貸款餘額的百分之八左右。民間借貸相對活躍、利率水準相對較高的主要有兩類地區：一是中小企業眾多的江浙、廣東、福建等東部地區；二是礦產等資源較為豐富的內蒙古、山西、雲南和新疆等地區。

民間融資主要風險來自於：

1. 融資中介風險：小額貸款公司、典當行、寄賣行等準金融機構「越界經營」，變相參與民間融資活動，將社會閒散資金聚集起來投給大戶，放大了融資風險，擾亂金融秩序。

2. 民間融資利率高，易陷入「龐氏騙局」：民間融資利率遠高於銀行存款利率，以高回報誘攬資金的現象非常盛行。但高昂的借貸利率使實體經營利潤難以支撐，一些資金實力弱的債務人只能利用新投資者的錢，向老投資者支付利息和回報，製造賺錢假象，使眾多投資者陷入「龐氏騙局」。

3. 法律風險：民間融資門檻低，大部分民間融資多為信用貸款，簽訂借據或書面合約是其主要的操作形式。由於借貸手續簡單，約束力較弱，為解決糾紛留下隱憂。部分口頭協定的借貸活動在發生糾紛後無法舉證，難以確認雙方的借貸關係。

4. 對銀行體系的風險傳導：在經濟下行週期或市場資金面較緊的時候，民間融資的風險易透過各種方式和管道向銀行業體系傳遞擴散，具體表現有：一是部分企業或個人以貸款、票據、信用卡套現從銀行套取低息資金後高利轉貸給他人；二是銀行內部員工直接或充當中間人參與民間借貸甚至高利貸，從中牟利；三是擔保公司等超越經營範圍違規從事民間借貸中介活動，危及與之合作的銀行資金安全；四是以銀行為平台的民間融資借貸當事人，利用銀行在某些業務環節存在的內控缺陷，將借貸糾紛導致的損失轉嫁於銀行。

▼狹義的影子銀行

民間融資的利率高、規範性差，放大了融資風險，擾亂了金融秩序，在經濟下行週期或市場資金面較緊的時候，民間融資的風險易透過各種方式和管道向銀行業體系傳遞擴散，屬於狹義上的影子銀行。

第三方理財機構

所謂「第三方理財機構」是指由獨立於商業銀行、證券公司等金融機構之外的中介理財顧問機構。**第三方理財機構**不是金融機構，本身並非金融產品的生產者和直接銷售者，而是基於相對中立的立場，為金融消費者提供理財諮詢、中介撮合等服務。

▼總體狀況

第三方理財最早出現在歐美等已開發國家，已形成了較為成熟的市場體系。二〇〇六年五月，作為第一家理財事務所的北京優先理財事務所開始運作，標誌著第三方理財正式走向中國理財市場。目前，第三方理財在中國仍處於起步階段，第三方理財機構按照公司（或合夥）的形式，進行登記註冊，並接受工商行政管理部門的一般性監管。

第三方理財機構的主要特點為：

1. **相對獨立的地位**：第三方理財機構主要提供理財諮詢顧問服務，能夠根據客戶的需要和市場的變化，提供最佳資產配置組合和專業理財規劃與建議，為客戶說明規避理財風險、獲得更大的理財收益。從已開發國家的行業發展規律來看，為確保其獨立性，第三方理財機構的主要收入來源是向客戶收取服務費，以避免與金融機構產生直接利益關聯，影響其中立地位和專業判斷。

2.業務的多樣化：在分業經營的格局下，第三方理財企業的優勢，在於它能跨行業提供多樣化的理財產品諮詢顧問服務，這種服務比銀行和證券、保險公司等，提供的服務更加全面。此外，有些第三方理財機構還提供房產、藝術品等非金融投資服務。

3.服務的個性化：第三方理財機構提供的是綜合理財規劃戰略與方案，側重的是量身定做和個性化。第三方理財應當以客戶利益和價值最優化為核心，以客戶利益為根本出發點，滿足客戶多樣化的需求。

第三方理財業務的基本模式是客戶首先選擇和聘用獨立理財顧問；在理財顧問的協助下，先分析自身的財務狀況，進而測試風險承受能力；在設定理財目標後，選擇不同的理財組合和投資工具，實現理財目標。

一般較為常見的盈利模式有：第一，理財規劃、諮詢服務：對於第三方理財機構而言，向客戶收取會員費、諮詢費、服務費等，收益相對穩定，也更能保持獨立性和客觀性。第二，銷售理財產品：第三方理財機構還從事信託產品、「陽光私募」、證券投資基金等的推薦和銷售業務。第三方理財機構在其中發揮中介、撮合的作用，並按照約定的比例向信託公司、私募基金等，收取認購費用或業績返還。第三，代客理財服務：有的第三方理財機構既提供諮詢服務，又進行代客理財。

▼風險狀況和主要問題

第一，第三方理財機構的優勢在於以第三方身分，彌補了客戶在對金融機構的資訊理解和資訊使用中的不利地位，為客戶說明規避風險，提供理財收益。以第三方理財機構的設立目的而言，其本身不應當經手資金，當其向客戶推薦產品後，客戶與理財產品的提供者建立直接銷售關係。因此，在典型的第三方理財業務中，其本身並不存在影子銀行的一般特徵。

第二，道德風險問題。第三方理財機構的佣金激勵機制和售出為止的展業方式，更可能導致強調收益隱瞞風險的銷售行為，或向客戶銷售與其風險承受能力不相匹配的產品。

第三，對於銀行等正規金融機構有三方面的負面影響：一是聲譽風險。一些第三方理財機構在對外宣傳中擅用「銀行資金託管」等詞語，或在企業產品推薦資料中，聲稱與商業銀行在產品設計和篩選方面有深度合作，借用商業銀行聲譽增信。如發生客戶利益受損，則可能會引發銀行聲譽風險。二是客戶資訊安全風險。為準確找到符合條件的高淨值客戶進行推銷，第三方理財機構可能從商業銀行等正規金融機構處，搜集符合標準的客戶名單和資訊。三是非正常資金往來風險。有部分機構與客戶發生大額資金往來，在客戶投資受損時，銀行等正規金融機構可能有連帶責任，包括基層員工的操作風險。

小結

隨著資訊技術的發展，部分網路公司開始嘗試金融中介業務，但由於技術等原因，並未受到嚴格的監管。此外，民間借貸屬於典型的影子銀行，目前亦游離於監管之外。對這些業務需要保持密切關注，適時公布相應的法規政策，防範系統性風險。

金融市場上的新型業務

資產證券化業務

「資產證券化」是指將流動性較低，但具有穩定現金流的資產，透過一定的結構設計使其獨立出來，並以其信用為支持，發行證券的過程。基本流程為：發起人將其財產或財產權委託給信託公司或其他有關機構，由信託公司或有關機構成立一家特殊目的工具（special purpose vehicles, SPV）❺，發起人透過真實銷售將應收帳款、銀行貸款等財產或財產權，作為基礎資產出售給SPV，再由SPV以

❺所謂的「特殊目的工具」是指某機構代表所有投資人，承接債權出售者所售出之債權，並發行證券化的受益憑證或證券；其組織形式可為信託、公司或其它型態。

這些基礎資產作為支持，發行證券，在市場上公開出售，基礎資產所產生的現金流和相應權益是該類證券的收益和權益的法律保障。SPV是資產證券化的核心，SPV既可以採用公司形式（special purpose corporation, SPC），也可以信託形式（special purpose trust, SPT）設立，目的是實現基礎資產與發起人的風險隔離（即是隔絕資產出售人與被售資產之關係，以避免風險的產生）。

▼業務種類

目前中國資產證券化有兩種模式：

○信貸資產證券化

銀行業金融機構作為發起機構，將信貸資產信託給受託機構，由受託機構以資產擔保證券的形式，向投資機構發行資產擔保證券，以該財產所產生的現金支付投資者收益的結構性融資活動。主要包括以下幾個環節（如圖一）：一、基礎資產，即各類信貸資產；二、信用增級，分為內部增級（優先順序、次級分層結構、超額利息收入、信用觸發機制）、外部增級（保險、外部擔保）以及風險自留；三、信貸資產出表（轉讓），指當發起機構將信貸資產所有權上幾乎所有（通常指百分之九十五或者以上的情形）的風險和報酬轉移時，應當將信貸資產從發起機構的帳上和資產負債表內轉出，考慮到百分之五風險自留需計提百分之六十二．五風險準備金；四、交易場所，即在全國銀行間債券市場上發行和交易；五、審批機構，指銀監會、人民銀行。

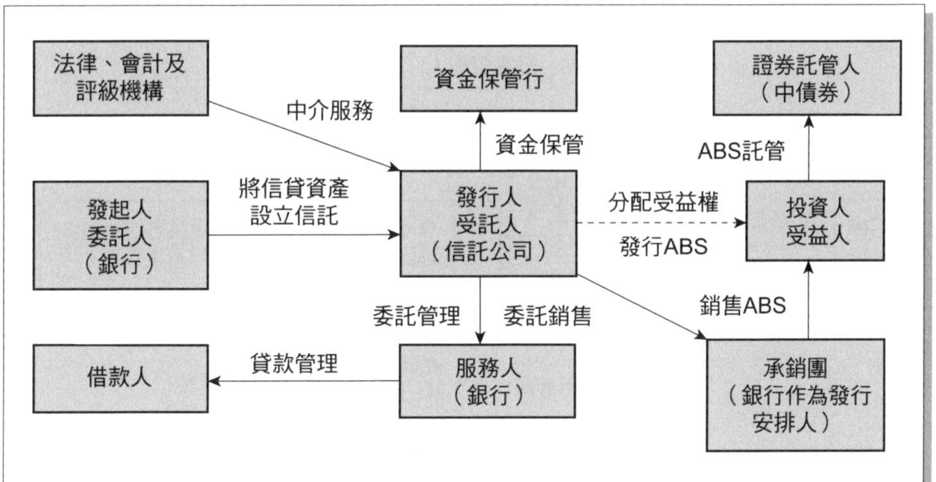

圖一　信貸資產證券化業務模式

○證券公司專項資產管理計畫

以特定基礎資產或資產組合所產生的現金流為償付支援，透過結構化方式進行信用增級，在此基礎上發行資產擔保證券的業務活動。

證券公司專項資產管理計畫作為特殊目的載體（工具），主要包括：一、基礎資產，指企業應收款、信貸資產、信託受益權、基礎設施收益權等財產權利和商業物業類不動產財產等；二、信用增級，相對於信貸資產證券化，企業資產證券化更需要外部信用增級；三、交易場所，指交易所、證券業協會機構間報價與轉讓系統、櫃檯交易市場及中國證監會認可的其他交易場所；四、審批機構，指證監會（如圖二）。

▼市場規模

二〇〇四年一月，國務院發佈《關於推進資本市場改革和穩定發展的若干意見》，提出「積極探索並開發資產證券化品種」；二〇〇五年八月，中國證監會批准第一個

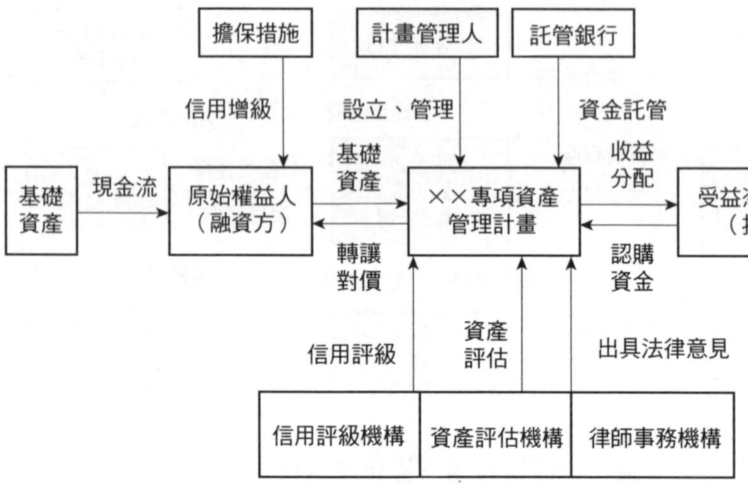

圖二　證券公司專項資產管理計畫業務模式

企業資產證券化試點項目：中國聯通CDMA網路租賃費收益計畫，迄今為止共發行十一個專項資產管理計畫並發行成功。[6]二〇〇九年五月，中國證監會發佈通知及《證券公司企業資產證券化業務試點指引（試行）》，二〇一三年三月十五日，中國證監會發佈《證券公司資產證券化業務管理規定》，這意味著資產證券化業務由證券公司試點業務開始轉為常規業務。

二〇〇五年，信貸資產證券化試點正式啟動，截至二〇一三年六月末，中國累計發行信貸資產擔保證券八百九十六億元。其中，二〇〇五到二〇〇八年底，在第一輪試點中，十一家大中型金融機構共發行十七單，總金額六百六十七億元；二〇一一年國務院批准繼續試點以來，已有六家機構發行六單，規模二百二十八億元。[7]二〇一三年八月，國務院決定進一步擴大資產證券化試點。

▼具有影子銀行的特徵

資產證券化具有期限轉換、流動性轉換、信用風險轉移，以及高槓桿等方面的特徵。資產證券化也是銀行與非銀行之間進行資產和負債相關交易的重要方式，是系統性風險的潛在源泉，具有影子銀行的特徵。具體分析如下。

○期限轉換

資產證券化的基礎資產主要表現為抵押貸款、信貸資產、應收帳款等債權或財產權，這些債權或財產權有的存續期限較長，如抵押貸款最長可達二十至三十年，有的存續期限較短，但發行人可依據發起協議在資產擔保證券存續期間進行替換。資產擔保證券久期（即存續期間，duration）與基礎資產久期（存續期間）往往不一致，具有期限轉換的功能。

○流動性轉換

「流動性轉換」是資產證券化的最重要特徵。一般而言，資產擔保證券的基礎資產由於存續期間較長、規模較大、資產標準化程度差等原因，流動性較弱。發起人以流動性弱的資產為基礎，按照相關規定製作成標準化的證券，並在公開市場上交易，獲取流動性強的現金；資產擔保證券的投資者

❻上海證券報（2013/04/24）。和訊股票，「直通車」也有「交通規則」，參見 http://stock.hexun.com/2013-04-24/153499504.html。

❼Admin（2013/10/22），第一財經日報。中國資金管理網，〈新一輪信貸資產證券化3000億試點八年待轉正〉，見 http://www.treasurer.org.cn/webinfosmains/index/show/92103.html。

認購證券，並隨時按規定將證券在公開市場上進行交易和流通。流動性弱的基礎資產透過證券化，實現了流動性轉換。值得說明的是，目前中國禁止以資產擔保證券作為基礎資產再次發行證券化產品，發行資產支援的證券都必須是能夠產生穩定現金流的權屬清晰的資產、財產權或債權。

○信用風險轉移

資產證券化交易結構一般會設計優先、劣後結構，或者引入外部擔保機制。優先、劣後的結構化交易設計中，劣後級證券投資者以持有的資產和收益作為優先級證券投資者提供保障，提高了優先級投資者收益和資產的保障係數。外部擔保機制以其資產和信譽為證券投資者的收益和資產提供擔保，提高了證券投資者的收益和資產的安全性。資產證券化透過內嵌的結構化安排或外部的擔保機制，改變了資產的信用風險暴露結構，實現信用風險重置。

○槓桿率

中國資產擔保證券不允許設計槓桿率，但其交易結構設計中，不同層級的投資者承擔不同風險及享有不同收益的安排，具有加槓桿的作用。資產證券化的槓桿機制在於發起人承擔了最低檔次證券的風險；因此，基礎資產的風險並沒有全部轉移，但發起人可以將轉讓基礎資產獲得的資金，進一步用於擴大業務，資產證券化因而具有一定的槓桿作用。

○銀行與非銀行之間的相互聯繫

信貸資產的發起人為商業銀行，而且中國還要求商業銀行持有一定比例的資產擔保證券中的最低檔次證券。此外，中國商業銀行是各類資產擔保證券的最重要投資者，持有中國資產擔保證券資產比例超過百分之九十。某些資產擔保證券甚至全部由商業銀行認購，因此，資產證券化並沒有將資產擔保證券資產的風險轉移至非銀行系統，而且商業銀行在資產證券化過程中釋放了資本，可以進一步擴大信貸等業務。資產證券化是產生系統性風險的重要泉源。

融資融券業務和回購業務

▼融資融券業務

二〇〇六年八月，中國證監會發佈的《證券公司融資融券業務管理辦法》第二條規定，「本辦法所稱融資融券業務，是指向客戶出借資金供其買入上市證券或者出借上市證券供其賣出，並收取擔保物的經營活動。」二〇一一年十一月，中國證監會對《證券公司融資融券業務管理辦法》（以下簡稱《管理辦法》）進行了修訂，上海證券交易所和深圳證券交易所也根據修訂的管理辦法對交易實施細則進行了修訂。

根據《管理辦法》規定，融資融券業務分為融資交易和融券交易。融資交易就是投資者以資金或證券作為質押，向券商借入資金用於證券買賣，並在約定的期限內償還借款本金和利息；融券交易是投資者以資金或證券作為質押，向券商借入證券賣出，在約定的期限內，買入相同數量和品種的證券歸還券商，並支付相應的融券費用。融資融券業務的核心在「融」，「融」的核心就是投資者必須提供一定的擔保和支付一定的費用，並在約定期限內歸還借貸的資金或證券，因此，融資融券業務也叫「證券信用交易業務」。

○市場規模

截至二〇一二年十二月三十一日，開展融資融券業務的證券公司已有七十四家，開立投資者信用證券帳戶超過五十萬戶。二〇一三年一月三十一日，上交所融資融券標的股票範圍從一百八十支擴大至三百支，深交所融資融券標的股票數量由目前符合深圳100指數成份股標準的九十八支擴展為二百支。至此，滬深兩市融資融券標的股票範圍擴大至五百支。二〇一三年四月，多家券商將「兩融」最新門檻調整為客戶資產達十萬元、開戶滿六個月。

券商降低「兩融」門檻，將有利於提高證券市場的交易活躍度。以二〇一三年四月二十五日為例，兩市融資餘額為一千六百七十五．六八億元，融券餘額為二．四八億元，當日融資買入額為一百一十．五六億元，融券賣出額十八億元，當日融資買入證券共四百八十九支，融券賣出證券共四百五十三支。

○不列入狹義影子銀行

融資融券業務具有槓桿交易特徵，但基本不具備流動性風險轉換、信用風險轉移和期限轉換等方面的特徵。

第一，融資融券交易具有典型的加槓桿作用。

融資融券交易的槓桿率取決於保證金的比例。目前，中國規定融資融券的保證金比例不得低於百分之五十，因此，融資融券的槓桿率不會超過兩倍。相關制度規定，證券公司經營融資融券業務，應當以自己的名義在證券登記結算機構開立融券專用證券帳戶，該帳戶用於紀錄證券公司持有的、擬向客戶融出的證券，和客戶歸還的證券。

根據規定，中國禁止證券公司利用客戶融出自己不持有的證券。證券公司在融資融券交易中只能充當經紀作用和融資作用，以使融資融券交易的槓桿率得到有限控制。同時，相關制度還規定，「客戶只能與一家證券公司簽訂融資融券合約，向一家證券公司融入資金和證券。」這一規定進一步限制了客戶融資融券的槓桿率。

第二，融資融券業務與商業銀行業務之間的關聯。

中國對證券公司申請開展融資融券業務規定了較高的門檻和批准制度。由於開展融資融券業務的證券公司一般是銀行間市場的同業拆借會員，證券公司也可能透過發行證券公司債等方式，與商業銀行產生債務關聯。因此，融資融券業務與商業銀行業務風險之間存在關聯。

中國融資融券業務透過控制證券公司向全體客戶、單一客戶和單一證券的融資、融券的金額占其淨資本的比例等風險控制指標，進一步控制了融資融券業務與商業銀行業務之間的風險關聯。

▼回購業務

「回購」是金融市場上常見的投融資業務。回購標的資產包括：債券、票據和其他資產。❽按照中國金融市場通行的理解，一般將交易所公開上市的債券等資產作為標的的回購業務表述為「回購業務」，而將標的資產為票據和其他資產的回購業務表述為「買入返售業務」。本部分內容討論的回購僅指以債券為標的的回購業務。

按照回購業務的發起主體是資金的融入方與融出方分類，回購業務分為正回購和逆回購。按照回購交易中對交易標的債券的處理方式不同，回購交易可分為質押式回購和買斷式回購。❾資金短缺的機構可透過正回購在沒有喪失出質債券所有權的情況下，以債券作質押在債券市場迅速融入資金；資金盈餘機構透過逆回購交易融出資金，並獲得債券的質押權。

債券回購業務是銀行間市場交易十分活躍的業務，是金融機構流動性管理和以短期資金融通進行資產負債配置的重要業務。具有一定深度和厚度的債券市場中的高信用等級債券，具有變現快、流動性高、價格波動小等特徵；其中，國債是回購業務的主要標的資產。回購利率也是一國金融市場關鍵的基準利率，回購利率的穩定是判斷一國金融市場穩定的重要指標。

中國債券回購業務起步於一九九一年前後。自一九九三年起，各主要省會城市都興辦了證券交易中心，由於缺乏嚴格的規範，一九九四和一九九五年，國債回購交易中買空賣空愈演愈烈，再加上有些地方對國債回購實行「比例抵押」，許多交易商趁機利用開具空頭支票代保管單的形式大量賣空，出現了嚴重的賣空和假回購問題。

一九九七年上半年，滬深兩市的股價大幅攀升，大量銀行資金透過交易所債券回購方式流入股票市場是股市過熱的重要原因。一九九七年六月，根據國務院統一部署，中國人民銀行發佈了《中國人民銀行關於各商業銀行停止在證券交易所證券回購及現券交易的通知》，要求商業銀行退出滬深交易所市場，將託管在交易所的債券全部轉到中央國債登記結算有限責任公司託管，並透過全國銀行間同業拆借中心交易系統進行交易。

一九九七年六月十六日，同業中心開始辦理銀行間債券回購交易，中國全國銀行間債券回購市場正式運轉。二〇〇〇年，中國人民銀行發佈《全國銀行間債券市場債券交易管理辦法》，非銀行金融機構及非金融機構也可參與銀行間債券回購市場交易，進行債券回購融資和流動性管理。二〇〇四年，買斷式回購業務在銀行間債券回購市場推出。

○市場規模

銀行間債券市場是中國債券市場的主體，以二〇一三年六月末資料為例，銀行間市場交易的債

❽從理論上說，一切資產都可以作為回購業務標的，但是標準化資產最適合作為回購標的，其他資產辦理抵押、質押，手續繁瑣又會增加交易成本，不能落實回購業務所要求的快速、低成本的交易要求。因此，債券回購交易是最常見的回購業務，回購標的的其他資產主要是信託受益權。

❾國外還有一類回購方式，稱為「第三方回購」。第三方回購係指在回購交易中，債券和資金由交易對手交付至一個獨立的託管銀行、清算所或證券託管機構等第三方託管機構，由其負責在交易存續期間確保和維持有足額價值的擔保品。第三方回購近年來在歐美等發達的債券市場發展迅速。

券託管餘額為二十三·四九六二萬億元，占全部債券的比例為九十三·九三%，其他的債券分別是交易所交易債券、櫃檯交易債券和其他市場交易的債券，分別占比百分之二·五九、百分之一·五七和百分之一·九一。因此，在不影響研究結論的情況下，囿於資料統計的可得性考慮，以下對於債券回購交易的資料統計，全部來源於銀行間債券交易數據。

銀行間債券回購的主要交易方式是質押式回購，以二〇一三年六月為例，銀行間債券市場質押式回購債券交割量十二·〇五一七萬億元，資金交付額為十一·九一一五萬億元，交易筆數四·四九三四萬筆；買斷式回購交割量和資金交付金額分別為二千八百二十八·一一億元和二千八百七十二·一八億元。

按交易券種分類，高信用等級債券（包括政府債券、央行票據、政策性銀行債、政府支持機構債券、商業銀行債券）是主要的質押式回購交易標的，分別占債券交割量和資金交付額的百分之八十七·二〇和百分之八十七·二五。信用債在債券回購業務中占比較低。

按投資者分類，商業銀行是質押式債券交易的主要投資者，以二〇一三年六月為例，商業銀行分別占正回購和逆回購交易額的百分之七十九·七八和百分之五十六·三四；證券公司、保險公司、基金也是債券回購的重要投資者，三者合計占正回購和逆回購的比例，分別為百分之十三·〇八和百分之十五·〇一；非金融機構在回購交易中交易額極小，個人雖然可以參與債券回購交易，但幾乎沒有交易額。

○回購業務的影子銀行特徵

債券回購市場早期的不規範行為主要表現為：第一，債券交易市場分散，沒有集中託管，各市場託管的債券也不能互通；第二，在沒有建立風險保障機制的情況下，開展「比例抵押」，導致買空賣空盛行，資金交易風險巨大。規範後的回購業務取消了「比例抵押」安排，回購業務不再具有槓桿交易特徵，其流動性風險轉換、信用風險轉移和期限轉換等方面的功能也很弱，回購交易的風險集中體現在交易債券上，回購業務風險在銀行與非銀行機構之間的傳遞效應很小。目前回購業務的影子銀行特徵分析如下：

1. **槓桿率**：質押式回購的債券必須集中辦理質押登記，登記機構為中央國債登記結算有限責任公司，不辦理登記的回購合約無效；回購期間交易雙方都不得動用質押的債券；參與交易雙方都不得以借券、租券從事回購交易。買斷式回購交易雙方實際上簽署的是債券買賣協定，並要求交易雙方在交割時有足額的債券和資金，而且回購期間要求交易雙方不得換券、現金交割和提前贖回。債券交易的這些規定嚴格控制了交易的槓桿率，辦理登記的質押債券保證了質押式回購交易的安全，而買斷式回購業務中融資方已經擁有了債券的所有權，如果賣出方屆時不能按回購合約購回，則自動失去債券所有權。

2. **流動性轉換**：中國債券回購業務中，有接近百分之九十的交易債券是高信用等級債券，它們在債券市場具有很好的流動性，價格波動幅度也很小。因此，儘管回購交易中資金融入方完成了債券與貨幣資金的轉換，但交易雙方回購交易的目的是進行資產負債管理和短期資金投資安排，而不是流動性轉換。

3. **期限轉換**：按照規定，各類債券都可以成為回購交易中質押或買斷的交易標的，其剩餘存續期限一般長於回購合約期限；因此，回購交易中回購合約存續期間一般短於債券存續期間，具有期限轉換的功能。

4. **信用風險重置**：質押式回購交易中，規定交易雙方不得動用質押債券，參與交易雙方不得以借券、租券從事回購交易；買斷式回購交易中要求交易雙方在回購期限不得換券、提前贖回，並要求在首期交易完成債券和資金的雙向交割。因此，回購交易的信用風險取決於質押債券的信用風險。由於中國債券回購中高信用等級債券占絕對比例，故回購業務的信用風險重置功能很弱。

5. **非銀行機構與商業銀行透過回購業務發生的關聯**：中國回購市場的參與主體，在基本上已經涵蓋目前中國金融市場上絕大多數的金融機構類型，包括商業銀行、信用社、證券公司、保險公司、信託公司、基金公司、各類金融機構管理資產管理計畫，以及非金融機構和個人。回購交易中透過債券集中質押登記、集中託管方式，並嚴禁「比例質押」交易，杜絕了債券重複質押或重複買斷，在完全實現集中交易、集中託管、見券付款與見款付券等交易後，交易對手的信用已經完全弱化，風險完全體現在交易標的債券上，再加上中國回購交易以高信用等級債券為主，儘管非銀行機構與商業銀行之間回購交易頻繁，但機構之間傳遞風險的可能性極小。

貨幣市場基金

「貨幣市場基金」（money market fund，簡稱MMF）是隨著短期債券市場與共同基金制度的發展而產生，並逐漸興盛起來的一種投資基金。它屬於開放式基金，與開放基金中的股票基金、債券基金以及混合基金等相比，它主要是為眾多的投資者提供安全的流動性管理手段。貨幣市場基金是投資於貨幣市場各種高品質、短期限的生息工具，各國金融監管當局根據各國金融市場發展狀況，對貨幣市場基金的投資品種都做了不同程度的限制。一般情況下，貨幣市場基金的投資對象主要包括：短期政府債券、回購協議、大額可轉讓存單、銀行承兌匯票、商業票據、銀行定期存款及其他現金專案。

國際上貨幣市場基金種類很多，根據不同分類標準，可將貨幣市場基金劃分為公司型貨幣市場基金和契約型貨幣市場基金，個人投資型貨幣市場基金和機構投資型貨幣市場基金，應稅型貨幣市場基金和免稅型貨幣市場基金。根據中國《貨幣市場基金管理暫行規定》，中國貨幣市場基金能夠投資於以下貨幣市場工具：現金；一年以內（含一年）的銀行定期存款、大額存單；剩餘期限在三百九十七天以內（含三百九十七天）的債券；期限在一年以內（含一年）的債券回購；期限在一年以內（含一年）的中央銀行票據；剩餘期限在三百九十七天以內（含三百九十七天）的資產擔保證券。

▼貨幣市場基金的發展與沿革

貨幣市場基金最早出現於美國經濟滯脹（停滯性通貨膨脹）嚴重的二十世紀七〇年代。一九七一年，由布魯斯本特（Bruce Bent）和亨利布朗（Henry Browne）正式創立了貨幣市場基金。隨後，美國率先推出貨幣市場基金，並在全球市場上獲得了巨大的成功。

二〇〇二年末至二〇〇三年初，幾家基金公司開始醞釀向市場推出貨幣市場基金。同年十二月九日，中國證監會批文同意貨幣市場基金入市發行，緊接著華安基金公司正式向社會公開發售「華安先進富利投資基金」，標誌貨幣市場基金正式進入到中國貨幣市場當中。

由於當時政策限制，迴避了「貨幣市場基金」的國際通用叫法，而以「先進基金」命名，被稱為是「準貨幣市場基金」。二〇〇四年八月，中國證監會與中國人民銀行聯合發佈《貨幣市場基金管理暫行規定》，規範了貨幣市場基金的名稱、投資品種和剩餘期限（residual maturity），同時也推動了貨幣市場基金的進一步發展。二〇〇四年第四季度，諾安基金管理公司推出諾安貨幣市場基金，這是《貨幣市場基金管理暫行規定》公布後第一支正式以「貨幣市場基金」命名的產品。

二〇〇五年三月二十五日，《貨幣市場基金資訊披露特別規定》與《關於貨幣市場基金投資等相關問題的通知》使中國的貨幣市場基金業更加法制化、規範化。這些法律法規文件的實施可以進一步規範貨幣市場基金的投資運作，更好地保護基金份額持有人的合法權益。

二〇〇五年八月，中國證監會下發《關於進一步拓寬貨幣市場基金投資範圍有關問題徵求意見的通知》，就拓寬投資範圍、規範市場運作、促進發展向業界徵求意見。隨後，九月二十二日證監會發佈《關於貨幣市場基金投資短期融資券有關問題的通知》；十一月二十一日發佈《關於貨幣市場基金投資銀行存款有關問題的通知》，對貨幣市場基金投資短期融資融券的信用評級標準做出規定，對信用等級進行下調。另外，對投資定期存款的比例、類型、期限、利率等方面也都做出了細緻規定，以防範流動性風險。

二〇一一年十月二十六日，中國證監會發佈貨幣市場基金新規，對貨幣市場基金投資協定存款比例予以放開。伴隨著相關法律法規的不斷完善，貨幣市場基金也有了較快的發展。同時經過不斷創新，出現了場內貨幣市場基金，貨幣市場ETF，T＋0到帳模式的貨幣基金，甚至有還貸、支付功能的貨幣市場基金。

貨幣市場基金所宣導的價值投資理念以及豐富多樣的產品愈來愈被市場認同與接受，對中國貨幣市場的影響日益擴大。其設立初衷相當簡單，即集中小儲戶的零散資金，以「大戶」姿態在金融市場上出現，以獲得與大儲戶相同的利息收入。由貨幣市場基金的特點，可以發現，貨幣市場基金得以在全世界發展的主要原因有以下幾個：

1.低投資門檻與低投資成本：在推出貨幣市場基金產品以前，由於貨幣市場產品最低交易額的限制（如可轉讓大額存單的最低交易額是零散資金難以企及的），大部分個人投資者幾乎無法進入貨幣市場，無法分享其中某些產品的較高收益率。貨幣市場基金的年管理費一般在百分之〇．二至百分之一之間，遠低於其他種類基金。貨幣市場基金以集合投資的方式同時滿足獲取高收益率、支付低管理費這兩種需求。

2.低風險、穩定收益的投資方式：貨幣市場基金的投資對象集中在低風險、高流通、收益穩定的證券，包括被稱為無風險債券的國庫券，信譽極佳的大型銀行、金融公司簽發的商業票據等。這些產品極不容易發生違約，滿足了廣大「風險厭惡者」對安全的渴求和對穩定收益的期望，這是貨幣市場基金長期生存發展下去的最深刻的社會根源。

3.投資中介與儲蓄中介的雙重特性：貨幣市場基金透過發行「份額」來集中資金，然後投資於其他證券資產，具有投資中介的特點，並且投資範圍嚴格限定在流動性較好的貨幣市場內，而非資本市場。貨幣市場基金也具有儲蓄中介的特點，客戶可以隨時提取資金，或對其帳戶開出支票以償還債務，有的基金也可以直接支付商品貨款。但其與真正的儲蓄帳戶又有著很大區別：一方面它並不歸屬商業銀行範疇，沒有嚴格的準備金要求；另一方面它不從事貸款業務，只進行規定範圍內的證券投資。

貨幣市場基金自身的特性加上中國特殊的經濟發展狀況和金融環境，使得中國貨幣市場基金得以產生並發展。雖然中國的貨幣市場起步比較晚，但近幾年來發展速度較快，為中國貨幣市場基金的產生和發展孕育了土壤，再加上中國經濟的飛速發展使得社會盈餘資金充足，企業和個人投資者資金的大量投入，為貨幣市場基金的產生和發展創造了條件。再次，金融中介作為融通資金的中介機構，設計並研發產品，在貨幣市場基金中發揮著不可忽視的作用。

二〇〇〇年以來，在一些市場因素的刺激下，要求創立中國貨幣市場基金的呼聲不斷高漲。一方面，中國股票市場自二〇〇一年以來陷入了近五年的大熊市，再加上二〇〇八年次貸危機所造成的股市崩盤，不僅造成了股票市場投資風險的增大，還導致了中國以股票為主要投資對象的證券投資基金收益率的銳減。另一方面，前幾年為了維持經濟增長、刺激人民的投資和消費，拉動內需，中國政府採取了低利率政策，造成中國銀行存款利息長期在低位元運行。再加上高通貨膨脹，導致中國銀行存款實際利率很低，甚至為負數，把資金放在銀行可以說毫無收益可言。在這種市場環境下，中國的投資者迫切需要一種投資風險低於股票、流動性類似銀行存款的金融商品，對於基金管理公司來說，也需要一種低風險的投資品項來分散自己的投資風險。貨幣市場基金便是滿足中國投資者和基金管理公司願望的最佳選擇。

▼市場規模與風險

截至二〇一三年三月底，在證監會登記備案、接受證監會監管的各類型基金共一千二百五十八支，其中貨幣市場基金四十支，各基金旗下產品二百二十個，總規模達到七千九百六十一・四五億份，較二〇一二年末的七千零七十四・八九億份增加了八百八十六・五六億份，貨幣基金總資產淨值達到七千九百六十三・二〇億元，增幅達百分之十二・五三。雖然中國貨幣市場基金規模與已開發國家差距較大，但在基金行業結構中，中國貨幣市場基金占比達到百分之二十五以上，高於世界總體和已開發國家水準，反映出在當前經濟環境下，中國投資者更加青睞於貨幣市場基金。

從歷史經驗來看，貨幣市場基金的風險主要來自於三個方面：一是貨幣市場基金自身不同的投資組合所帶來的風險；二是貨幣市場基金外部，當市場情況變化所帶來的投資者贖回風險；三是改變了貨幣供應量的層次和結構，使M2（M0、M1、M2、M3都是用來反映貨幣供應量的重要指標，請詳見表一）指標測量難度增大。詳述如下：

1.由於中國貨幣市場發展並不充分，導致中國貨幣市場基金的投資工具比較單一。在中國貨幣市場的債券中，國債多，市政債券和企業債券相對較少；國債中，中長期債券明顯多於短期債券。不僅如此，無論是整個短期債券存量，還是短期債券交易量，中國貨幣市場中央行票據所占比重都過大，這使得基金在投資組合中對該品項過分依賴。而工具的單一和對某

表一　對中國貨幣層次的粗略性劃分

貨幣層次	基本意涵	實際意涵
M0	流通中的現金	M0＝流通中的現金
M1	1.準貨幣，為狹義的貨幣 2.反映經濟中的現實購買力	M1＝M0＋活期存款（企業活期存款＋機關團體部隊存款＋農村存款＋個人持有的信用卡類存款）
M2	1.準貨幣，為廣義的貨幣 2.反映現實和潛在的購買力	M2＝M1＋城鄉居民儲蓄存款＋企業存款中具有定期性質的存款＋信託類存款＋其他存款
M3	根據金融工具的不斷創新而設置的	M3＝M2＋金融債券＋商業票據＋大額可轉讓定期存單等

說明：1.廣義貨幣（M2）是一個金融學概念，用來和狹義貨幣相對應；貨幣供給的一種形式或口徑，以M2來表示，其計算方法是利用交易貨幣以及定期存款與儲蓄存款。

2.若M1增速較快，則消費和終端市場活躍；若M2增速較快，則投資和中間市場活躍。中央銀行和各商業銀行可以據此判定貨幣政策。

3.M2過高而M1過低，表示投資過熱、需求不旺，有危機風險；M1過高而M2過低，表示需求強勁、投資不足，有漲價風險。

種產品的依賴，限制了貨幣市場基金投資組合的多樣性，這不僅容易影響到基金的經營業績，也使基金的投資風險難以分散。

2.投資人的巨額贖回為貨幣市場基金的流動性帶來巨大壓力，形成風險。當市場上流動性緊縮，資金融通發生困難時，缺乏資金的投資者處於保證自己的資本充足或者資金安全等原因，會贖回存放於貨幣市場基金的資金，造成贖回率的突然上升。在利率市場化的國家，商業銀行等其他形式存款貨幣機構，享受著由全國性存款保險機構所授予的保險，而貨幣市場基金是沒有存款保險的，所以贖回會引發連鎖反應，反過來又會加重貨幣市場基金的被動局面。一九九四年美聯儲連續提高利率，導致許多以長期債券為標的的短期貨幣市場衍生工具出現損失，進而損害到貨幣市場基金淨值，基金持有人大量贖回，引發貨幣市場基金及金融市場的混亂。在中國資金市場上，二〇一三年六月二十日，市場突然傳來消息稱幾家銀行的短期資金違約，引發市場恐慌，上海銀行間同業拆放利率（Shanghai Interbank Offered Rate，簡稱Shibor）的隔夜利率大幅飆升超過五百個基點，利率首次超過百分之十，到達百分之十三·四四四，創下該數值的歷史新高。

3.改變了貨幣供應量的層次和結構，使M2指標測量難度增大。貨幣市場基金對貨幣供應量產生了實質影響，但目前中國貨幣市場基金還未納入貨幣供應量統計範圍。也就是說，投資人將資金存在銀行是活期存款還是定期存款，定期存款的存款期限等都非常清楚，但是購買了貨幣市場基金以後，投資者的這筆資金就變得很模糊了。如果將貨幣市場基金歸入M2，那麼中國貨幣供應量結構中

M1的數量下降，M2的數量增大。M1、M2的變化直接影響到貨幣流動性比率（M1／M2）的變化；如果這一比例較低，則表示貨幣的即期購買力下降，貨幣對物價的推動力減弱。

如上所述，貨幣供應量結構的這種變化會加大中央銀行調控貨幣的難度，以及實施效果的不確定性。通過對中央銀行三大貨幣政策工具的不同影響，貨幣市場基金實際上增加了貨幣市場工具實施效果的不確定性。例如：

1. **對於存款準備金**，商業銀行根據中央銀行法定準備金比率和存款總額向中央銀行繳存準備金，貨幣市場基金的儲蓄分流作用，直接吸引一部分的銀行存款流出銀行體系，而貨幣市場基金本身無須繳納準備金，這樣中央銀行透過法定存款準備金率來調控商業銀行存款信用創造，進而調控貨幣市場貨幣供給量的效應將受到影響。

2. **對於再貼現業務**，商業銀行在流動性管理中可以自行選擇將貼現票據出售給中央銀行，還是出售給貨幣市場基金；商業銀行對中央銀行再貼現政策的依賴程度，將隨著貨幣市場基金的發展而降低，再貼現政策的效果將會削弱。

3. **對於公開市場業務**，以貨幣市場工具為主要投資對象的貨幣市場基金，隨著其規模的不斷擴大，已逐漸成為貨幣市場的主要參與者之一，增加了央行公開市場業務操作的「對手方」。貨幣市場基金持有國債則可看成中央銀行吞吐基礎貨幣的重要管道，有利於提高中央銀行公開市場業務的操作效率。

▼貨幣市場基金是影子銀行的重要組成部分

貨幣市場基金是短期資金流動的重要管道之一，也是影子銀行的重要組成部分。在國際金融危機中，由於一些貨幣市場基金所持有的金融工具出現巨額損失，引發投資者掀起大規模贖回潮，暴露出潛在的系統性風險以及對金融體系的溢出效應，這是貨幣市場基金改革進入監管視野的主因。貨幣市場基金具備的影子銀行特徵如下：

1.**期限轉換**：貨幣市場基金募集主要投資於貨幣市場的各類短期投資品項和工具，一般不超過一年期限，主要品種有國庫券、商業票據、銀行定期存單、政府短期債券、企業債券等短期有價證券。它可以轉換到期期限，貨幣市場基金為投資者提供了每天可以出售其所持有的基金份額的可能性，因而通常被投資者作為高流動性的工具用來進行現金管理。

2.**高槓桿**：貨幣市場基金透過擴大貨幣供給主體和貨幣乘數，創造更大信用的貨幣，也就是乘數效應倍增、高槓桿性。從貨幣供給模型來看，$M=m\times B$，其中M是貨幣供給，m是貨幣乘數，B是基礎貨幣。基礎貨幣由公眾持有的現金及商業銀行的準備金構成，由於貨幣市場基金分流了一部分銀行存款，並減少了公眾現金持有量，因而對基礎貨幣衡量產生了一定影響。從貨幣乘數來看，$m=(1+c)\div(Rd+Rt\times t+e+c)$，其中 $c=C\div D$，C是通貨，D是活期存款；Rd是活期存款法定準備金比率；Rt是定期存款法定準備金比率；t是定期存款比率，即定期存款與活期存款的比率；e是商業銀行的超額準備金比率。貨幣市場基金使銀行存款產生分流作用，即使c增加，而e和t都會減少；另外，貨幣市場基金的發行無須提取準備金，法定存款準備金的實際提繳比率下降，同時商業銀行的超額準備金減少，這樣變化的結果使得貨幣乘數得以擴大。

3.交易方式為申購贖回方式，大規模的集中贖回會產生系統性風險：「申購」是指投資者在開放式基金合約生效後，申請購買基金份額的行為；「贖回」是指基金份額持有人要求基金管理人購回其所持有的開放式基金份額的行為。基金的申購與贖回只要基金存續就可在其公司工作時間任意進行。基金持有人大量贖回，會引發貨幣市場基金及金融市場的混亂。

4.與商業銀行的聯繫：作為典型的影子銀行，其業務與商業銀行有著密切的聯繫。運作模式與傳統商業銀行既相似，又有著不同。多數基金並沒有自己的銷售管道，銀行遍佈全國的網點，為基金的行銷帶來了巨大便捷，所以大多數基金的銷售都依賴於商業銀行，商業銀行借此從中收取推銷費用。更多的基金則直接屬於銀行旗下基金產品，或者是集團公司產品。中國貨幣市場基金起步晚，目前由證券投資基金管理公司發行和管理，投資範圍比較狹窄，暫時定為短期債券（含央行票據）、銀行存款和回購協定。目前主要在銀行間市場上經營，交易對象為銀行機構。隨著業務發展，可能會考慮與銀行合作，進行更多創新。

▼未來的發展趨勢

儘管中國的貨幣市場基金起步較晚，但是伴隨著中國經濟的騰飛，得到了超常規的發展。整體上看，我們認為貨幣市場基金在中國發展的有利條件多於不利條件，勢必擁有美好的發展前景：

1.人民財富增長很快，需要低風險的儲蓄替代型證券投資工具。改革開放使得個人財富實現了快速增長，在滿足各類消費需求後，人民手中的金融資產，主要是儲蓄資產，規模巨大。雖然預計未來中國經濟增速有所放緩，但是人民收入倍增計畫等定會進一步提高個人收入與儲蓄。這就會帶來巨大的理財需求，如何增加人民的投資管道、實現資產的保值增值、緩解銀行的經營壓力，日益成為重要問題。貨幣市場基金作為良好的儲蓄替代品，符合當前低風險產品市場的需求。因此，無論從貨幣市場基金的數量上還是規模上，都有著長足的發展空間。

2.基金業在發展過程中，不斷創新自己的產品，細分市場，以滿足不同風險、收益、流動性偏好的投資者需求。股票型基金、平衡型基金、債券型基金，都代表了一定的風險收益偏好；T＋0模式、「貨幣通」、「餘額寶」則代表了不同的需求偏好。貨幣市場基金作為基金產品鏈中的一環，使貨幣基金的類型更加多元、基金產品鏈更加完整。貨幣市場基金要發展壯大，必須根據市場的需求，完善自己的供給。

3.貨幣市場狀況不斷改善將成為貨幣市場基金發展的基礎條件。當前，隨著中央銀行在貨幣市場上，進行愈來愈頻繁的公開市場操作，商業銀行和其他金融機構利用貨幣市場管理流動性、進行短期投融資也愈來愈成熟，貨幣市場規模實現了跨越式擴張。未來中國貨幣市場的健康發展，包括清算結構等市場基礎設施建設的完善，將能夠滿足貨幣市場基金的運作需求。

4.貨幣市場基金的監管，以及相關法律問題的建設正在逐步完善，必然會大大規範、促進貨幣市場基金的發展。目前《貨幣市場基金資訊披露特別規定》等法律法規已經對貨幣市場基金做出一定的規範。儘快起草和制定《貨幣市場基金管理法》，以法律形式對貨幣市場基金的發行方式、投資範圍、收益分配、風險防範等方面提供制度保障，嚴格審核基金從業人員和高級管理人員的任職資格，加強貨幣市場基金的資訊揭露制度等方面的不斷落實，都將給貨幣市場基金帶來更好的發展機遇。

結語

金融市場的新型業務是引發金融危機的主要原因之一，往往被認定為是影子銀行的主要組成部分。由於中國的金融市場起步較晚，這些業務在中 國尚處於起步階段，規模不是很大，但仍需要密切關注，借鑒其他國家以及金融穩定委員會等對這類業務的監管經驗，防止引發系統性風險。

CHAPTER 6
中國影子銀行對中國經濟政策面的影響

中國當前的影子銀行體系還處在發展的早期階段，主要表現為對貸款利率管制和數量型調控等監管政策的規避，其整體金融創新水準相對較低，沒有呈現為金融危機中暴露大量風險的資產證券化形式。這一發展階段的影子銀行的總體風險可控，在正反兩方面對中國宏觀經濟產生了一定影響。

作為創新來源的影子銀行體系在一定程度上可以避免價格和數量扭曲導致的非效率，同時對社會融資總量、財政政策及產業政策的有效性等產生一定影響。本章主要分析中國影子銀行對宏觀經濟和金融市場體系的影響。

中國影子銀行經濟規模的分析

從全口徑融資角度討論影子銀行規模，需要在目前央行所給出的社會融資總量概念上加以拓展，具體來說：第一，社會融資總量的統計口徑較信貸統計有所擴大，但仍未納入近年來對融資有重大影響的類別，如銀銀合作、銀證合作、信託貸款之外的信託管理資產規模，及未來可能增長較快的銀基合作、銀保合作、小額貸款公司貸款等，而這些類別有可能表現出影子銀行的特徵；第二，從經濟增長或國內生產的角度看，國內部門的資金來源還應當包括外匯占款（funds outstanding for foreign exchange）；第三，沒有考慮政府或者財政體系對實體生產部門的資金存量波動的影響。因此，從四個部門（銀行、生產者、政府、國外部門）的角度來看，至少政府和國外這兩個較大（且重要）的部門，對國內生產者資金來源的影響尚未納入考慮。❶

以下首先分析社會融資總量的資金來源；其次對社會融資總量的統計結果進行補充解釋，並從不同的口徑分析中國影子銀行規模對社會融資總量的影響；最後，以前面章節對影子銀行判斷作為基礎，測算中國狹義影子銀行的規模。

社會融資總量的存量問題

為討論影子銀行的潛在規模，需要從更全面的口徑來討論融資的存量問題。據測算，國外資金來源、財政、金融同業項下的信貸投放等，在社會融資總量口徑之外的部分占到整個社會融資存量的三分之一。上述未考慮的部分占比較大，且對其他部分融資（尤其是對銀行體系債券購買及信貸投放）具有較強的約束作用。**圖一**是對二○○二到二○一二年全口徑融資按照分類進行規模統計和增速測算的圖形，圖中可以看到人民幣貸款之外的其他類型融資一直處於較快的增長之中。

另外，從社會融資總量結構上看（見**圖二**），信貸、外匯占款占比下降較快，而其他可能表現出影子銀行特徵的融資類型增速較快。

❶國外部門融資和政府行為對國內生產者資金來源的影響可能非常大。

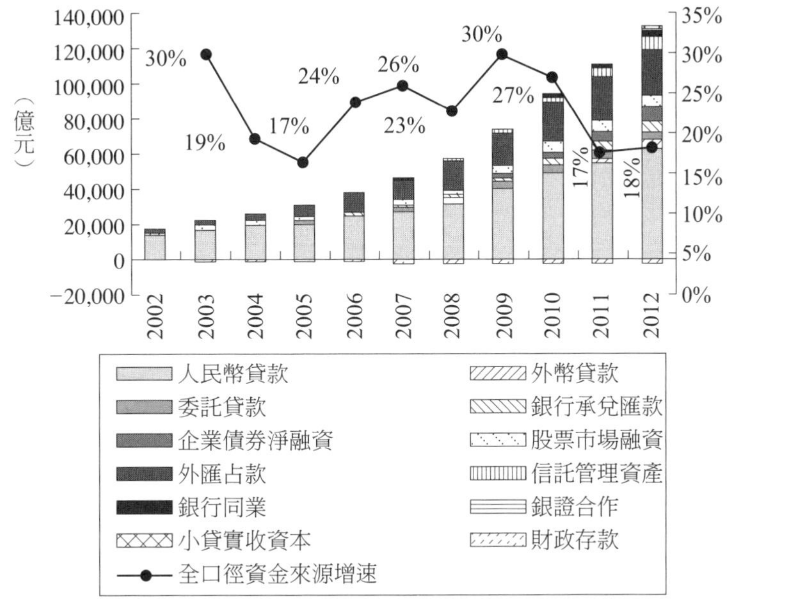

圖一　二○○二到二○一二年全口徑融資增速統計

資料來源：引自wind資訊。

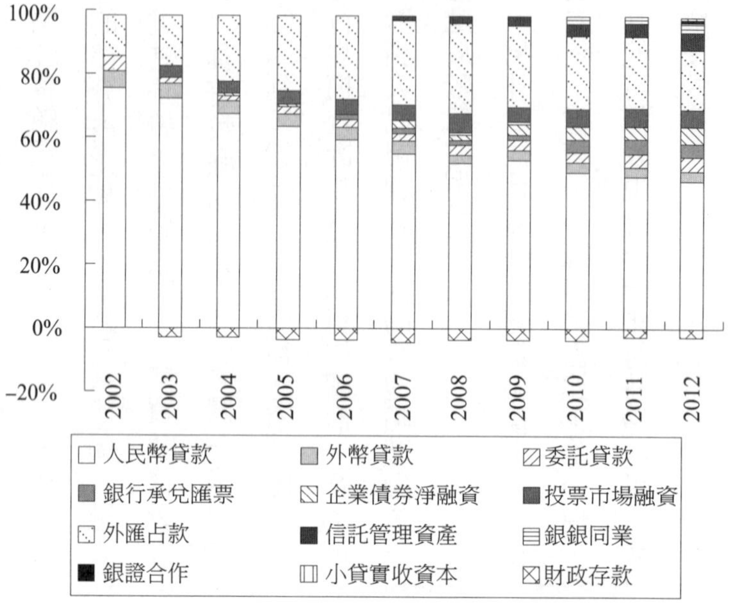

圖二　二〇〇二到二〇一二年全口徑融資結構變化

資料來源：引自wind資訊。

以信託貸款為例（見圖三），新增信託貸款的規模在二〇〇六到二〇一一年保持平穩發展，二〇一二年增速增長較快，規模也有較大的成長。

綜上，從結構上看，外匯占款、貸款在全口徑融資餘額中的比例快速下降；由於債券擴容（指債券市場的膨脹擴張）加速放開，企業債券淨融資占比出現較快上升；由於監管政策的變化幅度較大，這兩年銀銀同業（即銀行同業）項下的融資餘額占比出現了較大幅度的波動；近年來由於市場需求旺盛和金融業務的開放，信託、銀證在全口徑融資餘額中的占比有所提升。從各分項的增速來看，近年來增長最快的業務是銀證合作，增速達到六四六%，而企業債券淨融資餘額和信託

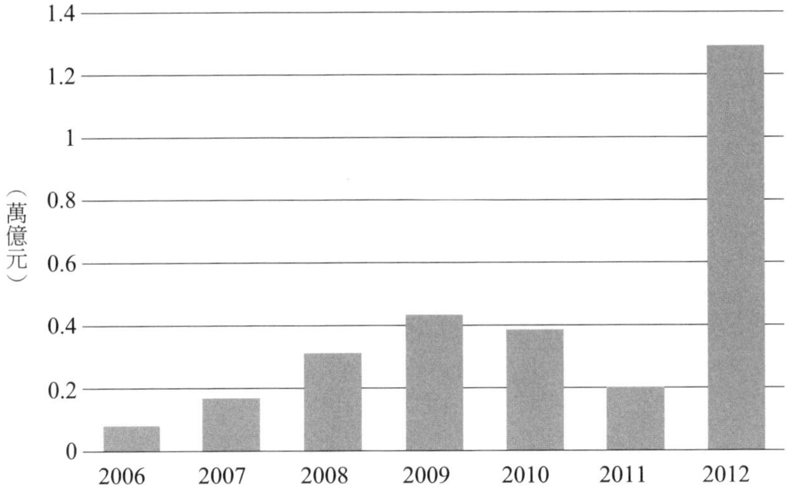

圖三　二〇〇六到二〇一二年新增信託貸款規模

資料來源：引自wind資訊。

管理資產餘額近五年增速也基本維持在百分之四十以上。

▼統計結果的兩點解釋

關於全口徑融資規模的統計結果已經展示出來，還有兩方面問題需要解釋：

○關於測算方法

社會融資總量中信貸、債券、股票融資的存量餘額有準確資料，其他部分是基於央行公佈的社會融資總量的歷史年度增量累加得出。❷非社會融資部分的外匯占款、財政存款存量則來自於央行公佈的資料。銀銀合作通過其他存款類資產負債表項下的同業缺口軋差測算。銀證合作通過證券公司定向資管產品餘額估計。銀信合作用信託資產規模擴張

❷本資料中的社會融資總量可能稍有低估，且近十年來其增長較快，累計增量估計應占到累計餘額的百分之九十五以上，因此過去十年新增量的累加在基本上已經可以替代歷史存量。

剔除信託貸款估計。為了不將小貸公司向銀行體系融資重複計算，小貸公司融資用小貸公司實收資本估計。

○關於銀行理財

沒有把銀行理財統計到融資存量中的原因在於，理財類似於存款，是實體部門的資金投向，是金融機構的資金來源，而貸款、債券等是實體部門的資金來源，同時也是金融機構的資金投向。非保本理財大部分和信託產品掛鉤，在統計實體部門資金來源時已經統計過信託、銀證等。保本型理財大多投向銀行間市場，最後透過金融機構貸款投放、債券購買等管道反映在社會資金來源中。

▼社會融資總量下的六種影子銀行規模

影子銀行規模的確定本質上取決於對影子銀行範圍的界定，從社會融資總量的角度出發，我們對六種融資口徑進行了初步測算：（如表一）

口徑一：從國內部門的角度來看，如果將全口徑融資餘額中的非信貸部分全部視為「影子銀行」的話，則「影子銀行」的規模將達到六十七萬億左右。

口徑二：上述統計規模中，若不考慮國外部門和政府行為的影響，那麼「影子銀行」規模將達到四十四萬億左右。

口徑三：如果不考慮外幣貸款等信貸類融資及股權融資，「影子銀行」規模將達到三十二萬億左右。

表一　各口徑下的影子銀行融資規模統計（2012）　單位：十億元

		口徑一	口徑二	口徑三	口徑四	口徑五	口徑六
	2012						
人民幣貸款	62,998						
外幣貸款	5,026	☆	☆				
委託貸款	5,654	☆	☆	☆	☆	☆	
銀行承兌匯票	5,905	☆	☆	☆	☆	☆	
企業債券淨融資	7,306	☆	☆	☆		★	
股票市場融資	6,824	☆	☆			☆	
外匯占款	25,819	☆					
信託管理資產	7,100	☆	☆	☆			◆
銀銀同業	4,208	☆	☆	☆	☆		☆
銀證合作	1,700	☆	☆	☆	☆		☆
小貸實收資本	510	☆	☆	☆	☆	☆	
信託貸款	2,709				☆	☆	
財政存款	-2,426	☆					
影子銀行規模		67,626	44,233	32,383	20,686	28,908	10,299

註：★企業債券融資如果是銀行持有，風險依然在銀行體系。
◆剔除信託貸款。

口徑四：如果不考慮企業債券類直接融資，不考慮信託管理資產（但是考慮狹義的信託貸款），則「影子銀行」規模為二十萬億左右。

口徑五：如果從不會帶來貨幣派生（貨幣存款）、或者風險未集中在銀行的角度考慮，假設「影子銀行」包括委託貸款、票據、股權融資、小額貸款實收資本等，則其規模達到二十八萬億左右。

口徑六：從能否被有效監管的角度看，「影子銀行」不太可能被定義為債券融資、股票融資等鼓勵發展的直接融資部分，也不太可能包括本外幣貸款等信貸資產。外匯占款、財政存款和金融業務之間也並無直接關係，不存在被監管的可能。而委託貸款、信託管理資產如果在業務操作上合法合規，也屬於正常融資行為，被納入良好監管。真正需要監管的可能集中在銀行同業、銀證同業、銀信同業等名為同業資產，實為信貸的部分，實際風險仍然可能集中在金融體系內，這部分資金規模估計在十萬億左右。

基於全，就上述六種口徑的「影子銀行」涵蓋範圍及規模整理如表一所示。

中國狹義影子銀行規模估計

目前中國基本上沒有純粹的影子銀行機構，但是很多機構都涉足了影子銀行業務，成為資金鏈條中的一個環節。

根據前面對狹義影子銀行的界定——具有期限轉換、流動性轉換、高槓桿、信用轉換這四個特點（具備一個及以上），且目前不受監管或監管程度較低，繼而足以引發系統性風險和監管套利的非銀行信用中介機構或業務——在影子銀行的規模統計方面，由於計算口徑不同，並沒有一個準確的數值。近期多家機構估算的中國影子銀行規模在五萬八千萬億至三十萬億元間不等。

本書在界定廣義和狹義影子銀行基礎上，根據第三章、第四章及第五章對各類業務的影子銀行判斷，大概估計出中國狹義影子銀行規模如下：

截至二〇一二年底，各部委和地方政府監管的類金融機構和業務總規模共計四．五二萬億元。其中，全國典當行業資產總計一千二百二十八．七億元。截至二〇一二年末，融資性擔保貸款餘額一萬四千五百九十六億元；二〇一二年底，融資租賃合約餘額突破萬億，達到一萬五千五百億元。二〇一二年中國私募股權市場共計完成投資交易六百八十餘起，揭露金額的六百零六起案例共計投資一百九十七．八五億美元。截至二〇一二年十二月末，全國共有小額貸款公司六千零八十家，貸款餘額五千九百二十一億元。二〇一二年全年北京金融資產交易所累計掛牌項目二千八百九十六筆，累計掛牌金額八千七百六十六．三八億元，成交金額六千三百七十八．四九億元。

目前不受監管的機構影子銀行總規模約四．五萬億元。二〇一〇年中國網路借貸行業的總成交金額約為十億元；二〇一一年約五十億元；二〇一二年超過二百億元；二〇一三年達一千零五十八億元。民間借貸的範疇較大，既包括投資公司、財富管理公司等，預計規模在三萬億左右；還包括商會、企業家俱樂部等機構，規模估計在〇．五萬億元左右；傳統的地下金融，如私人錢莊、借貸經紀人、合會等，其規模不容易統計，估計也有近萬億。

金融市場新型業務中貨幣市場基金總資產淨值達到七千九百六十三．二〇億元，截至二〇一三年六月末，累計發行信貸資產擔保證券八百九十六億元，再加上融資融券和回購業務，新型業務總規模約一．五萬億元。

綜上所述，截至二〇一二年末，中國狹義影子銀行總規模約一〇．五二萬億元。截至目前，中國狹義影子銀行規模介於十萬億元到十二萬億元之間。

中國影子銀行對財政政策和產業政策的影響

影子銀行業務是全口徑融資的重要組成部分，從實體部門資金來源角度統計全口徑融資的存量，可以瞭解全口徑社會融資與影子銀行規模之間的動態關係。以下繼續從宏觀視角分析影子銀行在其中所起的作用，具體討論影子銀行對貨幣政策和產業政策的影響。

對財政政策的影響

影子銀行作為信用體系的擴充，在一定程度上緩解了地方政府的支出壓力，為財政政策提供了動力，但也埋下了一定的隱憂。

分稅制（中國一九九四年所實施的稅制改革）改革後，中國地方政府面臨較大的支出壓力，主要由結構性和週期性兩方面因素導致。結構性因素是在日常的經濟活動中，長期出現支出壓力擴張的趨勢。在當前的財政分權體制下，中央集中了全國財政收入的百分之五十以上，但和其他大國不同的是，中國地方財政支出占絕大多數，中央只占全國財政支出的百分之十左右，這導致地方政府巨大的支出壓力。週期性因素是由於當前中國財政政策在應對經濟週期時以相機抉擇（discretionary，指權衡性的機動政策）的支出為主，稅收和自動穩定器（automatic stabilizers，一種內在調節機制）發揮

的作用較小，導致地方政府經常面臨較大的支出壓力。因此，地方政府解決財政自由度的一個主要辦法就是建立地方政府融資平台。❸

在此種背景下，影子銀行體系對地方政府性債務在彌補地方財力不足、推動地方經濟社會發展方面起到一定積極作用。首先，在應對一九九七和二〇〇八年的亞洲、國際金融危機中，中央曾透過發行國債並轉貸地方政府、代地方發行政府債券，地方政府透過融資平台等籌集資金，為經濟發展提供了資金支持。其次，為推動改善民生和生態環境保護等，影子銀行體系也提供了重要支撐。例如，截至二〇一〇年底，地方政府性債務餘額投入教育、醫療等民生領域達一萬三千七百五十三・一二億元，投入節能減排、生態建設、工業等領域達四千零一十六・〇二億元。最後，地方性債務餘額可以為保障經濟社會的持續發展打下基礎。例如，二〇一〇年底用於交通運輸、市政等基礎設施以及土地收儲、能源建設領域的資金已達六萬九千六百七十五・七二億元。

由於地方政府性債務的舉借和管理等方面存在一些問題，導致地方性、系統性金融風險累積：一是地方政府舉債融資缺乏規範，大部分債務收支未納入預算管理。由於現行法規未賦予地方政府舉債權，對業已存在的舉債行為缺乏規範，導致大多數地方政府藉由融資平台公司等變相舉債，有的甚至違規擔保或直接舉債；二是部分地區償債能力弱，存在風險隱憂；三是地方政府融資平台公司數量

❸根據中國審計署的資料顯示，截至二〇一〇年底，中國的省、市、縣三級地方政府的債務餘額與地方政府綜合財力的比率為百分之五十二・二五，加上負有擔保責任的或有債務後的債務率為百分之七十・四五。

多，管理不規範。

因此，未來需要利用新的管道，在加強管理的基礎上，擴大地方政府財政自主度，讓地方財政透明化，將地方的產業結構等結構因素與財政資助度相結合，提高地方調整經濟結構的積極性，從源頭上解決影子銀行體系對於財政政策的不利影響。

對產業政策的影響

按照歐盟和美國的標準，凡是對於特定行業而不是對整體經濟產生影響的政策都可稱為產業政策。從這個角度，中國的產業政策包括行業的准入標準、行業投融資體制管理、稅收優惠政策等。影子銀行體系對於中國產業政策的影響主要體現在融資方面，包括以下兩點：

1.透過影子銀行融資，某些受到限制的行業反而獲得發展，從而抵消了產業政策的影響。譬如，假設在信託貸款中，房地產的部分資金屬於廣義影子銀行體系，由於近年房地產行業調控使得房地產商在傳統銀行的貸款難度上升，就會迫使房地產商選擇「影子銀行體系」。這種類型的影子銀行支持使得利用信貸工具對房地產開發的調控部分失靈。問題之出現是因為對於行業的調控更多是出於行政選擇，違背了市場規律。市場利用灰色管道規避政府的行政干預，使得產業政策失靈。因此，這種情況的出現不能完全歸因於影子銀行，產業政策本身不合理也是重要原因。

2.由於產業政策導致融資成本方面存在差異，部分企業直接成為了影子銀行體系的一部分。目前中國銀行業在價格管制的條件下受到嚴格的數量控制。貸款規模管制導致了商業銀行在表內貸款資金配置上「抓大放小」、「重公輕私」，使得國有企業較民營企業更容易以較低成本獲得資金。在這種情況下，具有低融資成本優勢的國有企業會透過轉手的方式進行套利，致近年來委託貸款和信託貸款呈爆發性增長。

中國影子銀行對貨幣政策的影響

對貨幣政策目標的影響

針對內生貨幣（endogenous money），一般有三方面的政策可供選擇。首先，放棄貸款規模管制等數量型政策，採用利率政策。為進一步推進利率市場化進程，將利率作為貨幣政策的中介目標，並在此基礎上促進經濟結構調整。在目前的政策基礎上，考量重點如下：

▼弱化存款準備金率的使用

在內生貨幣環境下，存款準備金是「適應性的」，即當銀行體系的貸款發生後，中央銀行會增加準備金的供給。一般觀點是中央銀行可以拒絕商業銀行借入準備金的要求。中央銀行可以拒絕一家商業銀行的要求，但是不能拒絕所有商業銀行的要求。如果所有商業銀行都無法完成準備金的計提，那麼就會引起金融恐慌，銀行間市場利率高度波動，最終導致整個金融體系崩潰。中央銀行需要維持金融體系的穩定，所以，為了避免這種情況的發生，會被動供給準備金。因此，被動供給準備金取決於整個金融系統的步調。當市場極度缺乏資金的時候，中央銀行就會供給。

▼取消貸款規模

在內生貨幣環境下，貸款規模意義不大。因為一旦控制貸款規模，在面對融資需求時，銀行就會透過金融創新等方式來進行資產置換，將原本的貸款變為其他表外資產，從而更為隱蔽地脫離監管，反而提高金融體系的風險。在對貸款規模有限制的情況下，金融配給會日益嚴重。在中國，受配給限制的主要是民營企業，限制過多將不利於就業和經濟發展。可以預見，未來其他私人融資方式會取代銀行貸款，商業信用會更為頻繁地發生。❹

▼增加中央銀行透明性

內生貨幣的環境中，投資的提升會拉高通貨膨脹，需要透過增強央行透明性的方法控制通貨膨脹預期。目前中國央行相機抉擇程度較高，規則性行為不夠充分，不利於通貨膨脹預期的控制。

首先，央行的溝通傾向於通知與事後解釋性質，這種較為簡單的溝通形式不利於控制預期。人民銀行目前的溝通形式包括貨幣政策報告、政策變動公告、新聞發佈會、行領導講話與公開演講等。在這些溝通中，主要傳達了人民銀行對於經濟形勢分析、貨幣政策定位、政策出台（公布）背景、出台條件和操作方式選擇等資訊。要控制通貨膨脹預期，需要在溝通中增加對於未來經濟形勢的判斷和政策出台標準等，並以此為基礎，構建中國的貨幣政策規則。

其次，控制抵押率。一般來說，利率政策影響了傳統銀行的貸款利率，進而影響其存款利率。在影子銀行體系中，由於融資主要依靠抵押中介貸款或者回購，因此需要單獨確定這種融資的價格。在抵押中介貸款或者回購中一個關鍵的價格變數就是抵押率，抵押率的確定需要防止順週期（procyclicality，防止變數圍繞在某一趨勢值波動的傾向），並考慮抵押物在不利條件下的風險特徵。要防止當不利事件出現後，抵押物價格下跌導致的系統性風險。

最後，宏觀審慎管理是貨幣內生性條件下重要的貨幣政策工具。當前國際上並沒有統一宏觀審慎管理的標準，而是依據各國情況，遵循系統性風險的傳播路徑進行逐級控制。中國在進行宏觀審慎控制的時候，最需要注意的問題是要防止金融市場流動性的大起大落，從而人為製造系統性金融風險。由於流動性對於央行行為極其敏感，央行需要在流動性和宏觀審慎之間做好平衡，加強自身行動的目的性和透明性，合理引導市場，而不要讓市場猜測央行行為，導致金融機構產生恐慌，致市場大幅波動，引發局部金融風險。

對貨幣傳導機制的影響

一九八四年銀行體制改革之後，由中國人民銀行專門行使中央銀行職能，中國貨幣政策的目標

---

❹ 私人借貸對於經濟衝擊更為敏感，近年來的各種「跑路」事件就反映了這種情況。

和調控方式發生了較大的轉變。一九九八年年初，中國取消了貸款規模限額控制，並擴大公開市場操作業務，貨幣政策經歷了直接型調控向間接型調控的轉變，這一系列演進過程可以概括為**表二**。

從中介目標的角度看，中國的貨幣政策經歷了從關注貸款規模到貨幣總量，再到二者兼顧的發展過程。貸款規模在一九九八年取消之後，為了控制二〇〇六年以來的通貨膨脹，又一次站上了政策舞台，但央行在中介

表二　中國貨幣政策的演進

		改革開放前30年（1948-1978）	改革開放後20年（1979-1997）	間接調控初期（1998-2000）	間接調控深化期（2001-2007）	間接調控混合期（2007-2011）
政策工具	主要工具	信貸現金計畫	信貸現金計畫 中央銀行貸款	中央銀行貸款 利率政策 公開市場操作	公開市場操作 存款準備金 利率政策	公開市場操作 存款準備金 利率政策 窗口指導
	輔助工具	信貸政策 利率政策 行政手段	利率政策 信貸政策 再貼現 公開市場操作 特種存款	存款準備金 再貼現 指導性信貸計畫 信貸政策 窗口指導	中央銀行貸款 再貼現 信貸政策 窗口指導	中央銀行貸款 再貼現 信貸政策
操作目標			貸款規模到基礎貨幣	基礎貨幣（監測流動性）	基礎貨幣 短期利率	基礎貨幣 短期利率
中介目標		四大平衡	貸款規模到貨幣供應量	貨幣供應量（監測利率、匯率）	貨幣供應量 長期利率	貸款規模 貨幣供應量 社會融資總量
最終目標		發展經濟 穩定物價	從發展經濟、穩定物價到穩定貨幣，並以此促進經濟增長	穩定貨幣，並以此促進經濟發展	穩定貨幣，並以此促進經濟發展	穩定貨幣，並以此促進經濟發展

資料來源：(1)戴根有主編（2001）。《中國貨幣政策傳導機制研究》。北京：經濟科學出版社。(2)央行網站資料整理。

目標上，主要關注數量目標。從調控工具來看，由於中國是管制利率，採用的又是存款準備金、中央銀行貸款等數量型工具，公開市場業務也就傾向了數量型中介目標。

這樣的數量型中介目標和操作工具選擇在中國的金融體制下曾發揮過重要作用，對於改革開放初期的金融支持起到了良好的作用，惜近年來中國貨幣政策的傳導效果較弱，這說明當前的貨幣政策，未能很好地適應當前的經濟環境。例如，如果要貸款規模起到作用，需要其與GDP聯繫緊密，但近年來隨著融資管道的增加，貸款在總社會融資規模中的作用反而正在降低。

中國貨幣政策傳導機制較弱的本質原因在於：將貨幣作為中央銀行控制的外生變數，而實際上貨幣是內生於經濟的，中央銀行並不能控制。一般認為，貨幣存量是外生決定的。中央銀行控制基礎貨幣注入量，藉由基礎貨幣透過貨幣乘數決定貨幣存量。在這個框架下，貨幣供給量的波動來自於兩部分：基礎貨幣和貨幣乘數，中央銀行可以透過控制基礎貨幣和貨幣乘數來控制貨幣存量。

但是，因果鏈條也可以從貨幣供給到基礎貨幣。這個因果鏈條開始於銀行對於非銀行金融機構的貸款、或購買其發行的債券等金融工具。根據複式記帳的原則，產生負債方引致貨幣存量的形成；換個角度說，就是央行供應這些貨幣存量需要的準備金，形成「貸款創造存款、存款尋找儲備」的邏輯。

在此過程中，央行之所以會適應性供給準備金，是因為準備金實際上取決於所有銀行的「集體」行動步調。央行可以拒絕某個銀行對於法定準備金的借款需求，但是為了保持金融穩定，如果因為提高法定準備金導致所有銀行都發生了資金面緊張，那麼，流動性風險隨之大幅上升，央行就需要供給準備金。因此，貨幣存量就是經濟的內生變數，由企業的融資意願和銀行的信貸標準決定。這個意義上說，中央銀行在現代貨幣體系中是一個相對被動的角色。為此，前任美聯儲主席保羅‧沃爾克在一次發言中提到，在其任內，反覆思考的一個問題是，美聯儲還能在哪些方面管理華爾街。

貨幣內生性在不同的金融系統有不同的作用機制。在現代市場經濟的生產過程中，由於生產和銷售必須耗費時間，企業需要預付工資給員工，也就有了融資需求。在銀行認為企業可信賴的前提下，銀行會供給企業信貸，或購買企業發行的金融票據，企業以此為基礎進行支付購買。企業獲得貸款、債券或股票發行收入後，可用以支付員工工資；員工獲得收入，體現為銀行的存款。員工用銀行存款進行消費，並將餘下的儲蓄配置為銀行存款或其他金融資產（股票、基金等）。此時，貨幣（存款）就變成了存量，對應於員工持有金融資產組合的一部分。只要銀行的負債被接受為支付手段，銀行就有能力創造貨幣。

根據貨幣內生性的邏輯（參見圖四），現代銀行體系是自下而上的，最底層是經濟的參與人——客戶（企業和個人）。企業和個人透過產品市場、要素市場和金融市場相互聯繫，形成經濟的循環週轉。這個循環週轉之所以能夠完成，依賴於第二層的商業銀行。

商業銀行發放貸款給企業，企業在要素市場上購買設備進行生產，獲得產品。要素供給者透過在要素市場獲得的收入購買產品。企業獲得購買款項之後償還貸款。生產循環就此結束。此時，要素

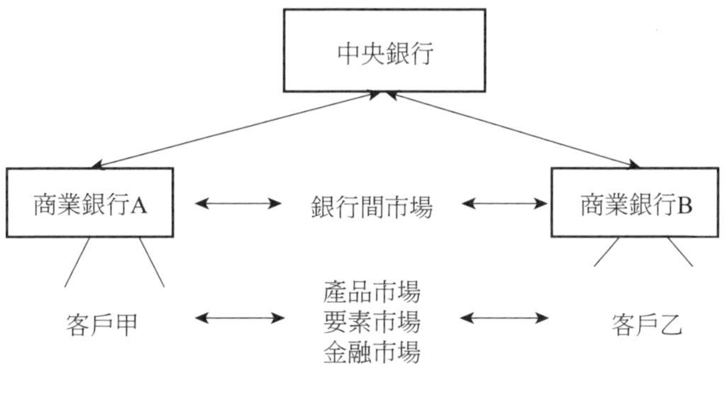

圖四　現代銀行體系

說明：外生貨幣理論中的邏輯是自上而下的，圖上面兩層僅僅決定了名義值，實際值完全獨立取決於第三層——企業和個人的經濟循環。

供給者剩餘的銀行儲蓄和現金就構成了社會的貨幣存量。如果存在法定準備金，那麼商業銀行就必須向中央銀行借款。由於這是整個銀行體系產生的借款，央行需要供給，否則就會產生系統性金融風險。同時，因為銀行之間會產生分工，有些銀行更加善於放貸款，有些銀行更加善於吸收存款；這樣，銀行之間就需要資金交流。

A銀行在發放貸款後，其對應存款的一部分轉移到了B銀行，所以A銀行需要向B銀行借款。這種借款實際上是銀行之間的結算。在現代銀行體系中，這種結算必須利用商業銀行在中央銀行進行的存款來完成，這樣也就產生了商業銀行對中央銀行進行借款和存款。準備金和結算的需要都會產生商業銀行對中央銀行帳戶餘額的需求，同時，商業銀行可以在銀行間市場內部，調劑不同銀行之間的中央銀行帳戶餘額。

在現代銀行體系中，內生貨幣供給的管道應該來自於銀行獨立放款和投資，中央銀行接受商業銀行對於法定準備金和清算資金的借款。

上述情形在中國的投資體制下除了企業的融資需求外還有一個管道，這個管道是當發改委批項目後，財政資金跟進，銀行貸款配套，導致貨幣供給增加（即投資需求導致貨幣供給）。例如，二〇〇九年較二〇〇八年廣義貨幣增長了九萬億左右，二〇一〇年較二〇〇九年增長十一萬億元左右。中國政府為了因應金融危機啟動了四萬億投資計畫。在投資的推動下，外生的四萬億投資計畫，對應於相應的貸款。因為在金融危機的背景下，人們的流動性偏好較大，這四萬億投資會對應於儲蓄存款，而不是其他金融資產。因此，根據前面的分析，二〇〇九年M2應該大致增長了十三萬億。從實際資料來看，二〇〇九年較二〇〇八年廣義貨幣增長十三．五一萬億元。而二〇一〇年較二〇〇九年廣義貨幣增長十一．五六萬億元，回歸正常，該資料與基於內生貨幣的預測比較吻合。因此，中國在二〇〇九年外生投資增加恰好說明了貨幣的因果鏈是從信貸到存款再到準備金，而不是從準備金到存款然後再到貸款這個相反的邏輯。

當前中國影子銀行產生原因之一就是對於高收入私人貨幣的追逐。透過影子銀行系統，創造了私人貨幣，體現了貨幣的內生性，在貨幣是內生供給的情況下，控制貨幣量可以說是無效的中介目標，採用數量型工具也就失去了效果。因此，貨幣政策應該定位於價格化和市場化。

中國影子銀行對金融體系的影響

中國影子銀行對於金融體系是一把雙刃劍，既幫助其高效運行，又積累系統性風險，加劇金融體系的脆弱性。

對金融體系安全性的影響

影子銀行因為自身的業務特點，可能集聚一定的系統性風險，影響金融體系的安全，體現在以下三個方面：

1. 大量資金通過影子銀行募集，投入房地產市場或其他產能過剩領域，以及用於償還政府的大量到期債務。從長遠看，影子銀行較容易造成地方融資平台貸款風險、房地產融資風險、「兩高一剩」行業（高污染、高耗能、產能過剩行業）風險，以及系統性、區域性金融風險積累，形成經濟結構調整中的隱憂。

2. 影子銀行業務所具有的期限轉換、流動性轉換、信用風險轉移和高槓桿特徵，使其具有較高的系統性風險隱憂。同時，中國的影子銀行與商業銀行之間有著非常密切的聯繫，如影子銀行業務受到了商業銀行的流動性支持和隱性擔保等，二者業務相互交織。這種緊密聯繫使得影子銀行的風險極易傳染給傳統銀行業。

3.影子銀行體系通過監管套利削弱了《巴塞爾協議》等微觀審慎監管的效果。正如前文所分析的，影子銀行導致監管套利的過程是無法透過市場自發調節來避免的，這是一個典型的囚徒困境問題。在這種情況下，眾多金融機構爭相進入影子銀行體系，可能導致原有監管體系失靈，致系統性風險累積。

對傳統銀行體系的影響

影子銀行對傳統銀行體系的影響主要包括以下三個方面：

1.中國影子銀行業務主要表現為銀行體系針對管制和監管的反應：當前的存款利率管制、貸款規模管制及巴塞爾協定的監管，使得銀行表內資產和負債成本提高。伴隨著中國商業銀行對於金融創新工具的應用，各種表外資產和負債專案被開發出來。透過金融市場的聯繫，這些產品在各個金融中介之間的流通，就成為廣義意義上的影子銀行。

2.影子銀行挑戰了傳統商業銀行的經營模式：影子銀行產品的大規模開發，對於傳統商業銀行的存貸款利差模式形成挑戰。新型業務帶來的高收益，彌補了近年來息差逐漸收窄所導致的、對於銀行收入的衝擊。實際上，這個過程透過改變銀行的業務模式為銀行進一步市場化改革進行了鋪墊。如果商業銀行收入過於集中在利息收入，那麼存款市場化改革會進一步被拖累。

3.影子銀行和傳統銀行業務緊密聯繫，不可分割，產生了較高風險：為了能夠在市場中獲得更好的信用，影子銀行產品大量依賴於商業銀行的流動性支持和信用增強。這種業務的相互聯繫，實際上增大了銀行的風險，但是在現有的會計和法律框架下，該風險被隱藏了。二〇〇八年的金融危機就是這種風險的爆發。因此，影子銀行體系的發展不但沒減輕商業銀行的風險，反而是一個風險來源和風險放大器。

對資本市場發展的影響

在資本市場發展方面，影子銀行體系面臨著機遇與挑戰並存的局面，表現在二個方面：

1.影子銀行對資本市場的發展起了推動作用：影子銀行是金融中介和金融市場的交叉領域。在傳統上，中國金融體系中，金融中介一家獨大，資本市場相對弱小。由於影子銀行需要透過金融市場連接各類金融中介，形成完整的業務體系，成了資本市場發展的另一個需求動力，促進資本市場的發展。貨幣市場基金、回購市場等的迅猛發展，在一定程度上體現了這種推動作用。

2.影子銀行放大了資本市場的風險：影子銀行是一個業務鏈條，透過各種金融市場連接了各類金融中介。債券市場、短期票據市場、回購市場等都在金融市場連結中相互聯繫。在傳統業務模式中，金融市場主要藉由套利行為來聯繫，這個管道實際上很好地分散了各個市場的風險。而影子銀行提供了另外一種聯繫管道，導致各個市場呈現出更強的同步運動性，強化金融市場的風險。

對金融監管的影響

影子銀行的出現對於金融監管是一個巨大挑戰，具體體現在五個方面：

1.**監管的全面性和時變性**：由於影子銀行是一個由各類金融中介機構，通過金融市場連接構成的複雜金融網路，故對其監管必須涵蓋所有金融機構和金融市場；因此，監管需具有統一性。如果在不同中介和市場的監管有所差異，必然會導致監管套利，滋生新型的影子銀行；同時，在建立監管體制時，需有前瞻性，否則容易事倍功半，無法因應新的影子銀行業務。

2.**對於影子銀行機構的監管提出新要求**：對於影子銀行機構的監管，須關注因影子銀行體系所產生的新的傳染性和系統性的風險來源，提高監管的針對性。影子銀行體系產生了新的金融風險傳染路徑，在中國目前的監管政策中，卻沒有針對金融機構風險傳染路徑的進一步規範，使得影子銀行體系本身成了新的風險來源。在影子銀行體系中，貨幣市場基金是重要的融資管道，其流動性問題可等價於銀行擠兌。這些新的風險來源需要進一步在監管中進行關注。總的來說，對於影子銀行中的金融中介，監管思路需要超越以往，持續關注新特點和新現象。

3.**對於影子銀行金融產品的監管需鎖定在以往較為忽略的系統性風險**：無論對於目前中國影子銀行體系中的理財產品、信託產品，還是未來會更為流行的資產證券化、抵押中介貸款或者回購，這些產品或業務由於影子銀行的存在，其風險已經超過自身。當前對於產品的監管主要關注於自身發行和交易的規範性，但是未能將之放在整個金融系統中，思考其系統性含義，而這正是在未來監管中應重點解決的問題。

4. 宏觀審慎監管須與微觀審慎監管相協調：無論何種形式的影子銀行，其最初始的資產都是貸款。因此，對於影子銀行的監管，本質上就是對於貸款速度的控制。這正是宏觀審慎管理的目的，即控制社會的貸款增速。在影子銀行體系日益壯大的環境下，宏觀審慎管理的作用更為重要。目前國際上並沒有統一的宏觀審慎管理工具箱，中國需要監管機構結合實際情況進一步落實。在這個進程中，不能忽視宏觀審慎管理與微觀審慎監管的協調，防止出現不必要的流動性波動。

5. 資料收集須進一步強化：有效監管影子銀行的前提是，有完整的影子銀行統計資料。目前關於影子銀行的統計資料來源多樣，導致統計口徑差異大、統計指標設計不合理等問題。資料收集是當前最為緊迫的問題，缺乏有關資料成為監管的頭號難題。

廣義影子銀行的計量分析

影子銀行的經濟影響需要採用金融功能觀進行衡量，從而判斷其可能導致的對宏觀經濟的影響。本部分採用金融功能觀的視角，以信託貸款的規模作為代理變數，衡量中國廣義影子銀行的規模對宏觀經濟的影響。當然，信託貸款並不全部都是影子銀行。如果信託貸款的資金來源直接來自於發行的信託計畫，那麼也就不存在流動性和期限轉換，在嚴格意義上不能計入影子銀行。中國二〇一二年新增信託貸款一．二九萬億；二〇一三年三月，信託貸款餘額大約三．八萬億。總的來看，該規模相對於中國的經濟總量而言並不特別高。

為進一步分析廣義影子銀行業務對於宏觀經濟的影響，採用二〇〇七年一月至二〇一三年四月的資料，分析新增信託貸款對於工業增加值、固定資產投資和消費者價格指數的影響。信託貸款資料來自Wind資訊，其他資料來自中經網資料庫。

為了獲得穩健的結果，本書首先進行單位根檢驗（如ADF檢驗、PP檢驗、NP檢驗等都是）。利用擴展的迪克—福樂檢驗（Dickey-Fuller test，即ADF檢驗），新增信託貸款環比增長率不存在單位根，同比增長率存在單位根，其一階差分不存在單位根。消費者價格指數同比和環比不存在單位根。固定資產投資同比累計增速存在單位根，其一階差分不存在單位根。工業增加值同比增速存在單位根，其一階差分不存在單位根。

利用平穩時間序列構建向量自回歸模型，從而分析新增信託貸款與各經濟變數之間的關係。首先分析新增信託貸款對於價格指數的影響。

從圖五和圖六的脈衝回應函數中可以看出，無論是從同比還是環比資料，新增信託貸款對於CPI都沒有明顯異於零的影響。因此，對於影子銀行會提升中國通貨膨脹的擔心並沒有依據。

下面再來考察新增信託貸款對於投資的影響。對固定資產投資的影響見圖七，對工業增加值的

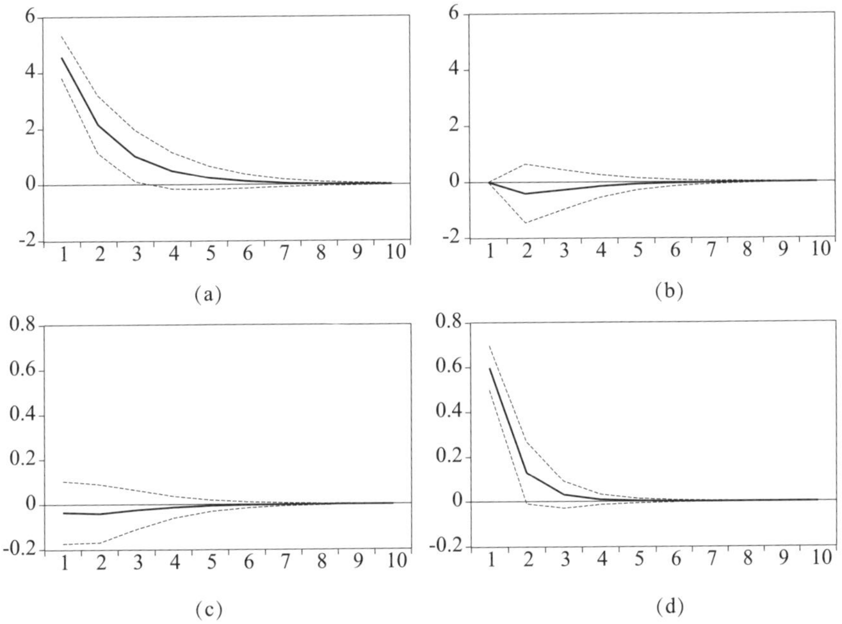

圖五　新增信託貸款環比增長率對CPI環比增長率的影響

說明：(a)新增信託貸款環比增長率衝擊產生的後期新增信託貸款環比增長率響應函數圖；(b)CPI環比增長率衝擊產生的後期新增信託貸款環比增長率響應函數圖；(c)新增信託貸款環比增長率衝擊產生的後期CPI環比增長率回應函數圖；(d)CPI環比增長率衝擊產生的後期CPI環比增長率回應函數圖。此外，橫軸表示衝擊作用的追蹤期（為了更好地觀察各變數之間動態的影響關係，對所有變數進行了十期的追蹤）；縱軸表示變數的變化，實線為脈衝回應函數值隨時間的變化路徑，兩側虛線為回應函數值加、減兩倍標準差的置信帶。**圖六、圖七、圖八**同此。

影響見**圖八**。

從**圖七**的脈衝回應函數中可以發現，新增信託貸款的同比增速並沒有提升固定資產投資的同比累計增速，得出此結論的原因主要有兩點：

1.對於地方政府融資平台和房地產企業的信託貸款並不呈現為貸款的形式，而是以股權投資等其他形式出現，從而也不是標準的影子銀行形式。

2.正如前面所分析的，中國影子銀行產生的一個重要原因是存款的利

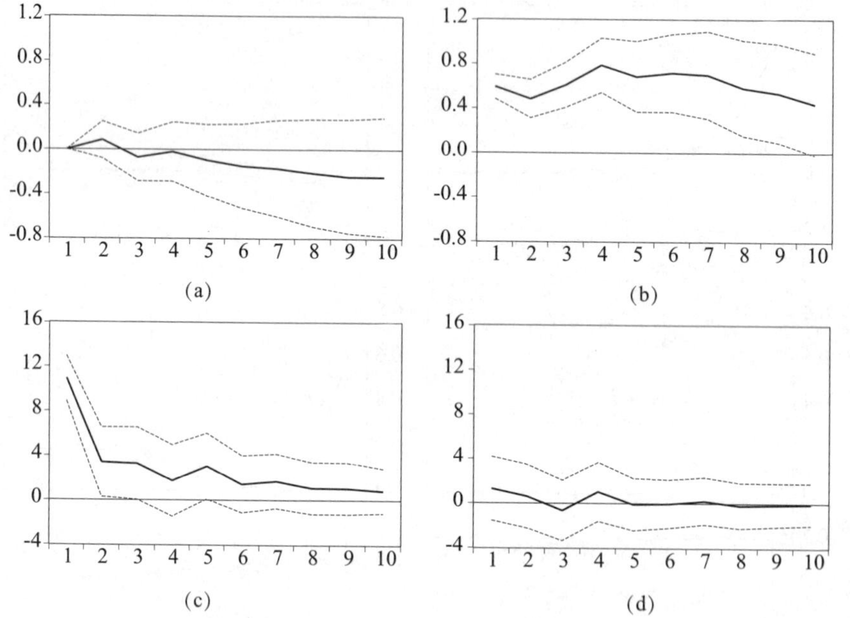

圖六　新增信託貸款同比增長率對CPI同比增長率的影響

說明：(a)新增信託貸款同比增長率衝擊產生的後期新增信託貸款同比增長率響應函數圖；(b)CPI同比增長率衝擊產生的後期新增信託貸款同比增長率響應函數圖；(c)新增信託貸款同比增長率衝擊產生的後期CPI同比增長率回應函數圖；(d)CPI同比增長率衝擊產生的後期CPI同比增長率回應函數圖。

率管制，因此，這些影子銀行產品主要承擔的是高收益投資品的職能，對於實體經濟影響不大。

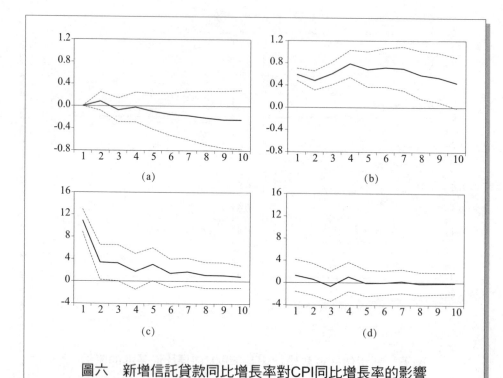

最後，**圖八**的脈衝回應函數表明，新增信託貸款對於工業增加值具有微弱的正向影響。從而在滿足高投資收益的情況下，現存影子銀行對於中國的經濟產出具有微弱正向影響。

總體上看，當前影子銀行對於中國經濟整體影響不大，甚至存在某些正向影響。影子銀行一方面是「金融空轉」的放大器，導致與實體經濟的脫節；另一方面是對利率管制和規模管制的規避，在一定程度上避免了金融扭

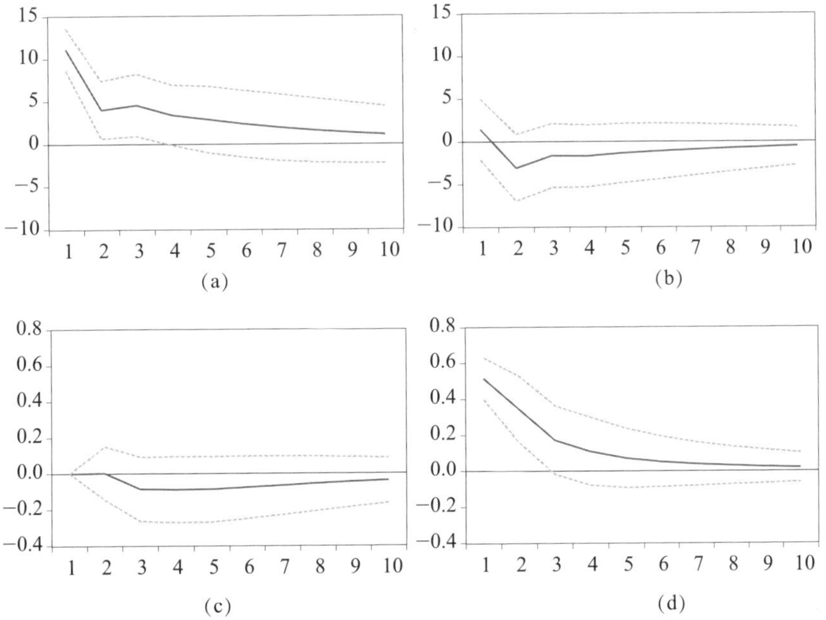

圖七　新增信託貸款同比增速對固定資產投資累計增速的影響

說明：(a)新增信託貸款同比增速衝擊產生的後期新增信託貸款同比增速回應函數圖；(b)固定資產投資累計增速衝擊產生的後期新增信託貸款同比增速回應函數圖；(c)新增信託貸款同比增速衝擊產生的後期固定資產投資累計增速回應函數圖；(d)固定資產投資累計增速衝擊產生的後期固定資產投資累計增速回應函數圖。

曲，提高了經濟效率。所以，從宏觀調控的角度看，影子銀行補充了現有調控工具的不足，促進了經濟發展，但也使得部分調控工具失效，從而倒逼政府調整宏觀調控體系。另外也要注意，需要將影子銀行自身的風險作為一個調控物件，設計相應工具進行調控，降低其槓桿率和期限與流動性錯配的程度。

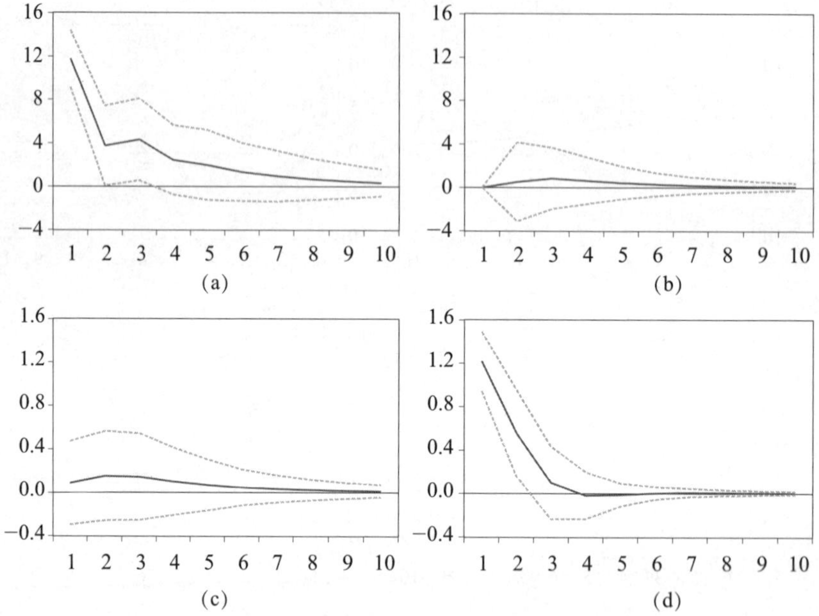

圖八　新增信託貸款同比增速對工業增加值同比增速的影響

說明：(a)新增信託貸款同比增速衝擊產生的後期新增信託貸款同比增速回應函數圖；(b)工業增加值同比增速衝擊產生的後期新增信託貸款同比增速回應函數圖；(c)新增信託貸款同比增速衝擊產生的後期工業增加值同比增速回應函數圖；(d)工業增加值同比增速衝擊產生的後期工業增加值同比增速回應函數圖。

CHAPTER 7

中國影子銀行監管政策建議

無論是美國的《多德一弗蘭克法案》，還是金融穩定委員會提出的影子銀行體系監管框架，都顯示出國際社會對影子銀行體系保持基本肯定的態度：鼓勵其發展，同時必須加強監管，降低系統性風險。儘管中國的金融市場發展程度及金融制度與國外不同，但中國影子銀行監管的基本政策同樣也應該在合理的金融機構監管負擔與金融創新水平、金融發展穩定之間尋找平衡。

本章首先系統性闡述金融穩定委員會的影子銀行監管框架，然後從監管框架和具體監管建議兩方面提出對中國影子銀行的監管政策建議。

影子銀行的國際監管

對於影子銀行的國際監管研究來自於金融穩定委員會（FSB），其提出的影子銀行監管政策包括總體原則、基本政策和具體政策工具三部分，同時還詳細梳理出五種經濟功能可能對應的具體監管政策工具，並提出了實施監管的概括性原則。

FSB對影子銀行監管的總體原則和基本政策

▼總體原則

金融穩定委員會認為，各國在對影子銀行的監管中，應遵循五項總體原則：❶

1. 專注性：應當認真設計監管政策以因應影子銀行類機構產生的外部性和風險。
2. 匹配性：監管措施應當與影子銀行對金融系統產生的風險相匹配。
3. 前瞻性和靈活性：監管措施應當具備足夠的前瞻性和靈活性以因應新的風險。
4. 有效性：監管措施的設計和實施應當具備有效性，即在保持國際監管一致性以因應共同風險、避免跨境監管套利，和考慮各個司法管轄區的金融結構、金融系統的差異性之間保持平衡。
5. 評估檢查：監管者應當定期評估其監管政策的有效性，並在積累經驗的基礎上進行必要的改進。

▼基本政策

基本政策主要包括四個方面：一、監管當局應具備界定監管邊界的能力；二、監管當局應搜集所需資訊以評估影子銀行風險的程度；三、監管當局應督促影子銀行類的機構加強必要的資訊揭露，使投資者理解影子銀行的風險及其程度；四、監管當局應從經濟功能角度評估其轄內的非銀行金融機構，並從政策工具包中選擇相應的監管措施。

具體的監管政策工具

金融穩定委員會對根據經濟功能不同區分的其他影子銀行可能對應的具體監管政策工具進行了梳理。[2]

▼經濟功能之一：可能遭遇擠兌風險的客戶資金池管理的機構

○工具一　限制資產組合的期限

限制資產組合的期限有助於降低基金的期限轉換風險，例如：限定投資組合的久期（duration，

[1] FSB, Strengthening Oversight and Regulation of Shadow Banking: An Overview of Policy Recommendations, 2013/08/29.

[2] FSB, Strengthening Oversight and Regulation of Shadow Banking: Policy Framework for Strengthening Oversight and Regulation of Shadow Banking Entities, http://www.financialstabilityboard.org/wp-content/uploads/r_130829c.pdf?page_moved=1

存續期間）、加權平均期限或所投資證券的最後到期日，該等限制可結合基金的具體情況，使之與其投資目標的風險水準相匹配，從而可限制基金承擔與其投資目標不匹配的風險，並降低遭遇擠兌的風險。與此同時，透過限定基金投資者的「風險—回報」偏好，有效控制基金的收益水準。對於那些被視為風險極低、但投資目標卻聲稱不會遭受任何損失的基金和投資工具而言（如不受監管的流動性基金、超短期債券基金、具有超短久期的交易所交易基金ETF以及銀行信用支持的短期投資基金等），這種方法尤其具有重要意義。

○工具二　限制槓桿使用

一些基金採用槓桿以提高收益，但是當大型基金採用槓桿，或者將投資工具的風險交叉傳染給銀行系統時，槓桿使用可能對金融穩定形成威脅。監管當局可以對槓桿使用加以限制，或者要求有關機構保持一個充足的流動性緩衝額度，以應對潛在的投資者擠兌風險。這種手段可以有效降低市場波動的親週期性，尤其當市場低迷時可以降低人們對大型槓桿化基金所具有「政府安全支持」的暗含預期，也有助於機構更審慎的風險管理。這種方法的缺陷在於可能會降低投資組合的靈活性，以及很難為不同基金的策略確定相應的槓桿限制比例（如某些基金投資策略的有效性必須依賴高度的槓桿化）。這種限制手段需要根據不同機構的特性加以區別對待，但總體上對對沖基金還是較為合適的。

○工具三　管理流動性風險的工具

1. **資產集中度限制**：金融監管當局可以透過資產集中度的限制（如投資於特定發行人或行業領域比例的量化額度限制）來管理風險，以降低基金在不利市場條件下遭遇投資人贖回的壓力。比較而言，資產集中度較高的基金將比資產分佈較為分散的基金承受更高的贖回壓力。資產集中度愈高，為因應贖回壓力而削減頭寸的動作會愈困難，並承受更高代價。此外，當不利的市場環境僅對某一特定市場部門／行業產生影響時，基金管理者將面臨削減頭寸以應付贖回的壓力。因此，對投資組合在某一特定信貸市場部門／行業的投資比例進行集中度限制，將有助於減緩市場發生不利變化時，產生的大規模擠兌壓力。

2. **非流動性資產投資限制**：為進一步管理流動性風險，這個方法是對投資組合可以投資的非流動性資產（例如不存在二級市場、無可觀察的市場價格的資產等）的比例進行量化限制。非流動性資產投資比例愈高，流動性轉換愈顯著，削減頭寸以應付贖回壓力將愈困難、代價愈高。由於面臨贖回壓力的基金一般都會選擇出售最具有流動性的資產，因此對於較早提出贖回的投資者更為有利。當不利市場條件影響一個特別的細分市場時，基金經理可能很難清空頭寸，來滿足贖回需求。適當的投資比例限制將能夠降低資產甩賣風險❸及可能引發的擠兌，但不利後果是可能減少投資機會。

3. **流動性緩衝**：監管當局可以提出流動性緩衝要求（如投資組合的一定比例），降低超額流動

❸甩賣即拋售的意思，這裡指的應該是資產的大量拋售致產生擠兌壓力。

性轉換，或降低在市場低迷時由於流動性轉換所導致的贖回壓力。流動性緩衝由高流動性的現金或者類現金投資工具組成，在基金面臨密集贖回或者擠兌時可以提供內部流動性支援，以儘量降低資產甩賣的風險。這種流動性緩衝的規模需要根據基金的特性及其可能面臨的壓力而確定。可以隨時贖回的不動產投資工具被投資者視為風險極低且不會遭受任何損失的類現金投資工具，它們適用於流動性緩衝。但是，這種工具僅在基金承受特定水準的贖回壓力時方才適用。因為它將同時影響基金的投資業績，並限制基金按照宣稱的投資策略進行投資。此外，某些國家由於缺乏相應的流動性資產，也對此工具的適用提出了挑戰。

工具四　在不利市場條件下管理贖回壓力的工具

1. **隔離帳戶**：隔離帳戶是基金用於管理期限／流動性風險的工具，它從法律上隔離投資組合中的不良資產，並阻止其影響基金的回報，有助於管理短期內的贖回壓力。一般而言，當不利市場環境影響一個或多個因素從而導致投資組合的一部分無法準確估值時，可以採用該方法。採取這種隔離後，基金將可以在滿足贖回要求的同時繼續正常運作，從高品質資產中繼續獲取投資回報，避免贖回壓力進一步擴散，並逐步等待市場穩定。如果市場趨穩，基金經理可以對不良資產進行足額估值並處理。監管當局可以要求全部基金採用隔離帳戶的方法，以降低贖回壓力帶來的風險；但是，如果基金經理有權決定是否採用此種方法，則可能會產生利益衝突。該方法的實施也可能向市場發出負面信號並導致擠兌蔓延，或者可能誘使投資者贖回類似的基金。此外，隔離帳戶方法僅適用於贖回壓力，是由特定資產所引發的情況，而不能適用於波及面廣泛的擠兌。

2. **贖回門檻**：贖回門檻是基金透過延長債務履行期限而管理期限錯配（或期限轉換）的方法，能夠降低贖回壓力，並防止擠兌或者類似的「羊群效應」行為。監管當局可以要求相關基金在特定環境下採取贖回門檻方法，以降低贖回壓力。但是，採取此種方法也可能向市場發出負面信號，導致「先發制人式」的擠兌風潮，或者誘使投資者由於擔心其他基金也會採取類似方法，而採取贖回行動。

3. **暫停贖回**：暫停贖回是監管當局要求基金公司採用的另一種降低贖回壓力的工具，該方法能夠達到與贖回門檻方法類似的效果，方式更為強硬。這是一種非常規的手段，意在保障基金經理有充裕的時間對市場狀況進行評估，斟酌可否採取補救措施，並決定是否重新開放贖回申請，或者安排有序減倉清算。但是與贖回門檻方法類似，投資者可能將暫停贖回的消息視為負面信號，並決定贖回或清算其他類似基金。如果這被認為是基金存在重大困難的信號，則在基金重新開放贖回時，一樣可能引發擠兌風潮。儘管如此，暫停贖回在某些情況下仍被視為是減少擠兌的有效方法，但適用暫停贖回的範圍需控制在監管框架內，並遵守與投資者簽署的基金合約。

4. **設置贖回費用或其他贖回限制**：作為應對期限轉換風險的間接工具，監管當局可以要求基金設置贖回費用條款，以提高投資者贖回的成本，從而控制贖回節奏。與前述工具不同，贖回費用條款可以使投資者擁有選擇權，投資者可選擇立即贖回或繼續持有投資。贖回費用可以設置為一直適用，或根據市場情況而定。但是，在「事件觸發式」的贖回費用條款下，對適用贖回費用條款的擔心可能會導致市場上的負面信號，進而引發「先發制人式」的擠兌。

▼經濟功能之二：基於短期資金來源的貸款

◯工具一　對吸收存款的非銀行信貸機構實施銀行業審慎監管政策

如果非銀行金融機構透過吸收存款，募集資金並發放貸款，那麼，它們所產生的期限／流動性轉換，以及槓桿效應將與銀行相同。因此，為降低這些風險（同時保護存款），吸收存款的機構必須接受與銀行相同的審慎監管措施，或者是被禁止吸收存款。

◯工具二　資本要求

對於發放貸款的機構而言，一個合適水準的資本要求對於其吸收可能發生的貸款損失十分關鍵；同時，它也有助於激勵貸款機構管理信貸風險，以及避免在金融系統內產生過度的槓桿效應。因此，監管當局可以要求貸款機構持有足以覆蓋其潛在貸款損失的資本。這種資本要求應當是從長期視角確定的。這些信貸機構與銀行類似，可能對信貸額度以及實體經濟產生順週期（procyclicality）效應，即在經濟繁榮、風險偏好較高，以及貸款損失較低的時期擴張業務，並擴大信貸規模，但在經濟下行期縮減業務。因此，資本要求應當合理設計，並具有一定的逆週期性（conversion period）。實行資本要求方法的挑戰在於如何測定資本水準／比率，以及如何確定可行的資本工具來滿足不同國家內的機構特性，特別是這些不同國家的機構在業務、風險方面與商業銀行顯示出較大異質性的情況下。無論如何確定資本工具，它們應具備足夠的吸收損失能力。

◯工具三　流動性緩衝

為因應短期債務引起的潛在壓力和擠兌風險，以及由於期限／流動性轉換引起的風險，監管當局可以要求一定規模和比例的流動性緩衝。當這些機構與集團內的其他機構具有緊密聯繫時，這種監管要求將可能有助於保護這些機構免受因聲譽問題引發的壓力影響。但是，流動性緩衝的規模以及可行的流動資產類別，需要根據不同機構的特性（可能與銀行不同）分別確定，特別是當這些機構並不吸收存款時。

◯工具四　槓桿使用限制

為降低因使用槓桿所引發的潛在風險，特別是當金融機構的槓桿水準已經足以威脅金融穩定時，監管當局可以對機構的槓桿使用進行適當限制。這種方法可以協助降低非銀行機構的親週期性，它們可能未曾受到充分的審慎監管。與其他量化審慎監管要求一樣，這種槓桿使用限制需要與不同機構的特性匹配。例如，合適的槓桿比率可能取決於它們所涉足的市場（例如零售或批發業務）、其在金融系統內的重要性（如規模、關聯關係）等。但是，監管當局應當始終注意可能導致這些機構與商業銀行之間產生潛在的監管套利，因為商業銀行接受《巴塞爾協議III》關於槓桿比率限制的監管。

◯工具五　資產集中度限制

如果資產集中度顯著較高，當一個機構面臨明顯的資產品質風險時，其因期限／流動性轉換以及槓桿使用產生的風險可能會被放大。資產過於集中增加了機構下行的脆弱性，並加速金融系統信用擴張。為避免特定的大規模公司的負面影響滲透到整個金融中介鏈條，監管當局可以對資產集中度做出一定限制（例如限制向某一特定債務人／金融工具／行業的信貸額度）。當然，這種限制需要根據不同實體的特性進行區別對待，以避免損害小型的專業信貸機構。進一步而言，資產集中度限制需要平衡與市場專長之間的關係，即某些信貸機構可能專注於它們熟悉的市場，比起進入不熟悉的市場，進行多元化經營更容易控制風險。

◯工具六　負債類型限制

對負債類型進行直接限制將有助於避免，或者降低與特定債務（例如資產擔保商業本票）有關的擠兌風險。這種限制將可能禁止機構在未建立相應的資產證券化及風險管理流程時，使用資產擔保商業本票這樣的融資工具。同時，它也可能限制對特定貸款人／行業部門／金融工具的集中度，有助於降低因期限／流動性轉換導致的風險。

◯工具七　監測資產與負債的期限錯配程度

由於短借長貸，機構在擠兌事件發生時，會面臨較大的流動性風險，特別是當其資金來源有一大部分依賴於可隨時提取的存款時。因此，機構和監管當局均需要恰當地監控其期限／流動性轉換的程度，以便可以隨時採取行動，降低相關風險。例如，監管當局需要定期根據適合的期限監測手段，監測其資產／負債的加權平均到期期限，或者搜集不同期限分佈的資產／負債餘額資料。主要的問題在於應如何估算「合理的」期限錯配，因為截至目前，仍沒有一個公認的、用以判斷超額資產／負債期限錯配的標準。此外，進行資料分析和持續監測需要投入額外的資源。

○工具八　監測其與銀行或其他集團的聯繫（如所有權關係）

監管當局應監測機構的潛在關聯風險，包括：其隸屬於銀行（需接受銀行集團的並表監管）、系集團的下屬金融公司（如汽車公司的子公司），或者本身還下設有金融／銀行子公司等，特別是當這些機構還涉及海外業務時。這種監測有助於深入瞭解機構與關聯公司（銀行或者產業集團等）之間的關係，以便在危機發生時，及時採取行動控制交叉傳染風險。這些機構與銀行、其他金融機構之間除所有權紐帶外的其他關聯關係也應當給予關注（如貸款、回購、持有債券等）。應當注意的是，如果這些機構是接受銀行並表監管的，則前述的許多管理工具已經施行。

▼經濟功能之三：基於客戶資產或者短期資金來源的市場中介行為

○工具一　實行與銀行相同的審慎監管框架

非銀行的市場中介機構由於期限／流動性轉換以及槓桿的使用，將面臨與商業銀行類似的風險情況，包括在批發市場上遭遇貸款人，或者其他交易對手擠兌時的脆弱性，儘管長期資產作為抵押物，在正常情況下具備高流動性，但仍將引發對金融穩定和監管套利的擔憂。在這種情況下，監管當局可以將對商業銀行所實施的審慎監管框架，應用於這些機構。當然，對於不吸收存款、不發放長期貸款的機構而言，這種監管措施顯得有些「一刀切」（指不論情況的差異，過於單一性）。

○工具二　流動性要求

與金融中介機構面臨的流動性轉換程度相匹配，監管當局可以施行相應的流動性監管要求以降低風險。流動性監管要求可以保證對流動性風險的恰當管理，以及流動性資產的足額緩衝，以提升機構在面臨可能引發系統性危機擠兌時的因應能力，這種擠兌行為可能直接源於某個交易對手的倒閉，或者間接源自於廣泛性市場蔓延的信心流失。這種流動性監管要求應當符合《巴塞爾協議III》的流動性監管框架〔即流動性覆蓋率（LCR）和淨穩定融資比率（NSFR）〕；當然，具體的監管形式應當根據各個國家以及機構的特性，進行區別對待。一個可能的監管形式是機構的債務到期期限結構，這樣在短期內，僅有小部分的債務需要再融資，監管當局也可以限制機構對某些特定融資來源（如回購協議）的依賴。

○工具三　資本要求

監管當局可以提出最低的資本要求，以因應濫用槓桿的風險以及與融資結構相關的順週期性效應，具體形式可以是最低資本比率要求，或者最低流動性淨資本要求，前者考慮了經風險調整的資產負債表規模，而後者沒有，因此前者的實施過程可能更加複雜。資本要求將提升「經紀—交易商」對信用衝擊〔如交易對手違約、資產公平價值（fair value）降低〕的抵禦能力。最低資本要求應與承受的風險水準相適應。當然，採取最低資本要求時應當仔細權衡其益處，及其可能對市場中介行為和市場流動性帶來的潛在影響。

○工具四　使用客戶資產的限制

根據業務性質的需要，機構可能不時以主要經紀商身分持有客戶資產，如果這些機構將所持客戶資產來為其長期資產提供融資，則機構本質上實施了期限／流動性轉換，與短借長貸的商業銀行類似。為減少期限／流動性轉換的風險，客戶資金和無抵押資產應與機構本身的業務隔離。只有接受了充分的流動性風險監管的機構，才被允許介入客戶資產的重複抵押業務。當監管框架允許重複抵押，或者客戶同意這些機構，將其資產作為抵押物，進行重複抵押操作時，監管機構應對重複抵押施加限制以控制槓桿。這種限制將有助於降低客戶對機構的潛在擠兌，但這種益處也應當與其對金融系統整體的影響進行權衡，因為其可能同時對市場中介行為、市場流動性，以及流動、可抵押資產的可獲得性造成影響。

▼經濟功能之四：為信用創造提供便利的機構

○工具一　最低資本要求

對於透過提供金融擔保和信用保險方式來為信用創造提供便利的機構，合適水準的資本十分關鍵，因為這些資本可以吸收經營活動可能帶來的損失。同樣，它也可以促使這些機構對產品進行與風險匹配的定價，從而使其在信用創造便利的過程中，不會引發金融系統的過高槓桿風險。因此，監管當局應當要求這些機構持有相應的充足資本，來應對潛在損失。

這種資本要求應當從中長期的視角設置，以便能夠在商業週期的全過程中吸收損失。這些機構可能對信貸額度，以及實體經濟產生親週期效應，即在經濟繁榮、風險偏好較高，以及貸款損失較低的時期擴張業務，並促進信用創造，但在經濟下行期縮減業務。因此，資本要求應當合理設計並具有一定的逆週期性。由於這些機構可能在境外從事信用創造便利的業務，監管當局在設計最低資本要求時，應當考慮不同司法管轄區的特殊因素，並在國際監管中保持一致性，以共同防範風險、規避國別間的監管套利。

◯工具二　限制業務規模和範圍

透過提供金融擔保和信用保險產品來提供信用創造便利的機構，應當具備能力對相應的風險進行恰當的定價和管理。如果缺乏這些能力，監管當局應當對其業務規模和範圍進行適當限制，或完全禁止其經營業務。監管當局也可以制定相應的指導意見和程序，要求機構遵照執行，以確保其業務始終控制在合理的風險範圍內。當機構在新的資產類別，或者行業／部門開展擔保、信用增級或者其他信用創造便利活動時，它應當向相應的監管機構提交申請，監管機構在批准前，可以對申請開辦的業務核定相應的風險敞口（風險暴露）限額。對各種類別的風險（包括屬於類別裡的市場行業／部門）實施恰當的風險敞口限額管理，避免機構涉足全新的、不熟悉的行業領域，導致大額損失和經濟影響。

◯工具三　流動性緩衝

在特定情況下，這些機構可能透過短期工具來融資。儘管它們不太可能直接介入商業銀行那種類別的期限／流動性轉換，但同樣可能因為承擔風險而間接遭受貸款人擠兌。如果面臨擠兌的機構，沒有充足的流動性緩衝，則其崩盤的可能性極大。當機構在信用中介鏈條中發揮重要作用時，崩盤可能導致金融系統的更大問題。即使在正常環境下，機構也需持有充足的流動性來因應其擔保／信用增級債務的到期履行。因此，監管當局應對這些機構提出流動性要求，此要求適用於市場正常和不利時期。

○工具四　捕捉長尾事件（tail event）的高級風險管理實踐

高級風險管理實踐如引入損失建模和壓力測試手段（對信用風險有效預警的一種手段），對於提供金融擔保和信用保險的機構而言十分重要，借此能夠估算其在經濟下行期、或獨立壓力事件下，可能遭受損失的程度。因此，監管當局應當定期要求這些機構，綜合考慮全部的相關風險要素及不利事件和環境的範圍，進行損失建模和壓力測試。壓力測試也可以同時說明驗證機構的模型，以及完善其對難以測量風險的建模。如果損失建模和壓力測試可以定期開展，這些機構將更有效地理解風險和潛在敞口，管理層可以採取合適的行動降低風險。如果這些行動能夠引發對信用創造節奏，以及對容易導致風險快速積聚的槓桿的合理控制，從金融穩定的意義上說是較為有利的。

○工具五　信用保證／擔保人與被保證／被擔保人間的強制風險共擔機制（即免賠額和共同保險）

如果被保證／被擔保的機構保留一部分信用風險，則信用風險轉移以及不完全風險轉移的水準可以被降低。為實現這一點，可以採取免賠額方式，即先期發生的損失由被保證／被擔保人承擔；或者採取共同賠付方式，即損失在保證人／擔保人與被保證人／被擔保人之間按比例進行分攤。

風險共擔具有進一步的作用，即鼓勵被保證／被擔保人仔細甄別基礎資產借款人的信用風險情況，並潛在地削減不恰當的或超額的槓桿。另外，風險共擔將被保證人／被擔保人（可能是銀行、或者其他非銀行機構）暴露於上升的信用風險中，增加這些機構的風險程度。同時，當小型借款人數量巨大且各具特色時，評估基礎資產的信用風險變得成本極高，某些貸款人可能因此選擇拒絕貸款而非保留部分風險。為使這個管理工具有效實施，保證人／擔保人與被保證人／被擔保人之間的資訊共用是極為必要的。

▼經濟功能之五：證券化及金融機構融資

○工具一　期限／流動性轉換的限制

對於透過發行短期債務（如發行ABCP）作為融資管道的證券化工具而言，限制發行證券和基礎資產池的到期期限差異，是一個直接有效的防止期限／流動性轉換導致風險的方法。恰當的流動性管理規則也有助於增強證券的靈活性，並降低由於流動性轉換導致的風險。這種限制將有助於降低資產擔保證券的展期風險，並減少對外部支持機構（如銀行）的過度依賴。但是，監管機構在測算「合適的」期限錯配水準時可能存在困難；此外，這種限制也需要根據不同證券化結構的特點以及它們各自的策略，進行區別對待。

◎工具二　可用抵押物的限制

銀行和／或其他金融機構經常利用某些非銀行金融機構，來為其資產負債表上難以在批發市場（如通過回購協議）融資的非流動性資產組合，提供資金支援。在這種情況下，這些機構可能會進一步促進金融系統的過度槓桿使用和流動性轉換。當這些非流動性資產遭遇資產品質的嚴重惡化時，可能會導致對更大範圍金融系統的交叉傳染。為降低這種風險，監管機構應當確定可抵押資產的品質要求，明確哪些抵押物可以被接受、哪些應當被排除（即確定可行的抵押物）。那些具備高流動性、在受監管和透明市場交易的抵押物，可以隨時被出售，從而降低由於交易對手違約所導致的損失。但是，從嚴的抵押物要求也可能會縮小可用抵押物的範圍，並導致機構的融資壓力。

從更深的層面看，正常市場環境下的「高品質」抵押物在市場惡化時，也有可能無法保持高品質。抵押物或者其他針對流動性的監管要求，需要與時俱進，與其他監管動態保持一致，例如關於衍生品強制清算的國際規則、相關的保證金協定等。

◎工具三　針對銀行或其他金融機構的敞口限制和融資限制

銀行或者其他金融機構可能會利用證券化等其他管道來融資，相比存款和銀行間融資而言，這些管道的融資成本更低、且更為靈活。這種其他融資管道可能導致與次貸危機相類似的過度信用創造和高槓桿，部分取決於基礎資產的放貸標準，而這種放貸標準很容易被過度放鬆，也可能導致監管套利機會上升，從而使監管效果有效性大打折扣。為減少金融機構對這種另類融資管道的過度依賴以及特殊工具的創設，監管當局應當限制銀行或者其他金融機構對這種其他融資管道的敞口。例如，監管當局可以限定非銀行金融機構對銀行業交易對手（包括集團內的）的總體敞口，或者限定對某一特定主體的單獨敞口（扣除抵押物要求後的淨額）。對融資敞口的這種限制帶來的益處應與其潛在的負面效應進行權衡，例如其可能對相關金融機構的融資帶來壓力，或者對市場效率造成負面影響。

實施監管的概括性原則

對於介入一個或多個經濟功能並可能引發影子銀行風險的機構和業務活動，監管當局應當參考如下原則：

▼原則一：監管當局應具備界定監管邊界的能力

為有效地應對非銀行金融機構的業務活動帶來的影子銀行風險，特別是需要施行嚴格的監管政策（如資本和流動性緩衝要求）時，相關監管當局應當將有關機構納入監督管理範圍。因此，作為使用相關政策工具，對影子銀行風險的一個重要前提條件，是監管當局應當具備界定和延伸監管邊界的能力，或者建立必要的相關流程。

▼原則二：監管當局應能評估影子銀行風險的程度

監管當局應搜集所需要的資訊，以評估影子銀行風險的程度。當一個機構被認定介入影子銀行活動，並可能對金融系統產生潛在影響時，監管當局應當搜集充分的資訊，評估其期限／流動性轉換和槓桿使用程度，以便採取恰當的糾正措施。監管當局應當建立相應的系統、流程，並投入資源以開展資訊分析工作。監管當局應當同時在本司法管轄區內以及司法管轄區之間，定期交換必要資訊以便準確評估其他影子銀行類機構的風險。

▼原則三：監管當局應督促影子銀行類機構加強資訊揭露和透明度

監管當局應督促影子銀行類機構加強必要的資訊揭露，以使市場參與者能更理解這些機構產生影子銀行風險的程度。加強市場訊息揭露和透明度（例如全面風險敞口、關聯性、融資集中度、資產和負債的加總期限結構等），以有助於說明市場參與主體更好地監督這些機構，及時吸收任何新資訊／動態，並做出可靠決策，從而防止突發的市場信心缺失和擠兌。

▼原則四：監管當局應使可能出現的「監管真空」最小化

監管當局應從經濟功能角度評估其轄內的非銀行金融機構，並從政策工具包中選擇相應的必要措施。

監管當局應當實施包含如下內容的應對其他影子銀行類機構風險的高級政策框架：定期評估上述五個經濟功能中的非銀行金融機構介入信用中介活動、可能引發系統性風險的行為，以及監管套利行為；從政策工具包中選擇合適的工具，降低已識別出的風險；與其他監管當局共用資訊，以保證一定水準的國際監管間的一致性。實施該政策框架將可以促使監管當局識別影子銀行類機構產生風險的來源、降低已識別出的風險，並使可能出現的「監管真空」最小化。

建立影子銀行的監測與監管體系

建立影子銀行的監測與監管體系主要包括以下方面：

▼建立動態監測體系

應當加強對不同市場、不同主體間資金流動的動態監測統計，參照已開發國家經驗，按季度編制資金流量表（flow of fund），對資金的流動進行流量和存量的準確統計，為實現科學調控創造條件。避免出現因為情況不清楚、調控手段創新不及時，而產生的人為阻礙金融創新、扭曲市場價格、削弱市場配置經濟資源的能力。

▼加強並表監管

首先，應識別哪些非銀行機構是由傳統銀行支持的。如設立或管理非銀行機構，提供流動性或信貸支援，能夠透過協議管理非銀行機構的資產，投資於非銀行機構的證券等。其次，確定這些已識別的非銀行機構應按照會計核算原則或風險為本的原則，實行並表管理。按照會計核算原則並表的機構主要包括兩大類：結構化機構和傳統機構。對於結構化機構，不需要擁有投票權，並表管理較為複雜，且每一個機構都具有獨特的結構和運營模式；而對於傳統機構，並表管理較為簡單，只要擁有主要投票權和控制權即可。按照風險為本的原則，所有非銀行金融機構都應納入並表管理。特別是對於證券化交易，應持有與其風險相匹配的資本，並揭露定性與定量資訊。然而，不同的會計準則會造成風險為本並表管理的差異。因此，並表管理只能作為覆蓋銀行風險敞口的方式之一；另外，賦予風險敞口合適的權重也很必要。

▼限制傳統銀行對影子銀行機構風險敞口的規模和性質

目前各國沒有針對影子銀行的專門大額風險暴露（風險敞口）的規則，但現存的大額風險暴露規則或多或少地掩蓋了影子銀行的部分風險，有些較為嚴格，有些則較為寬鬆。因此，對傳統銀行與影子銀行間的交易，應建立全球一致的大額風險暴露要求，以防止跨境監管套利。

可以採取的政策措施包括：傳統銀行對單個影子銀行的風險敞口實行更為嚴格的限制；所有銀行對影子銀行的風險敞口實行限制；更好地完善大額風險敞口限制。同時，要考慮以下四個因素：

1. **集團內規則**：集團內的影子銀行常常不受制於與母公司和其他子公司相同的風險評估、計量控制以及資訊揭露的要求。

2. **關聯性和透明度**：重新界定控制的標準，並將經濟獨立性作為判斷關聯性的標準之一。影子銀行的風險常與潛在資產池相關聯。大額風險暴露機制應關注關聯性中所隱藏的資訊不透明問題。

3. **短期風險敞口**：大額風險暴露機制應覆蓋短期交易，或由高品質的擔保或主權擔保所支援和監管的交易而產生的風險。

4. **隱性支持**：當銀行或監管當局識別了隱性支持時，原則上應納入大額風險暴露機制中。

▼傳統銀行對影子銀行機構的風險敞口應實行風險為本的資本要求

巴塞爾委員會正研究對基金的投資實行資本要求（如對沖基金），以及是否將證券化工具的短期流動性便利的資本要求，延伸應用於包括影子銀行機構在內的所有非銀行機構。

對於銀行投資基金的資本要求，目前的《巴塞爾協定II》並沒有提供關於如何計算風險權重的詳細指引，且計算投資資本要求時，沒有反映槓桿率。因此，有必要建立更加結構化、更具風險敏感性的新框架，以適用於所有類型的基金，且對於使用標準法或內部評級法的銀行均可適用。新框架應考慮三步驟的決策樹：

1.若有充足和頻繁的資訊提供給銀行，且資訊是經過審計的，則可採用透視法（look-through approach）。

2.當銀行不能採用透視法時，可以採用折中辦法（middle ground option），假定投資於潛在資產組合，在標準法下，適用許可範圍內的最高資本要求，而其他資產適用於較低的資本要求。

3.若不能採用折中方法，則採用保守方法（fallback treatment），適用統一的高風險權重，對所有基金或影子銀行的投資適用百分之一二五〇的風險權重，對其他基金的投資適用百分之六二五的風險權重。此外，還須考慮所投資基金的槓桿率。

對於短期流動性便利，二〇〇九年發佈的《巴塞爾協議2.5》（即《巴塞爾協議框架的改進》）要求對標準法（SA）下，證券化框架內的短期合格流動性便利（LFS）的信用轉換係數（CCFS），由百分之二十提高至百分之五十。這使得短期與長期流動性便利的信用轉換係數相一致。考慮到相互關聯性、系統性風險以及可能存在的激勵因素，促進交易對手信貸狀況惡化等因素，提出四個可能的政策方案：一是對短期流動性便利保留百分之二十的信用轉換係數；二是對銀行提供支援的未受監管和並表管理的金融機構（如對沖基金、貨幣市場共同基金和管道公司）的所有短期流動性便利的信用轉換係數，由百分之二十提高至百分之五十；三是對銀行提供給未受監管的金融機構的所有短期流動性便利的信用轉換係數，由百分之二十提高至百分之五十；四是對銀行提供給所有金融機構的短期流動性便利的信用轉換係數，由百分之二十提高至百分之五十。目前來看，第二個方案從理論上更為合理，但關於「支持」的定義存在主觀判斷的差異；因此，第三個方案更易得到一致地實施。

▼加強對聲譽風險和隱性支持的監管

根據巴塞爾委員會調查問卷的結果顯示，大多數國家或地區已至少部分實施了委員會二〇〇九年的指引要求，但還需要在聲譽風險和隱性支援的審慎計量標準、壓力測試及進入新市場或發行新產品的政策等方面，推進其完全實施。目前僅三分之一的成員國或地區對隱性支援採取了監管措施。如何識別隱性支持是最大的挑戰。一些國家或地區依靠持續監測商業行為、市場訊息、現場檢查來識別隱性支持，並採用道德勸告（**moral suasion**）方式要求銀行建立公司治理、管理和監測的框架和政策，或強制要求銀行進行資訊揭露。

與隱性支持相關的監管主要是針對資產擔保商業本票管道公司和證券化機構。一些國家或地區禁止傳統銀行為影子銀行提供隱性支援，並要求改善交易結構，以最小化隱性支持的風險，按照會計和審慎監管的要求進行並表管理。建議透過案例分析或資訊共享的方式，對銀行的聲譽風險敞口或隱性支持風險，實施有效監管，強化二〇〇九年的指引要求，提高銀行的風險管理水準，制定清晰的指引，以評估隱性支持和相關資本要求的充足性。綜上，透過加強上報資料和資訊揭露來提高透明度非常關鍵，因為在市場活動中，參與各方利用銀行業監管邊界地帶進行套利，而透明度的提高正是改善或減少此種利益驅動的關鍵。金融穩定委員會於二〇一一年十月發佈的「影子銀行：加強監督與管理」[4]報告建議監管當局利用高級原則來加強其對影子銀行體系的監管，這也包括相關監管當局應具備收集所有必需資料和資訊的權利，以及具備界定監管範圍的能力。

中國影子銀行監管的思路、範圍與原則

中國當前的影子銀行體系主要表現為規避監管的各種金融創新，一方面需要肯定其符合市場化的發展方向，另一方面也必須予以規範和監管。

中國影子銀行監管的基本思路

與國際情況不同，中國金融機構面臨的主要問題是創新不足、盈利模式單一、中間業務和表外

業務存在較大的發展空間。因此，中國影子銀行監管的基本思路是：一方面，監管部門宜從國情出發，根據「金融服務於實體經濟需要、與市場接受程度相匹配、與投資者承受能力和監管能力相適應」的監管思路，繼續鼓勵銀行等各類金融機構開展金融創，不斷完善金融基礎設施，提高市場效率，為創新業務提供更好的發展環境；另一方面，要密切關注金融創新帶來的宏觀和微觀層面的風險，強化日常監控，追蹤分析影子銀行各類業務產品的風險傳遞鏈條，防止風險的擴散危及金融體系的安全穩定。

中國影子銀行監管的目標

在經濟金融的不同發展階段，監管目標側重點會有所差異。二〇〇八年全球金融危機以來，金融監管的目標更加強調防範系統性風險，維護金融體系的基本穩定，同時注重保護金融消費者的權益。中國的影子銀行監管目標具體包括以下四個方面：一、防範影子銀行體系可能帶來的系統性風險，維護整個金融體系的穩定；二、防範單個影子銀行機構及其產品的風險，維護單個金融市場穩定；三、促進金融創新，提高金融體系的競爭能力，改善金融配置資源的效率；四、加強影子銀行體系的行為與過程的監管，保護金融消費者權益。

---

❹ See, FSB, Shadow Banking: Strengthening Oversight and Regulation, Recommendation s of the Financial Stability Board, 27 October 2011, http://www.financialstabilityboard.org/publications/r_111027a.pdf

中國影子銀行監管的範圍

由於中國影子銀行體系範疇較廣，因此監管部門也需要擴大監管範圍。監管物件應該包括所有非銀行信用中介（活動），保證資料訊息的收集。監管範圍覆蓋全部與影子銀行體系有關的、可能對金融體系產生潛在風險的領域。

監管部門特別要關注傳統銀行體系以外的信用中介業務，尤其是從事傳統銀行類似業務，監管部門應從更廣的視角，監測全部或部分發生在傳統銀行體系之外的信用中介業務行為，適時識別潛在的影子銀行體系及其風險。

中國影子銀行監管的原則

金融監管原則是進行有效金融監管的基本依據，貫穿於金融監管的各個環節和整個過程。影子銀行體系作為金融體系的重要組成部分，且處於持續演變的過程之中，除適用有效銀行監管的核心原則之外，還需遵循以下原則：

1. **依法監管原則**：發佈適當的影子銀行體系的監管法律、法規，保持監管的權威性、嚴肅性、強制性和一貫性。

2. **適度與有效性原則**：監管當局的監管措施要與影子銀行體系的金融風險相對稱。

3.前瞻性原則：對於影子銀行體系風險的判斷和評估，要能夠根據市場形勢的變化來調整風險的測度，以具有前瞻性和可調整性。

4.微觀審慎監管與宏觀審慎管理相結合的原則：在保證單個影子銀行機構、市場和工具穩健的基礎上，加強系統重要性影子銀行機構、市場和產品風險頭寸的監管，建立逆週期的宏觀審慎管理框架，防範系統性風險，維護金融穩定。

5.外部強制監管與內部自律相結合的原則：在實施外部強制監管的同時，充分發揮影子銀行的行業自律與微觀主體內部控制的基礎作用，主動防範與管理金融風險。

各類機構和業務的監管導向與框架

影子銀行體系的機構、市場、工具或產品，跨越了銀行業、信託業、證券業、保險業、基金業，一方面促進資源的有效配置，提高金融效率，另一方面增加金融風險的聯動性與潛在傳染性。由此，影子銀行體系的監管工具應是多樣化的，著眼於金融安全、穩定、效率與創新，立足於保護金融消費者權益。鑒於中國目前實行「分業經營，分業監管」，以下首先確定各類機構和業務具體監管的整體性導向，再在此基礎上分別分析金融監管部門與其他政府監管部門的監管框架。

各類機構和業務具體監管的整體性導向

與國際同類機構相比，中國非銀行金融機構受到更為嚴格的監管，影子銀行特徵並不明顯，但也應給予密切關注，防止其影子銀行化。應更多地關注「三會」監管體系外的類金融機構和業務，防範可能出現的系統性風險。

為促進中國金融體系的穩健發展，各類機構和業務具體監管的整體性導向如下：

1. **規範非銀行金融機構的監管標準**：對已納入中國「一行三會」監管體系下的金融機構業務進行梳理，進一步判斷是否存在影子銀行業務特徵，並明確監管職責，制定和加強相應的監管措施。

2. **強化對非金融機構的監管**：加強對「一行三會」之外的其他政府部門監管的機構及業務的調查研究，包括小額貸款公司、典當公司、非融資性擔保公司等，進一步判斷其是否具有影子銀行特徵及其業務影響，建議相關部門採取針對性監管措施。

3. **加強對民間融資的調查研究**：瞭解參與民間融資活動的方式、機構類型、規模、風險程度，特別是防範非法融資和金融傳銷風險對銀行的傳染，建議明確監管部門和監管政策。

4. **嚴訂銀行體系風險的管理和監管**：督促銀行提高並表監管能力，控制交易對手風險，重點監管銀行對影子銀行的大額風險暴露、轉移負債和隱性支持等，防止影子銀行風險向銀行體系傳遞。

中國金融監管部門的影子銀行監管框架

影子銀行體系通常具有跨行業和跨市場的特徵，這與中國目前仍然實行金融分業經營和分業監管的基本制度框架有一定的衝突。在監管格局沒有大改革的背景下，金融監管部門需要做好分業監管、資訊共用、協調處置等。短期內，監管部門可以針對主要問題採取一些成效快的因應措施，規範影子銀行體系的發展，同時應考慮建立能夠適應影子銀行體系發展的中長期金融監管框架。

▼中國金融監管部門需要解決的監管問題

○降低資訊不對稱的程度

規範影子銀行資訊揭露機制，降低資訊不對稱的程度。從美國影子銀行體系的經驗教訓可以看出，美國金融市場和金融機構的高槓桿、高關聯度、投資者和金融機構的高度資訊不對稱性，以及對場外交易的疏於監管，導致所有金融機構不可避免地遭受金融危機的影響。因此，設計資訊揭露機制將成為未來對影子銀行系統監管的重點。

探索新的金融市場資訊揭露制度，提高金融產品和金融市場的透明度，完善場外交易市場的資訊揭露，以簡潔易懂的形式讓投資者充分瞭解相關訊息，是防範市場風險的重要舉措。合理的資訊揭露機制至少應包括兩方面：一、構建統一、及時、完整的資訊收集、處理、共用平台，以統一各不同監管部門與機構（監管部門、交易所和行業協會）的監管標準，定期匯總、分析、發佈市場資料，保證影子銀行體系與傳統金融體系中的各參與者能及時、充分瞭解相關資訊；二、加快建立針對非標準化的場外交易資訊揭露與監控制度，降低商業銀行、投資者、影子銀行關聯者之間的資訊不對稱程度，說明借貸雙方進行對接，降低交易成本，限制高槓桿金融運作活動，預防交易風險。

○建立防火牆

建立商業銀行和影子銀行之間的防火牆，阻斷影子銀行向商業銀行的風險直接傳遞管道。銀行代銷信託公司的理財產品、銀行發行理財產品、銀行為其他機構擔保融資等表外業務行為，都會使商業銀行承受潛在的風險。中國尚未建立存款保險制度，也沒有較為完善的金融機構破產法律制度。在此背景下，一旦影子銀行爆發風險並牽連商業銀行，風險的傳染不可避免，最後的兜底人仍是政府財政和中央銀行。因此，在短期內，有必要隔離影子銀行體系和銀行體系，建立防火牆，保證銀行體系的穩健。目前可從以下幾個方面進行規範：一、嚴格防範商業銀行表內資金透過代客理財等管道，流向私募股權基金等影子銀行機構，嚴格規範管理小額貸款公司向銀行融資，銀信合作等業務也應嚴格遵守資產真實轉讓和潔淨轉讓的原則；二、加強對資產證券化業務的風險管理，銀行開展資產證券化業務應關注借款人的還款能力和意願，不能因證券化而放鬆審查標準，明確禁止過度複雜的證券化和再證券化，嚴格控制產品的槓桿率；三、加強金融機構的操作風險管理，嚴格禁止銀行金融機構的從業人員參與民間金融活動，避免風險從民間金融體系傳遞至商業銀行體系。

○建立有效的風險預警監測機制

強化影子銀行預警監測機制，構建有效的風險防範和危機處理機制。基於影子銀行系統風險的突變性與傳導性，相關部門應聯手建立動態審慎的風險預警和矛盾化解機制。

中央銀行應將影子銀行納入其統計監測範圍，關注其信用創造的規模和速度。建設針對性的影子銀行業務監管部門，加強對其業務發展趨勢的研究，並運用計量統計方法，科學化的地評估影子銀行業務、創新衍生產品的風險和機構的風險管理水準。建立影子銀行槓桿化水準即時監測系統，將槓桿率與資產價格納入宏觀審慎監測框架，適時更新監管標準，強化系統風險動態監測與風險預警機制，避免影子銀行系統運作的過度槓桿化和資產價格的過度膨脹。為提高突發風險事件的因應能力，構建協調有序、高效運轉的應急聯動體系，並保證各區域、各部門形成有機統一的影子銀行系統應急處置網路。

○強化流動性監管的手段

具體而言，可以要求被監管機構向監管當局提供更豐富的資訊，包括詳細的期限檔次以及交易資產和表外頭寸（position，即部位、口，也就是持有額度）在各種情況下的流動性分析；要求機構提供詳細的流動性評估報告，供監管者用來發佈單個機構的流動性指引；監管當局可以定期公佈分析流動性整體趨勢的系統性報告。同時，透過流動性緩衝要求、核心融資比率監管、針對流動性的額外資本要求等工具的使用，降低系統性流動性風險事件發生的概率和嚴重程度。另外，應督促金融機構增加對風險管理部門的資源投入，制定嚴格的風險管理流程，加強資訊揭露，確保投資者瞭解基礎產品的風險、交易結構及相互關聯性；強化槓桿率限制，建立覆蓋總槓桿率、表內槓桿率和表外槓桿率的上限管理機制。

加強投資者教育，提高其風險承擔意識。投資者必須客觀瞭解其所購買產品的潛在風險，並自我評估風險承受能力。在影子銀行體系整體缺乏最後貸款人流動性支援的情況下，投資者自己充當最後貸款人，承擔自身投資的風險，在金融機構無過失的情況下，必須貫徹市場經濟中「買者自負」的風險承擔原則。

▼構建資訊共享的中長期監管框架

基於分業經營的分業監管框架在應對影子銀行體系方面，容易出現監管真空，特別是一些機構可能有意利用監管競爭或盲點進行監管套利。基於此，如果不改變分業監管的基本架構，監管部門之間就必須建立有效的合作與資訊共享機制，以共同因應影子銀行體系的潛在風險。

❍對影子銀行體系進行流量監測

中央銀行可協調統計部門，提供影子銀行體系的流量監測框架。中國影子銀行體系發展尚不成熟，沒有複雜的金融衍生工具和信用鏈條，影子銀行基本上是以單個實體或準實體的形式存在，相互之間沒有錯綜複雜的風險交叉與滲透，對其監測也相對直接和容易。如果在發展初期加以有效監測和管理，應可以很好地控制影子銀行風險，規範其良性發展。在分業監管模式下，由於眾多金融機構被分拆到不同監管部門進行監管，加上各個監管主體都設置了不同的監管指標體系，所以各個部門之間的數據資料往往缺乏統一標準的口徑，無法直接匯總分析。為了及時有效地對影子銀行的風險進行較為準確的評估、維護金融穩定，需要建立一個統一、全面、共享的影子銀行綜合統計體系，深入推進統計標準化進程，確立客觀統一的統計口徑。

❍建立資訊共同搜尋與共享機制

在統一的影子銀行統計框架下，建立資訊共同搜尋及共享機制。一旦統一、全面、共享的影子銀行綜合統計體系建立完成後，宏微觀角度的監控所需要的量化資訊就已具備，各個監管部門就可以在概觀全域的視角下，評估各自所管轄的影子銀行機構或業務的風險，有利於幫助識別影子銀行體系可能傳遞至傳統銀行的潛在風險。

除了量化資訊之外，監管部門也可使用在與市場參與者的定期談話中收集的市場訊息，以及對監管物件的現場或非現場調查中獲得的資訊，來瞭解影子銀行體系的最新動態和風險變化，這些資訊可以使監管部門的監控更具有前瞻性，以適應影子銀行的快速變革，防止相關風險的產生。這些定量和定性的資訊都要求各監管部門之間加強資訊共享，建立共享的影子銀行綜合風險評估體系。

❍優勢互補，合理分工，分階段推進監管重點

在中國現有的分業監管體制下，監管者需要更多地考慮監管機構之間的資訊共享和協調機制的建立。良好有效的協調機制可以彌補分業監管在影子銀行監管中的監管空白和監管套利的缺陷。此種

協調機制可以採用聯席會議，或由各監管機構代表擔任委員的委員會形式。建立這種協調機制，應當關注資訊共享、決策協商、規章制定及相互遵守、衝突解決機制四個方面。

首先，監管部門應當在前文所述的影子銀行風險監測與度量框架下進行相關資訊共享，在各自監管範圍和工作中充分參考其他部門業務的情況。其次，在對影子銀行的日常監管工作和決策中，如果涉及另一監管部門的管轄範圍，或在無法確定管轄部門的情況下，各監管部門應該積極協商，在取得一致的情況下做出決策。再次，對於各監管部門就各自管轄範圍內制定的法規條款，其他監管部門在監管工作涉及的情況下，需要予以充分的尊重和遵守，保證監管立法的效力，避免潛在監管衝突和製造套利機會。最後，還應建立衝突解決機制，對已發生的衝突提供妥善的解決途徑。

○明確最後貸款人救助方式和範圍問題

作為金融創新模式，影子銀行體系運行的風險無法迴避，當所有的市場風險能找到合適的承擔者時，影子銀行體系的市場風險就會明晰化、分散化，該體系也就步入了健康發展之道。在市場風險分散機制尚未足夠發達的情況下，影子銀行體系的融資方（包括地方政府、商業銀行、民營企業）必然要承擔最後兜底（承擔剩下的全部費用）的責任。這種方式只是將風險移轉到最後，「堵」到一個承擔者，並不是市場「疏導」的結果，其政策負擔最終會殃及普通納稅人的利益。因此，從長期來看，要明確最後貸款人救助的方式和範圍，讓金融中介有明確的預期，從而使市場風險明晰化。如果不允許影子銀行體系進入最後貸款人救助範圍，就必須考慮以其他的市場化方式，降低和分散影子銀行體系的風險。

中國其他政府部門的影子銀行監管框架

▼合法信貸的非銀行金融機構監管重點

中國的影子銀行體系包括許多合法信貸的非銀行機構，對這些影子銀行機構或影子銀行業務，監管重點在於從源頭上治理其超範圍經營的問題。

○小額貸款公司

小額貸款公司主要以自有資金經營貸款業務，但其定位較模糊，目前尚不屬於正規金融體系，為防範風險，在批准其設立之初就制定了較高的監管標準，但並未納入正規金融機構的監管範圍之內，在監管實施力度和嚴格程度上未達到正規銀行體系的監管標準。正規銀行體系將其作為一般工商企業對待，以貸款形式為其提供一定量的資金。

中國的小額貸款公司不同於國外的小額信貸機構，既不是非政府組織，也不是銀行機構，所以不能簡單照搬國外的監管模式。根據其「只貸不存」的性質，我們可以將其定位為「準金融機構」。對這類準金融機構的監管，一方面是控制小額貸款公司的槓桿率，風險主要由資金所有者承擔，這樣一來，雖然小貸公司可以從銀行獲得融資，但額度小，即使出現違約，損失也比較小，而且小額貸款公司規模小、分佈分散，即使出了問題，影響也不大，傳染性不強；另一方面是監督其合規經營，小額貸款公司只貸不存，不存在保護存款人利益的問題，其風險主要集中在違規、違法經營而帶來的內、外部損失，以及可能存在非法吸存、非法集資、非法中介等帶來的群體性事件風險。因此，對小額貸款公司的監管任務主要是防範其出現非法經營，而無須像對待銀行機構一樣制定審慎監管規則。

○典當行

在社會經濟融資調劑中，典當行具有相對獨特的作用，尤其是對促進融資方式多樣化、促進小微企業發展等方面起著難以或缺的作用。當前存在的問題是，個別寄賣行以寄賣委託保管等為幌子，變相開展典當業務或從事其他違法違規活動。因此，對典當行的監管主要是嚴厲打擊變相典當業務，維護典當業正常的經營秩序，進一步明確監管部門與典當行之間的行政監管關係，如人民銀行、公安機關、工商部門、商務部門等分別負責對典當機構設立、變更、終止的審批，以及對典當機構的監督管理。建議典當行相關主管部門建立完善監管協調關係，在註冊資本、流通資金、質押等方面明確監管部門的監管職責和監管實效。

○擔保公司

擔保公司行業出現的亂象早已引起相關部門的關注。一些擔保公司雖然打著融資擔保的旗號，但基本上不從事融資擔保業務，而是進行高風險投資、高息借貸和非法吸收社會資金。融資擔保機構是較高槓桿率的機構，一旦出現風險，可能不僅僅是融資擔保機構自己的問題，還會引起連鎖反應，拖累銀行，甚至會影響小微企業的整體融資環境。

二〇一〇年三月，七部委聯合發佈《融資性擔保公司管理暫行辦法》，對擔保行業進行全面整頓，並重構擔保業監管體制，明確擔保行業由備案制向經營許可制過渡。對擔保公司註冊資本要求、經營許可證、監管要求、融資性擔保限額、自有資金投資限額、業務規範等方面做出了明確規定。因此，擔保公司的監管重點是繼續規範經營，嚴格約束其超過法律法規規定的業務，進一步完善擔保公司相關的監管政策規範。

▼民間借貸和網路貸款監管重點

○民間借貸

對於民間借貸行為，其監管思路是疏堵結合，促進其陽光化。民間借貸體現了透過市場配置金融資源的思路，客觀上有利於促進多層次信貸市場的形成和發展。當前需要加快規範民間借貸的立法，明確資金者的放貸權利，界定合法放貸和非法集資的界限，推動民間借貸合法化，並促使其規範運作，提高透明度。

第一，把地方各級政府納入到民間借貸的監管主體中，並賦予一定的監管權力，充分調動其監管的積極性。地方政府監管負責收集整理資訊、處理問題及危機預防，可以根據本地的情況，針對性地制定監管措施，並與中央監管部門相互協調配合，參與地方民間金融的立法，為合規民間借貸機構頒發合法牌照。同時，堅決打擊和取締非法集資、高利轉貸、金融傳銷、洗錢，防範和降低民間借貸的潛在風險，以維護社會的穩定。

第二，培養民間借貸的行業自律和發揮社會公眾的監管作用。培養和發展一些民間借貸行業的自律組織，發揮其對民間借貸的自律功能。民間借貸自律組織必須依法接受政府監管部門的指導，並負責檢查規則的執行情況、公佈民間借貸相關的資訊、協調解決民間借貸中出現的糾紛等，逐步形成政府監管與行業自律的良性互動。充分發揮社會公眾的監督作用，可以透過報刊、電台、網路等管道，公佈已備案的借貸機構名稱，並設立舉報電話和網路舉報系統，接受社會公眾的廣泛監督。

第三，建立有效的民間融資資訊監測體系。首先，可以建立健全各級地方政府民間借貸登記備案制度，明確規定民間借貸的備案登記部門。建立民間融資登記備案執行資訊系統，加強對民間融資資金使用的檢查和追蹤。其次，充分發揮地方政府的監督職能，各省、市、縣設立民間借貸的資訊監測點，專門負責收集轄區內的民間借貸資訊，為相關部門加強民間借貸管理和制定宏觀政策提供資訊支援。

○網路貸款

和民間金融一樣，目前「人人貸」等形式的新型網路金融業務游離於央行與銀監會等監管部門的監管體系之外，處於監管的灰色地帶。其只需要在工商管理部門註冊一個公司，就可以進行網路借貸業務。而工商、金融等法律法規對「人人貸」一類公司的准入資質、資訊揭露、內部管理等並未做出要求，也未明確具體的行業主管部門。因此，應儘快健全監管體系，制定法律法規，對網路借貸平台的性質、組織形式、經營範圍、業務指標等進行明確規定，將「人人貸」一類的網路貸款納入監管體系，明確監管部門、監管職責及監督手段。同時在全國範圍內建立網路借貸資訊監測機制，定期調查、統計、上報此類業務的經營、業績及潛在風險情況，對相關公司和業務的發起人實行資訊強制披露機制，要求發起人全面披露自身財務和經營狀況、公司法定代表人姓名及聯繫方式等相關資訊。

各類機構和業務的具體監管建議

三會監管下的金融機構監管建議

▼銀行理財業務監管工具建議

為推動銀行理財業務持續健康發展，提出以下監管政策建議：

1. 自二〇〇五年《商業銀行個人理財業務管理暫行辦法》頒佈實施以來，銀行理財從無到有，市場已經發生較大變化，要加強頂層制度設計，逐步形成具有前瞻性的業務監管法規體系，完善銀行理財監管制度建立（包括理財業務管理辦法、投資管理辦法等），明確銀行理財業務的法律主體地位和經營主體，突出其作為資產管理業務所具有的財產獨立性和破產隔離機制。

2. 加強資料統計監測，提高行業資訊準確性，建立資料和資訊交流平台。近年來，由於銀行理財行業資訊不公開，部分媒體經常引用誇大資料，採用不實報導吸引讀者，在誤導宏觀經濟部門的同時，也造成銀行理財業務發展與監管陷入被動局面。鑒於此，宜持續推動建立相應數據統計和監測系統，建立資訊交流平台。

3.強調監管一致性，提高法規執行力度。二〇〇五年至今，監管部門相繼發佈多個理財業務監管規章和風險提示，不斷重申理財產品研發設計、投資運作和銷售過程中的合規要求，但是部分銀行未能很好地執行監管政策。為體現監管的嚴肅性和權威性，突出監管的一致性，需要提高法規執行力度，加大對銀行理財業務市場准入、現場檢查和非現場監管力度。

▼信託理財業務監管建議

1.銀信合作業務目前受到嚴格監管，不屬於狹義的影子銀行業務，但銀信合作業務中存在信用轉換，涉及影子銀行的因素。為防止信用轉換活動，要繼續加強對該類產品的監管，消除信用轉化，從而消除銀信合作信託業務的影子銀行屬性。商業銀行和信託機構為利益所驅使，可能存在對條款不執行或隱瞞實情不報的情況，應採取因應措施，加強監管。

2.透過加分機制引導信託公司從銀信合作業務向信託本業轉移。對於信託公司來說，銀信合作信託業務操作簡單，管理成本較低，還能做大資產規模，在公司評級中獲得較高排名，達到財富和名譽雙收的效果。但長期而言，銀信合作業務不能體現信託制度的優越性，信託公司應逐步向資產管理業務和財富管理業務轉移，恢復信託「受人之托、代人理財」的本質。

▼證券理財業務監管建議

1.加強銀證合作業務統計與監管：證券公司的定向資產管理業務中有很多是所謂的通道業務，造成了證券公司資管規模和銀行理財業務存在重複統計的問題。建議對銀行購買證　理財產品規模與性質進行單獨定期的統計。加強銀證合作理財產品的統計與監管，有利於摸清銀行資金從表外轉入表內規模、規範銀證合作理財產品發售，加強對金融消費者的權益保護等。

2.加強專項資管業務監管：相對集合和定向資產管理業務，專項資產管理業務的相關實施細則一直未能出台。目前，專項資管業務規模很小，和證券公司資產管理總規模相比幾乎可以忽略不計，監管部門對於其定義、範圍、實施細則等問題尚未有專門政策法規進行統一定義和規範。隨著證券理財業務的發展，對專項資管業務的監管需要進一步完善。

▼基金理財業務監管建議

1.加強特定客戶資產管理業務監管，防範通道業務：基金子公司的特定資產管理業務，特別是專項資產管理業務有可能成為銀行通道業務的另一個管道，這會造成基金資管規模和銀行理財業務存在重複統計的問題。建議對銀行設立專項資產管理計畫規模與性質，進行單獨定期的統計。

2.增加基金子公司淨資本監測，增強風險抵禦能力：目前，監管部門對進行專項資產管理業務的基金子公司只要求註冊資本金不低於二千萬元。相比之下，對證券公司和信託公司的淨資本要求則要嚴格得多。作為具體監管措施，建議對基金子公司的淨資本與管理資產規模進行定期統計監管，對兩者比例懸殊的物件進行重點監管，這樣既可以避免打擊專項資產管理業務的發展，同時也可以及時對可能發生高風險的異常現象做出因應。

3. 私募基金需要進一步加強監管：與公募基金相比，非公募基金監管力度最小、投資範圍最靈活、投資方式最多樣，是影子銀行特徵最明顯的基金理財產品，需要進一步加強管理。

▼保險理財業務監管建議

○保險公司理財業務監管建議

1. 建立分紅險、萬能險投資備案制度和動態報告制度：與投連險的管理制度相比，分紅險和萬能險在資金投向方面透明度較低，投資者對資金的運作瞭解較少，建議強化資訊揭露制度，使投資者充分掌握分紅險和萬能險保費的投資範圍和投資原則。

2. 出台法規禁止保險公司變相涉足短期理財業務：保險公司的核心業務是提供風險管理產品，理財功能只是一種派生功能，其目標應該是為保險產品的風險管理功能服務。創新保險產品往往過度增加保險的投資功能，弱化保險的風險管理功能，這無異於本末倒置——雖然短期內能夠帶來較高的經濟收益，但是其中的期限錯配、流動性風險問題會大大提高，增加成為影子銀行的風險。因此，監管部門應及時出台相關制度，限制保險公司涉足短期理財業務，引導保險公司回歸本位。

○保險資管公司理財業務監管建議

1. 制定保險資管產品設立和運行細則，規範保險資管產品運行：目前，保險資管公司開展資產管理產品業務僅受中國保監會《關於保險資產管理公司開展資產管理產品業務試點有關問題的通知》約束，該通知具有較強的框架性，不僅與銀監會對信託公司的規範制度的細化程度無法相比，而且與證監會關於證券公司和基金公司開展資管業務的規定，在細化程度上也存在很大差距，為保險資管公司資管產品演變為影子銀行留下了非常大的發展空間。因此，應借鑒信託、證券資管、基金資管運行規則，為保險資管公司設立資管產品設定詳細的制度規則，對其進行規範，從根源上減少其成為影子銀行的風險。

2. 完善保險資管產品監管規則，加強對保險資管產品的監管：按照中國保監會《關於保險資產管理公司開展資產管理產品業務試點有關問題的通知》，保監會對保險資管公司發行產品實行「初次申報核准，後續產品事後報告」，實際上是對其發行產品的初始資格和產品進行核准，之後的產品發行僅需履行事後報告，在監管上相當寬鬆。該項業務發展初期，在業務模式尚未完全清晰的情況下，寬鬆的監管規則難以有效防範影子銀行風險。

3. 制定保險資管公司資訊揭露制度，提高透明度：從保監會、保險業協會和保險資管公司等的公開訊息來看，對外揭露的保險資管公司及其業務資訊極其有限，難以滿足外界的資訊需求。保險資管公司是透明度最低的正規金融機構，其低透明度缺乏必要的外部監督。制定保險資管公司的適度資訊揭露制度，提高保險資管公司及其業務的透明度，借助外部力量加強對其資管產品的監督，最大程度上降低保險資管公司成為影子銀行的風險，保障保險資管公司的健康發展。

▼金融租賃公司監管建議

1.引導金融租賃公司圍繞融資租賃本質，不斷提升專業化水準與核心競爭力：引導金融租賃公司圍繞融資租賃「以租賃物為中心」的本質特點，不斷優化發展戰略和市場定位，培育和提升核心競爭力，走向專業化、特色化、差異化的發展道路。引導金融租賃公司完善公司治理，不斷強化內控制度建設，改進資訊系統和績效考評，科學設定經營目標和考核目標，建立有效的激勵約束機制，建立和完善符合融資租賃業務特點的風險管控體系，為租賃公司的發展奠定堅實基礎。

2.督促金融租賃公司強化風險管理，持續完善風險監管的針對性和有效性：密切關注經濟形勢變化，加強對產能過剩、存在下行趨勢行業的監測分析，及時發現初始風險，及時防範和化解風險，強化信用風險監管。督促公司繼續提高資產管理水準，審慎開展五級分類，充足計提撥備。繼續加強流動性風險監管，督促公司適當增加中長期負債比例，合理平衡盈利性和流動性矛盾，建立有效的流動性風險預警機制和應急預案，完善流動性管理體系。

3.推動完善融資租賃外部環境，促進金融租賃公司持續健康發展：法律方面，加強融資租賃法律問題研究，配合最高人民法院做好融資租賃合約司法解釋的調研和意見回饋。呼籲推進融資租賃立法工作，解決融資租賃物權登記等問題。稅收方面，與財稅部門加強溝通協調，研究解決金融租賃公司「營改增」試點工作中面臨的問題，推動融資租賃在更大範圍內平等適用稅收優惠政策。

▼汽車金融公司和消費金融公司監管建議

1. 繼續完善現有汽車金融公司、消費金融公司監管工具框架體系，著手制定監管評級和分類監管辦法，進一步提高監管的有效性和精細化程度。

2. 加強與相關監管部門溝通協調，完善相關政策法規，積極支持公司透過發債和資產證券化等方式，拓寬中長期融資管道，改善流動性管理。

各部委和地方政府監管機構的監管建議

▼典當公司監管建議

作為典當公司的監管法規，二〇〇五年商務部和公安部聯合頒佈的《典當管理辦法》，對典當公司的設立、運行、經營範圍、經營規則、監督管理等進行詳細規定，大部分省份的商務廳作為典當公司的具體監管部門，依據《典當管理辦法》制定了具體監管制度。從目前的運行情況來看，《典當管理辦法》和各省制定的具體監管制度能夠規範典當公司的正常運行，從監管上預防典當公司的系統性風險。因此，對典當公司的監管重點目前應放在《典當管理辦法》，及其具體監管制度的實施上，確保典當公司合規經營。

▼擔保公司監管建議

近幾年，由於監管制度不完善，擔保公司「異化」現象嚴重，成為非法集資的重災區，甚至成為非法集資的代名詞。未來為保證擔保公司的健康運行，對擔保公司的監管應從以下三個方面開展：第一，堅決打擊假借擔保公司名義從事非法集資活動，聯合相關部門成立工作組，堅決關閉無照經營的擔保公司；第二，按照二〇一〇年銀監會、發改委等七部委聯合頒佈的《融資性擔保公司管理暫行辦法》，規範融資性擔保公司的運行，堅決禁止融資性擔保公司變相從事吸收存款、發放貸款、受託發放貸款、受託投資等活動；第三，開展擔保公司知識普及活動，加強民眾對擔保公司的認識，提高民眾的防範意識。

▼融資租賃公司監管建議

從業務特點來看，融資租賃公司具備了較高程度的槓桿率、期限錯配和流動性風險，但是與對商業銀行的監管力度相比，對融資租賃公司的監管力度較弱。對融資租賃公司的監管，應參照銀監會對商業銀行的監管，提高監管力度，控制融資租賃公司槓桿率，減小期限錯配和流動性風險，消除監管套利。

▼小額貸款公司監管政策建議

按照《關於小額貸款公司試點的指導意見》規定，小額貸款公司由各省級政府、自定一主管部門（金融辦或相關機構）負責監督管理。該規定對小額貸款公司監管的具體部門未作明示，而是授權地方政府委派指定，導致了相當程度的混亂。從目前的試點情況來看，各地負責小額貸款公司監管的機構各式各樣，有金融辦、發改委、工商局、財政局、公安局等部門。

在《關於小額貸款公司試點的指導意見》指導下，地方監管部門基本上都對小額貸款公司採取了審慎監管模式，設定類似金融機構的監管辦法。從准入條件、高級管理人員任職資格、利率限制、會計監管、資訊揭露制度、風險防範與處置措施等方面，對小額貸款公司實施監管。上述監管體制和監管指標與措施，對保障小額貸款公司的健康平穩發展，起到了積極作用，但是關於小額貸款公司資金融入的規定過於嚴格，不利於小額貸款公司進一步發揮作用，建議未來在這一指標上適當放寬，或允許小額貸款公司於金融市場上，利用發債或資產證券化的形式獲取資金。

▼金融資產交易所監管建議

目前，對於金融資產交易所既沒有明確的法律法規對其規範，也沒有明確獲得中央或法律法規授權的政府部門或機構對其進行監管。鑒於金融資產交易所在中國金融體系中的地位和作用愈來愈重要，建議：第一，制定作為監管依據的法律、法規或部門性規章，明確金融資產交易所的法律地位；第二，授權省一級地方政府對金融資產交易所進行監管；第三，以透明度監管為核心，構建對金融資產交易所從准入、交易規定、公司治理、投資者保護，到市場退出的全方位監管體系，以保護投資者利益、促進金融體系穩定。

當前不受監管機構的監管建議

▼新型網路金融公司監管建議

隨著網路金融公司業務版圖快速擴張，加之行業內的惡性競爭情況普遍，不少企業在風險控制和經營模式方面存在問題，甚至出現了「哈哈貸」網站[5]因資金鏈斷裂而關停的事件。這些事件的發生，說明現有的法律法規尚不能滿足實踐需求，專門的監管法規亟待出台。針對網路金融公司快速發展狀況的監管建議如下：一是確立傳統金融與網路金融並行發展的戰略；二是建立專門的指導和管理機構；三是加快網路金融立法；四是造就複合型金融人才；五是改革分業管理體制。

▼民間融資監管建議

不規範的民間融資存在諸多隱憂，如：利率不合理，加重了債務人的負擔；容易導致債務糾紛，影響社會穩定；引發資金不確定性流動，干擾正常金融秩序；衝擊宏觀貨幣政策，擾亂市場，甚至影響宏觀經濟調控；誘發灰色交易，容易引發非法集資等違法活動，嚴重影響社會秩序。針對此類問題，對民間融資監管建議如下：

1. **完善法律法規**：目前的各種規範性文件中均沒有對民間資本主體加以清晰界定，更沒有對民間資本主體的權利和義務進行規範。在二〇〇五年發佈的《關於鼓勵支持和引導個體私營等非公有制經濟發展的若干意見》（簡稱「非公36條」或「舊36條」）中，使用的是「非公有資本」的稱謂，而在國務院於二〇一〇年五月十三日發佈的《關於鼓勵和引導民間投資健康發展的若干意見》（簡稱「新36條」）中，該稱謂又變為「民間資本」，此「民間資本」與彼「非公有資本」之間是何關聯並無交代。建議透過立法對民間資本的權利義務、准入機制、運行程序、法律責任等方面進行明確規定，從而做到有法可依，違法必究。

2.儘快建立民間借貸監管中心：由銀監會領頭，與地方政府、金融服務機構之間進行合作，加強銀行、工商、行業協會和個體民營經濟協會之間的協調溝通，建立民間借貸監管中心，對民間借貸的規模、用途、利率進行全方位監管，及時向社會各界發佈動態資訊，引導民間借貸理性發展。同時，加大民間借貸資訊點的設置密度，全面、定期採集民間借貸活動的有關資料，及時掌握民間借貸的資金量、利率水準、交易對象，全面分析民間借貸的社會效果，為有關部門制定宏觀政策提供資料支援。

3.加快徵信體系建設：在完善企業和個人徵信體系建設的基礎上，將徵信體系與服務物件由國家正規金融機構、金融市場，延伸到公民個人，使徵信服務社會化，成為一種社會公共資源。讓民間借貸主體透過徵信系統及時瞭解和掌握對方的信用狀況，規避借貸風險，減少借貸糾紛。

---

❺為中國最早成立的P2P網路借貸平台，項目有個人貸款、網路借貸、小額貸款、融資擔保等，由姚宗場於二〇〇九年七月在上海成立，主要向大學生群體娛樂及教育消費提供借貸服務，後於二〇一一年八月一日無預警的宣告關閉，據統計共積累有十萬註冊用戶。

4. **完善民間借貸服務體系**：將民間借貸納入組織化管理體系之中，鼓勵公證機構、律師事務所、會計師事務所和企業管理諮詢公司等中介服務機構，開展民間借貸合約公證、民事糾紛法律諮詢、民間借貸貸前調查、企業財務管理諮詢等業務，為民間借貸提供系統的中介服務，確保民間資本安全和有效解決中小企業融資困難問題。

▼第三方理財機構監管建議

1. **培育健全的法治市場經濟**：縱觀境外第三方理財機構較為成熟的法律監管經驗，不難發現，這些國家或地區的市場經濟都較為發達，而且社會信用體系相對完善。正是這種健全的市場經濟帶來了理財機構的健康成長；良好的市場經濟孕育著相關的法律法規制度的建立與完善。反觀致力於建設中國特色社會主義的中國，如果要從經濟的外圍考量第三方理財機構的法律監管，應重視信用體系的創建，在從事工商活動時要時時落實誠實信用原則，把相關的經濟活動納入法制化軌道，培育健全的法制化市場經濟。

2. **重視建立嚴格的理財監管體系**：境外第三方理財機構蓬勃發展的一個原因是這些國家或地區有著正確的理財觀念和嚴格的理財監管體系，特別是信託法原理在這些國家或地區有著重要的影響：獨立理財機構的理財規劃或資產配置建議，有利投資者財產的保值增值；避稅動機極大地刺激了理財機構的興盛與發展。而中國尚未形成西方那種財富管理習慣，加上社會誠信體系缺乏，無疑在某種程度上制約著中國第三方理財機構的發展，當然也不利於對這些理財公司的監管。

3.發揮政策的積極導向作用：從長遠的角度看，一種制度的良好建立與實施，與國家政策的扶持與引導是分不開的。第三方理財機構相對於銀行、券商來說，還處於弱勢，而且實力強勁者不多。隨著中國高淨值人士的增多，對資產配置及理財規劃的需求日益旺盛，第三方理財機構如雨後春筍般適時而起，對這類機構進行政策上的扶持與引導，從而使第三方理財機構能夠在國家與政府的正確扶持與引導下，走上規範的可持續發展之路。為了更好地對第三方理財機構進行監管，還應注重從經濟、文化、政策等方面進行綜合考量、綜合治理，才能取得良好的法律監管效果。

金融市場新型影子銀行業務監管建議

▼資產證券化監管建議

針對資產證券化快速發展的狀況，提出以下監管建議：

1.革新資產證券化監管理念。就中國的實踐來看，監管理念還應該在以下方面進行完善：首先，正確認識資產證券化為金融行業帶來的局部風險，與金融行業系統性風險的關係，擺正兩者在風險監管中的位置；其次，處理好金融穩定、金融創新、金融效率三者之間的關係，這樣才能在具體制定相應的策略方面有所取捨，而不是片面注重任何一方面的發展；再次，及時更新和完善資產證券化金融監管相應的因素，不斷拓展監管的廣度和深度；最後，必要時採取強制性的國家干預扶持措施。

2.引入信用評級監管制度，提高信用評級機構透明度。首先，建立統一的評級監管機構，從評級的認定標準、評級認可制度方面適用統一的規則標準；其次，規範評級機構的內部操作流程，提高評級機構的評級行為透明度；再次，建立分析師註冊制度。分析師作為評級的直接操作主體，如果可以從每一個分析師的角度去避免評級不實的現象，則整個評級行業的違規行為就得到了有效遏制；最後，建立分析師從業人員管理制度，對於違反職業道德造成評級不實的人員給予相應的處罰，從制度層面堵住評級監管的漏洞。

3.由於資產證券化當中涉及的資訊揭露主體範圍更廣，資訊揭露的側重點和資訊揭露的方式也與傳統有所區別。此處可以借鑒美國在其金融改革法案當中提出的幾點意見：首先，針對不同資產證券化的發行人，不同的資產證券化類型建立不同的揭露標準和揭露方式；其次，對於揭露的效果做出規定，即發行人對資訊進行揭露之後，投資者對於所揭露的資訊要可以理解，並且方便投資者將資訊與類似主體的同種類資訊進行比較。總之，就是要堅持資訊揭露方便操作、容易理解的原則，達到資訊揭露的目的，提高資產證券化的透明度。

4.建立與目前資產證券化市場相適應的金融監管模式。現代金融產品愈來愈具有綜合性，因此，綜合金融監管模式是未來的發展趨勢。建議加快建立確實有效的資產證券化監管協調機制。同時，為了適應資產證券化的發展，資產證券化監管協調機制需要進一步規範化。

▼融券業務和回購業務監管建議

針對融券業務和回購業務快速發展的狀況，提出以下監管建議：

1.嚴格監控證券公司風控指標：證券公司出於營利目的，可能盲目擴張業務規模，過度承擔風險。監管部門需要對各項風險控制指標實施監控，督促證券公司根據淨資本規模，結合自身的風險控制能力，確定合理的信用交易業務規模，把業務規模控制在風險承受能力範圍內。

2.適時調整保證金比率：融資融券交易的保證金比例作為市場監管部門間接調控的有效工具，可以根據貨幣供應、通貨膨脹及市場狀況來確定保證金比率、現金比率或抵押證券的折算率，以此抑制投機活動。例如，如果股價上漲過快，就放鬆融券，如果股價下跌過快，就放鬆融資。中國目前保證金比例要求較高，雖然降低了風險，但也弱化了業務的槓桿功能，使融資融券業務對投資者的吸引力大大降低，交易清淡制約了業務發展。

3.強化市場風險動態管理：首先，完善逐日盯市制度，要求每日計算保證金帳戶抵押證券價值對客戶債務的比率，防止風險和信用膨脹；其次，完善強制平倉制度。強制平倉制度、客戶信用評估制度與保證金制度是融資融券業務三項最重要的風險防範措施，因此對其進行完善十分重要；最後，探索建立強制減倉制度。強制減倉是期貨市場一種風險防範制度，即出現連續單邊漲或跌停板行情，在無交易對手的情況下強制平倉無法撮合。這種情形是市場管理者直接動用市場管理權利，將有待被強制平倉主體與盈利主體的倉位按照一定的配對原則進行撮合交易了結，通俗地講就是「讓虧者少虧，盈者少盈」，向交易受損方打開一扇特殊的「逃生門」，從而鎖定市場交易風險，及時化解證券公司的業務風險。

4.優化市場投資者結構：從風險大小來看，主機板市場、創業板市場、融資融券市場、股指期貨市場的標的證券價值形成和價格發現不同，風險依次增加，適合不同風險偏好的投資者，因而要求對投資者進行分類管理。一方面，融資融券業務要求「讓合適的投資者購買合適的產品」，「將合適的產品賣給合適的人」，透通過設置資金和經驗門檻，讓個人投資者瞭解、接受融資融券交易的風險。另一方面，由證券投資基金、QFII、保險公司、證券公司和社保基金組成的機構投資者隊伍，長期以來只能藉由做多來獲取收益，對於單邊下跌市場沒有太多的參與管道。建議允許和鼓勵機構投資者參與融資融券交易，讓這項新業務的對沖風險和價格發現（price discovery）功能得到有效發揮。

5.統一監管體系：目前證監會、銀監會、人民銀行、財政部都對證券業務行使一定監督權，容易各執一詞，難免會導致回購市場監管的不協調，所以證券回購業務應主要納入某一個政府機構的監管範圍。不僅交易者，而且組織者；不僅場內，而且場外，證券回購的全過程都要納入政府有效、有力的監控中。

▼貨幣市場基金監管建議

要發展具有中國特色的貨幣市場基金，提出以下監管建議：

1.重視目前設立貨幣市場基金的基礎條件與發達市場所存在的差異性，以及市場的約束性。既然貨幣市場基金是專門投資於貨幣市場的基金，那麼貨幣市場的發展情況便是其最根本的基礎與條件。美國的貨幣市場基金之所以發展較快，是因為其所依存的是一個具備了下述四個條件的貨幣市場：其一，有著豐富的貨幣市場工具可供交易，尤其是商業票據的買賣；其二，利率是市場化與自由的；其三，有著不同類型的眾多市場參與者；其四，有著優化的結構和層次，比如不同的信用級次與不同的稅收優惠程度。

2.應選取少量基金管理公司發起設立貨幣市場基金，並與其他證券投資基金一樣納入業務經營管理之中，但又必須與其他證券投資基金分開管理，相互之間不能有關聯交易。

3.加強貨幣市場的組織機制建設，加大銀行間債券市場與證券交易所債券市場聯結的程度，儘快形成一個真正統一的全國性債券市場。建立和完善貨幣市場中介經紀與市場制度，允許證券公司代理發行和買賣大公司的商業票據、參與二級市場交易，以促進商業票據市場的發展。

4.加快法律法規的建設，建立完善的貨幣市場法律體系。從法律角度來看，必須對貨幣市場進行定位，對其監管進行立法，並從法規上明確規定市場主體的進入和退出，對貨幣市場組織體系進行監督管理，降低貨幣市場發展的不確定性，保證中國貨幣市場平穩、健康、快速地發展。

5.保障貨幣市場的有效運行。貨幣市場未來的發展空間很大，尤其是企業債市，但市場運行過程中也必然孕育著風險，有關監管部門應加強對進入市場的各交易主體，進行信用評價，建立完善的信用體系，以保障貨幣市場的有效運行。

最後，影子銀行的產生與發展無法脫離整個金融產業，而金融監管和金融發展之間存在著「監管—發展—再監管—再發展」的關係。在釐清影子銀行是一個中性概念，以及狹義影子銀行規模有限的大前提下，各監管主體應採取「疏堵結合」的方式進行審慎監管：一方面維護並保持影子銀行在金融創新方面的作用；另一方面也要防範影子銀行對經濟結構調整及金融體系穩定等造成不良影響。

CHAPTER 8
結語

本書旨在區分廣義和狹義影子銀行，在此基礎上界定影子銀行的範圍。廣義影子銀行是指傳統銀行體系之外的信用中介體系；狹義影子銀行則指具有期限錯配、流動性風險、信用轉換和高槓桿等特點的、可能引發系統性風險和監管套利的非銀行信用中介體系。廣義影子銀行規模的擴大對宏觀經濟和金融穩定並不會產生必然影響，只有狹義影子銀行才可能引發系統性風險，而需要密切監管，加強風險防範。

影子銀行是一個中性概念，其產生有客觀必然性。從供給角度來說，資本逐利、金融創新和監管套利是直接動機，而充裕的全球流動性和國內高儲蓄率提供了資金來源；從需求角度來說，正規金融體系受到信貸規模、存貸比和資本充足率等監管，無法完全滿足地方政府、房地產行業和中小企業旺盛的融資需求。影子銀行客觀上拓寬了投融資管道，提高了融資效率，推動了商業銀行轉型創新，促進了實體經濟發展，並昭示了金融體系的內在缺陷及其未來發展方向。

中國影子銀行的背景、特點與國外差別較大，歐美已開發國家的影子銀行多表現為資產證券化和回購等業務，而中國影子銀行大多數在本質上仍然是信貸和類貸款業務，且受到嚴格監管，不屬於狹義的影子銀行。金融市場的創新業務是引發金融危機的主要原因，是歐美影子銀行的主要組成部分，這些業務在中國尚處於起步階段，規模不是很大，但需要密切關注。在界定定義的基礎上，本書嘗試量化中國影子銀行的規模。按風險識別和監管的要求客觀界定影子銀行，故不宜誇大其規模，是而在數據引用上較為保守及嚴謹，並在影子銀行規模的測算上，根據影子銀行的判斷標準對各種非銀行金融機構，及非金融機構與業務進行分析，判斷其是否具有影子銀行特徵。

在風險防範方面，近年來中國影子銀行規模不斷擴大，與證券、信託、保險等相互交融，使金融體系風險不斷積累，為經濟帶來一定的負面影響。影子銀行業務所具有的期限轉換、流動性轉換、信用風險轉移和高槓桿等特徵，使其具有較高的系統性風險隱憂。中國影子銀行和傳統金融業務交織在一起，增大了風險傳染的可能。在現有的法律和會計框架下，這部分風險還不能被有效識別和監測，造成銀行風險的低估，這是比較值得關注的。影子銀行的隱蔽性催生了大量的關聯貸款，以貸謀私、勾結貸款增大了銀行體系風險，助長了金融業違法行為的滋生。影子銀行體系透過監管套利削弱了《巴塞爾協議》等微觀審慎監管的效果。此外，影子銀行體系不斷膨脹促使利益格局的固化，增大了金融監管和改革上的難度。

加強影子銀行監管有利於維護金融穩定，也有利於為改革創造穩定的經濟金融環境。影子銀行的產生和擴張是一種市場自覺行為，客觀上說有銀行就有影子，無法消除。因此，治理影子銀行不能光用防堵的辦法，還要從體制、機制的源頭上入手，採取「疏堵結合、以疏為主」的原則，趨利避害。

加強影子銀行監管還需要「分類監管」，對不同類別的影子銀行採取相對應的監管方式，將微觀審慎監管和宏觀審慎監管相結合，提高監管效率。對於廣義影子銀行的類銀行業務，由於存在信用創造，容易引發系統性風險，可以納入正常的信貸體系管理，加強微觀審慎監管；對於狹義的影子銀行，可以採取宏觀審慎監管的辦法，開發出合適的宏觀審慎監管工具進行監管，避免直接藉由數量和價格的控制，增大福利損失，傷害實體經濟；對於新出現的、游離於現有監管之外的債務，例如互聯網金融、民間借貸等，需要納入監管範圍，防範風險傳染。此外還要加強監管協調，出台適當的監管法律、法規，保持監管的權威性、嚴肅性和一致性。加強橫向監管協調，「一行三會」建立協調機制，形成全覆蓋的監管網路。建立高層協調機制，避免監管協調過程中出現的行業保護。建立和健全中央和地方兩級監管體系，加強兩級監管的協調。界定中央和地方金融監管職責和風險處置責任，將一些游離於監管之外的影子銀行真正管起來，做到風險隔離、避免溢出效應。

最後，對影子銀行的監管應與金融改革相結合，進一步深化金融體制改革，完善金融市場體系，加快推進利率市場化，健全多層次資本市場體系，從供給和需求方面做好分流，有效管控影子銀行的規模和風險。

國家圖書館出版品預行編目資料

影子銀行／閆慶民，李建華著. -- 第一版. --
臺北市：風格司藝術創作坊，2014.10
面； 公分. -- （金融理財；1）
ISBN 978-986-6330-71-1（平裝）

1.銀行 2.金融機構 3.銀行監理 4.中國

562.92 103020176

影子銀行

作　　者：閆慶民、李建華
審　　校：馮夏
出　　版：風格司藝術創作坊
發 行 人：謝俊龍
責任編輯：苗龍
企劃編輯：范湘渝
地　　址：106　台北市大安區安居街 118 巷 17 號 1 樓
TEL：886-2-8732-0530　FAX：886-2-8732-0531
E-mail: mrbhgh01@gmail.com

總 經 銷：紅螞蟻圖書有限公司
地　　址：114　台北市內湖區舊宗路二段 121 巷 19 號
TEL：886-2-2795-3656　FAX：886-2-2795-4100
http://www.e-redant.com

初版一刷：2015 年 3 月
定　　價：380 元

ISBN：978-986-6330-71-1　Printed in Taiwan

Knowledge House Walnut Tree

Knowledge House Walnut Tree